THE FRANCO-FILE

Several Thousand Items for the Enrichment of French Lessons

Chester W. Obuchowski
University of Connecticut

UNIVERSITY
PRESS OF
AMERICA

Lanham • New York • London

Copyright © 1987 by

University Press of America,® Inc.

4720 Boston Way
Lanham, MD 20706

3 Henrietta Street
London WC2E 8LU England

Printed in the United States of America

British Cataloging in Publication Information Available

Library of Congress Cataloging-in-Publication Data

Obuchowski, Chester W.
  The Franco-file.

  Includes index.
  1. French language—Study and teaching—English
speakers.   2. French language—Usage.   3. Quotations,
French.   I. Title.
PC2129.E5028   1987   448.2'421   87-10690
ISBN 0-8191-6452-6 (alk. paper)
ISBN 0-8191-6453-4 (pbk. : alk. paper)

All University Press of America books are produced on acid-free
paper which exceeds the minimum standards set by the National
Historical Publication and Records Commission.

This book is dedicated to

my wife, Wanda,

with love and gratitude

ACKNOWLEDGMENTS

It is a pleasure for me to record my indebtedness and express my profound gratitude to the following:

The hundreds of creative men and women, living and dead, known and unknown, whose thoughts and words made this work possible.

My wife, Wanda, and my children, Lorraine, Janice, and Edward, for their fruitful suggestions, support, and inspiration. I am further indebted to Lorraine for her flawless typing of my manuscript.

My colleague, Professor Marie D. Naudin, for cheerfully checking my translations and improving upon them where necessary, as well as for proofreading my manuscript.

TABLE OF CONTENTS

ACKNOWLEDGMENTS v

INTRODUCTION xiii

à: with names of cities........................ 1
   after noun to indicate a quality or an
      attribute................................ 1
   used adverbially............................ 4
   to indicate rate of speed................... 7
Adjectives: usual position of most............. 8
            which usually precede.............. 10
            when denoting implied quality of
               the noun modified............... 14
            after quelque chose de and rien de.. 14
            possessive......................... 17

Agreement of past participle:
            avoir as auxiliary................. 20
            être as auxiliary.................. 21
            reflexive verbs.................... 23
au-delà (de).................................... 24
au-dessous de - au-dessus de.................... 24
avoir beau...................................... 25
avoir raison - avoir tort....................... 26

ce + être....................................... 26
cela, ça.. 28
ceci.. 29
celui, celle, etc. 29
ce qui.. 35
ce que.. 37
ce que c'est (que).............................. 43
chez.. 44
comme: exclamatory.............................. 46
commencer par - finir par....................... 47
Comparison: of adjectives....................... 49
            of adverbs.......................... 52
            of equality......................... 53
Compound nouns: verb and noun-object............ 54
connaître....................................... 55

dans: to express geographic limits............. 57
      to express duration when beginning
         time is indicated...................... 58
Dates... 58

de: of possession or dependence................. 59
     preceding a noun complement of another
       noun.. 63
Definite article: with days of the week and
       time periods to indicate the habitual..... 66
     with nouns taken in the general sense....... 67
     with parts of the body when person
       concerned is clearly identified........... 74
d'entre... 75
depuis: with present and imperfect tenses....... 76
devoir.. 78
Disjunctive pronouns: after a preposition........ 83
                       after c'est and ce sont.... 85
                       without a verb............. 86
                       to reinforce noun
                         or pronoun............... 87
                       in compound subject........ 87
dont.. 88

en: pronoun....................................... 91
     before names of countries................... 95
     to express duration when beginning time
       is not indicated........................... 95
     as "as".................................... 97
en dehors de...................................... 97
en + present participle: to express
                           simultaneity......... 98
                         to express means or
                           manner............... 100

faillir + infinitive: to express a near
                        happening............... 103
faire: in causative construction............... 103
falloir + infinitive........................... 106
falloir + noun or pronoun complement........... 109

hors de.. 110

il est + adjective + de + verb................... 110
il est + direct object........................... 112
il y a + direct object........................... 112
il y a: with present tense....................... 116
Imperative: affirmative.......................... 116
             negative............................ 129
Infinitive: as subject........................... 132
Infinitive perfect............................... 137
Inversion: after certain adverbs................. 138

jusque: as "even" or "as many as".............. 139

le: neuter.. 139
le + infinitive................................... 142
lequel: relative.................................. 143
        interrogative............................. 144
l'un...l'autre.................................... 145

ne...aucun.. 146
ne...guère.. 148
ne...jamais....................................... 149
ne...nul.. 153
ne...pas.. 154
ne...personne..................................... 156
ne...plus... 158
ne...point.. 159
ne...que.. 160
ne...rien... 165
Negative combinations............................. 168
ne...ni...ni...................................... 171
Negation: of present infinitive................... 173
ne expletive: after comparative.................. 175
n'importe... 177
Numbers
        cardinal.................................. 178
        ordinal................................... 186
        fractions................................. 188

on.. 189
où: replacing preposition + relative pronoun.... 192

par: in distributive sense....................... 194
Partitive: with definite article................. 194
        before adjective preceding noun in
                plural............................ 195
        after adverbs of quantity............... 196
        after equivalents of adverbs
                of quantity....................... 204
        in a general negation................... 205
Passive voice..................................... 210
penser à - penser de.............................. 216
plus...plus, etc. 217
Pronouns: possessive.............................. 220

que: interrogative............................... 222
        relative.................................. 224
        exclamatory............................... 225
quel: interrogative.............................. 228
        exclamatory............................... 229
qu'est-ce que: direct object.................... 231
        preceding definitions and
                explanations...................... 231

qu'est-ce qui.................................... 233
qui: without expressed antecedent.............. 233
      interrogative............................. 235
      relative.................................. 236
quiconque....................................... 237
quoi: interrogative............................ 238
       relative................................. 239

Reflexive: in idiomatic expressions............ 240
            to express reciprocal action........ 241
            to replace passive voice............ 242
            when subject acts upon itself....... 243
rendre + predicate adjective (to make).......... 246

savoir.. 248
si: in exclamatory and optative phrases........ 250
si: tense sequence in hypothetical sentences
     present-future 251
     imperfect-conditional...................... 253
     pluperfect-conditional perfect............. 260
Subjunctive: after impersonal expressions
              denoting subjectivity 262
              after quelque...que, qui...que,
              etc. 263
              after verbs expressing emotions
              and sentiments................ 266
              after verbs expressing volition.... 267
              in independent clauses............ 269
              in relative clauses when
              antecedent is indefinite...... 272
              in restrictive relative
              clauses...................... 273
              with conditional perfect
              function...................... 274
              with subordinating conjunctions.... 275
              with superlative, with seul, etc... 279
              with verbs and expressions
              denoting doubt................ 284
Superlative: of adjectives...................... 284
              of adverbs......................... 298
sur: as "on" or "upon"......................... 299
      as "out of"............................... 300

Tenses
      present................................... 300
      imperfect................................. 302
      passé composé............................. 307
      pluperfect................................ 310
      passé simple.............................. 311
      future.................................... 312
      future perfect............................ 316

x

Tenses, continued
      conditional.................................... 317
      conditional perfect.......................... 319
tous: pronoun.................................... 320
tout: adverb..................................... 322
      as "any" or "every"...................... 322
      neuter..................................... 324
      to express periodicity................... 326
      to express totality...................... 326

valoir mieux.................................... 330
venir de - infinitive........................... 331
voici: use in designating...................... 332
voilà: use in designating...................... 333
      with present indicative.................. 333

y: personal pronoun............................ 334

INDEX.. 336

ABOUT THE AUTHOR 340

INTRODUCTION

In creating the **The Franco-File,** I have sought to
place an accommodating instrument in the hands of pro-
fessionals teaching French in schools and colleges. I
have long held the view that any French language lesson can be considerably enriched by the use of appeal-
ing extra-textual items illustrative of the principles
of grammar and of the lexical elements under study.
It has at the same time been my unoriginal conviction
that the more colorful, the more attention-compelling
the illustration, the better the chances are of firmly
fixing the material in the student's mind.

For many years I limited myself to making jot-
tings of items which I thought might enhance my own
teaching as I encountered them in my readings, travels
and everyday life. Subsequently, upon envisaging the
possibility of sharing these with other teachers of
French, I rummaged through hundreds of books in search
of materials to supplement my already extensive col-
lection. By drawing upon a vast body of sources, I
was able to assemble the several thousand exemplifying
items included in this work.

Unlike reference grammars, my book contains no
rules of grammar or explanations. Nor does it make
any pretense of being comprehensive. The intent here
is rather to provide its users with a large store of
items related to most of the challenging areas with
which the student of French must deal. Whereas the
book's paramount objective is the attractive rein-
forcement of the learning of principles of grammar and
of lexical elements, a teacher will have little
difficulty culling from its pages items suitable for
use as a theme for the day or week, for warming up a
class at the beginning of a lesson or for conducting a
spirited guessing game. Moreover, there should be
quite enough here to satisfy the cultural cosmopolitan
and literary sophisticate as well as individuals with
a fondness for proverbs, riddles, graffiti, advertising slogans, mottoes, epitaphs, and famous and less
than famous last words. In the meantime the student
may learn that Napoleon never once washed his hair
during the Russian campaign and that Joe Di Maggio's
longest hitting streak was not, as is commonly
believed, 56 games, but 61. He may also learn that
while the Martins outnumber all other families in
France, neither they nor the Johnsons or Smiths come

at all close to the Changs as holders of the world's most common family name.

Users of **The Franco-File** will readily observe that I have listed a very large number of exemplifying items under some of the headings. I did so not only because they were found in great abundance but also because in not a few instances I was able to arrange them in clusters which point up interesting parallels or contrasts in the views of different persons on a given subject. In some cases this has given rise to a comic or provocative effect.

Wherever possible I have specified the source for a listed item. When known to me, I have used existent French titles of works of non-French origin quoted from or referred to. Unless indicated otherwise, any translated version of an item appearing beneath it is my own. The baseball terminology employed is that dotting the sports pages of Montreal and Toronto newspapers.

à: with names of cities

1. "Mort à Venise" -- Titre de la version française de la nouvelle de Thomas Mann "Der Tod in Venedig"

2. <u>Sheila Levine est morte et vit à New York</u> -- Titre de la version française du roman de Gail Parent <u>Sheila Levine Is Dead and Living in New York</u>

3. Louis Armstrong est né à La Nouvelle-Orléans.

4. "W.C. Fields est toujours en vie et ivre à Philadelphie."

"W.C. Fields is alive and drunk in Philadelphia." -- Graffiti

5. "J'avais toujours cru que cliché était un faubourg de Paris avant de découvrir que c'est une rue d'Oxford."

"I had always assumed that cliché was a suburb of Paris until I discovered it to be a street in Oxford." -- Philip Guelalla

6. Octave -- Demeures-tu à Sotteville dans la Manche?

Octavie -- Non, mon pauvre ami, à Richeville dans l'Eure.

7. Marcel -- Tu es née à Millevaches, en Corrèze, n'est-ce pas?

Marcelle -- Non, à Rouffignac-Saint-Cernin-de-Reilhac, en Dordogne.

Marcel -- Que dis-tu?

à: after noun to indicate a quality or attribute

1. <u>L'Homme au masque de fer</u> -- Roman d'Alexandre Dumas père

2. L'Homme au petit chien -- Roman policier de Georges Simenon

3. L'Homme aux valises -- Pièce d'Eugène Ionesco

4. "L'Homme aux semelles de vent" -- Surnom donné à Arthur Rimbaud par Paul Verlaine

5. L'Homme au bras d'or -- Titre de la version française du roman de Nelson Algren The Man with the Golden Arm

6. L'Homme au complet gris -- Titre de la version française du roman de Sloan Wilson The Man in the Gray Flannel Suit

7. Al Smith, candidat démocrate à la présidence des États-Unis en 1928, était appelé "l'homme au melon brun."

"The man with the brown derby"

8. "L'homme peut être défini un animal à mousquet." -- Anatole France, Les Opinions de M. Jérôme Coignard

9. "Flaubert, le Normand à moustaches" -- Paul Guth, Histoire de la littérature française

10. "L'empereur à la barbe fleurie" -- Le Charlemagne de la Chanson de Roland

11. Berthe aux grands pieds -- Chanson de geste d'Adenet, dit le Roi des Trouvères

12. Yseult aux blanches mains -- Personnage du Roman de Tristan et Yseult

13. La Fille aux yeux d'or -- Roman d'Honoré de Balzac

14. La Dame aux camélias -- Pièce d'Alexandre Dumas fils

15. "Jeanie aux cheveux châtain clair"

"Jeanie with the Light Brown Hair" -- Chanson de Stephen Foster

16. "La jeune fille au beau visage"

"The girl with the beautiful face" -- Slogan publicitaire, Clairol, Inc. (maquillage)

17. "La jeune fille à la belle bouche"

"The girl with the beautiful mouth" -- Slogan publicitaire, Clairol, Inc. (rouge à lèvres)

18. "Anglo-Saxons: Des neurasthéniques aux joues roses." -- Julien Green, Journal

19. "'Il faut déranger le confort intellectuel de la bourgeoisie,' disent les jeunes bourgeois à Jaguar." -- Jean-Louis Curtis

20. "En compagnie d'un saucisson à l'ail on n'a pas l'impression de la solitude." -- Paul Claudel, Journal

21. "Tender Leaf: le thé fort au nom tendre"

"Tender Leaf: the strong tea with the tender name" -- Slogan publicitaire

22. L'Île au trésor -- Titre de la version française du roman de Robert Louis Stevenson Treasure Island

23. "La Poule aux oeufs d'or" -- Fable de Jean de La Fontaine

24. La Rue aux trois poussins -- Roman policier de Georges Simenon

25. La Cage aux folles -- Pièce de Jean Poiret et film d'Édouard Molinaro

26. "Une ample comédie à cent actes divers,
        Et dont la scène est l'univers." -- Jean de La Fontaine, "Le Bûcheron et Mercure"

27. "La Révolution était une hydre à mille têtes." -- Paul Guth, Histoire de la littérature française

28. Le trèfle à quatre feuilles est un porte-bonheur.

29. "Il a mis son costume marin. Avec un béret à pompon." -- Jean Dutourd, <u>Au Bon Beurre</u>

30. "Le diable à deux queues"

"Der gabelschwanz Teufel" -- Appellation donnée à l'avion de chasse américain Lightning P.38 par les pilotes de la Luftwaffe

<u>à</u>: used adverbially

1. "Une vie passée à faire des erreurs est non seulement plus honorable mais plus utile qu'une vie passée à ne rien faire."

"A life spent in making mistakes is not only more honorable but more useful than a life spent doing nothing." -- George Bernard Shaw, Preface, <u>The Doctor's Dilemma</u>

2. "Voici huit jours que je passe à travailler sans dormir." -- Honoré de Balzac, <u>Correspondance</u>

3. "Elle passe ses journées à attendre le coup de sonnette du bonheur." -- Jules Renard, <u>Journal</u>

4. "On passe les trois quarts de sa vie à vouloir, sans faire." -- Denis Diderot, <u>Jacques le fataliste</u>

5. "On passe sa vie à dire adieu à ceux qui partent, jusqu'au jour où l'on dit adieu à ceux qui restent." -- Mme Véra de Talleyrand

6. "Chacun passe sa vie à faire et à défaire." -- Napoléon Ier. Cité par Las Cases, <u>Mémorial de Sainte-Hélène</u>

7. "Le philosophe consume sa vie à observer les hommes." -- Jean de La Bruyère, <u>Les Caractères</u>

8. "Nous passons notre vie à causer de ce mystère: notre vie." -- Jules Renard, <u>Journal</u>

9. "Nous passons notre vie à regretter le passé, à nous plaindre du présent et à nourrir de vains espoirs pour le futur."

"We pass our lives in regretting the past, complaining of the present, and indulging false hopes of the future." -- Marguerite Blessington

10. "La plupart des hommes emploient la première partie de leur vie à rendre l'autre misérable." -- Jean de La Bruyère, Les Caractères

11. "La première moitié de la vie se passe à désirer la seconde, la seconde à regretter la première." -- Alphonse Karr, Les Guêpes

12. "La plus grande partie de la vie se passe à mal faire, une grande partie à ne rien faire, toute la vie à faire autre chose que ce que l'on devrait." -- Sénèque le philosophe, Lettres à Lucilius

13. "Les trois quarts de la vie se passent à préparer le bonheur, mais il ne faut pas croire que pour cela le dernier quart se passe à en jouir." -- André Gide, Journal

14. "De fautes en pardons, et d'erreurs en excuses, je passerai ma vie à mériter votre indulgence." -- Beaumarchais, "Lettre modérée sur la chute et la critique du Barbier de Séville"

15. "Elle passait ses journées ... à faire la chasse aux papillons." -- Stendhal, Le Rouge et le Noir

16. "J'ai employé toute ma journée à rédiger mon courrier." -- Honoré de Balzac, Correspondance

17. "J'ai passé tout l'été à me promener en canot et à lire du Shakespeare." -- Gustave Flaubert, Correspondance

18. "J'ai passé bien des heures de ma vie à regarder pousser l'herbe ou à contempler la sérénité des grosses pierres au clair de lune." -- George Sand, "Lettre à M.D."

19. "Si l'on retranchait à la vie de Joséphine le temps qu'elle a passé à pleurer et à sa toilette, la durée en serait considérablement diminuée." -- Louis de Bourrienne, Mémoires sur Napoléon ...

20. "Un homme de soixante ans a passé vingt ans dans son lit et plus de trois à manger."

"A man of sixty has spent twenty years in bed and over three years eating." -- Arnold Bennet

21. "J'aime le travail: il me fascine et je peux rester assis des heures à le considérer."

"I like work: it fascinates me. I can sit and look at it for hours." -- Jerome K. Jerome, _Trois Hommes dans un bateau_

22. "Je m'amuse à vieillir." -- Paul Léautaud, _Journal_

23. "Je suis affairé à achever un second volume." -- Gustave Flaubert, _Correspondance_

24. "Laissez-moi tranquille, je suis affairé à mourir."

"Let me alone, I am busy dying." -- H.G. Wells sur son lit de mort

25. "Dommage que tous les gens qui savent gouverner le pays soient occupés à conduire des taxis ou à couper les cheveux."

"Too bad all the people who know how to run the country are busy driving taxicabs and cutting hair." -- George Burns

26. "La perte de temps au jeu: 'Oui, on perd tant de temps à mêler les cartes.'" -- Voltaire, _Le Sottisier_

27. "Abe Lincoln n'a pas perdu son temps à regarder la télé."

"Abe Lincoln didn't waste his time watching T.V." -- Graffiti

28. "On ne s'ennuie jamais à faire de grandes choses." -- Honoré de Balzac

29. "Il y a toujours quelque ridicule à parler de soi." -- Paul Claudel

30. "Les grands perdent toujours à se glori-
fier." -- Le comte, <u>Le Glorieux</u>, Destouches

31. "Aucune race ne peut prospérer si elle n'apprend pas qu'il y a autant de dignité à cultiver un
champ qu'à composer un poème."

"No race can prosper until it learns that
there is as much dignity in tilling a field as in
writing a poem." -- Booker T. Washington, <u>Hors de
l'esclavage</u>

32. "Il n'y a pas de honte à être heureux." --
Albert Camus, <u>Noces</u>

33. "Il n'y a pas de honte à préférer le bonheur." -- Camus, <u>La Peste</u>

34. "On gagne à être connu. On perd à être trop
connu." -- Jules Renard, <u>Journal</u>

35. "Il est vrai que les gens gagnent à être
connus. Ils y gagnent en mystère." -- Jean Paulhan,
<u>Entretien sur des faits divers</u>

36. "Heureux les cochons qui occupent toute leur
tête à manger, et ne parlent qu'avec la queue!" --
Jules Renard, <u>Journal</u>

37. "Ces gens sont d'une vulgarité à faire dres-
ser les cheveux sur la tête." -- Jean Dutourd, <u>Au Bon
Beurre</u>

38. "Des propos à faire rougir un singe." --
Octave Feuillet, <u>La Morte</u>

39. "L'Histoire n'est qu'une histoire à dormir
debout." -- Jules Renard, <u>Journal</u>

40. S'ennuyer à mourir

   To be bored to tears

à: to indicate rate of speed

1. Une balle lancée par Nolan Ryan des Astros de
Houston a traversé l'espace à plus de 160 kilomètres à
l'heure.

2. Le train à grande vitesse "TGV," mis en service le 22 septembre 1981, peut faire 380 kilomètres à l'heure.

3. "Il est un homme à accidents. Il en a déjà eu deux en tilbury. Aujourd'hui il se tuerait en Jaguar, à cent cinquante à l'heure, sur l'autoroute de l'Ouest." -- Paul Guth à propos d'Honoré de Balzac, Histoire de la littérature française

Adjectives: usual position of most

1. La Maison Blanche -- Résidence du président des États-Unis

2. "La Ville Blanche" -- Autre nom pour Alger

3. "La Panthère noire" -- Poème de Leconte de Lisle

4. La fourmi noire, sur la pierre noire, dans la nuit noire, Dieu seul la voit. -- Proverbe arabe

5. L'Herbe rouge -- Roman de Boris Vian

6. Pour moi des roses rouges -- Titre de la version française de la pièce de Sean O'Casey Red Roses for Me

7. L'Insigne rouge du courage -- Titre de la version française du roman de Stephen Crane The Red Badge of Courage

8. "Le Petit Chaperon rouge" -- Conte de fées de Charles Perrault

9. La Lettre écarlate -- Titre de la version française du roman de Nathaniel Hawthorne The Scarlet Letter

10. L'Ange bleue

Der blaue Engel -- Film allemand ayant pour vedette Marlene Dietrich

11. L'Heure Bleue -- Nom d'un parfum de Guerlain

12. Gauloises Bleues -- Marque de cigarettes

13. "Pouvoir vert"

"Green Power" -- Slogan des écologistes

14. Raymond Barre, premier ministre de Valéry Giscard d'Estaing, se décrivait comme "un homme carré dans un corps rond."

15. Solide comme le Pont Neuf -- Comparaison souvent appliquée aux vieillards

16. Souvenirs de ma vie morte -- Ouvrage autobiographique de René Leriche

17. "Le monde entier est un théâtre... "

"All the world's a stage... " -- Jaques, Comme il vous plaira, Shakespeare

18. "Tender Leaf: le thé fort au nom tendre"

"Tender Leaf: the strong tea with the tender name" -- Slogan publicitaire

19. "Le ciel est le pain quotidien des yeux." -- Ralph Waldo Emerson, Journal

20. La musique -- la seule langue universelle

21. "La musique moderne est aussi dangereuse que la cocaïne." -- Pietro Mascagni

22. "Un tyran désagréable, qui a bâti un château médiocre et un beau jardin." -- Paul Valéry à propos de Louis XIV, Conversations sur l'histoire

23. "Le ministère de l'air sale, de l'eau sale et des regards sales"

"The Department of Dirty Air, Dirty Water and Dirty Looks" -- Dénomination moqueuse donnée par Robert H. Finch au "Department of Health, Education and Welfare"

24. "L'homme est de nature un animal politique." -- Aristote, Politique

25. <u>Le Singe velu</u> -- Titre de la version française de la pièce d'Eugene O'Neill <u>The Hairy Ape</u>

26. "L'amour est un mal inguérissable." --
Marcel Proust, <u>La Prisonnière</u>

27. <u>Le Coeur est un chasseur solitaire</u> -- Titre
de la version française du roman de Carson McCullers
<u>The Heart Is a Lonely Hunter</u>

28. <u>La Foule solitaire</u> - Titre de la version
française de l'ouvrage sociologique de David Riesman
<u>The Lonely Crowd</u>

29. <u>Servitude et grandeur militaires</u> -- Ouvrage
d'Alfred de Vigny

30. "Qu'on songe à la puissance de fascination
des voix: la voix émouvante d'Édith Piaf, la voix
envoûtante de Louis Armstrong, la voix canaille de
Maurice Chevalier" -- C.R. Haas, <u>Pratique de la pub-
licité</u>

Adjectives which usually precede

1. Une bonne conscience est un doux oreiller. --
Proverbe

2. Le Bon Marché -- Grand magasin de Paris

3. "J'ai du bon tabac dans ma tabatière." --
Paroles d'une chanson populaire

4. Au bon vieux temps

In the good old days

5. L'argent est un bon serviteur et un mauvais
maître. -- Proverbe

6. "Un bon mot vaut mieux qu'un mauvais livre."
-- Jules Renard, <u>Journal</u>

7. "Il n'y a jamais eu de bonne guerre ni de
mauvaise paix."

"There never was a good war or a bad peace."
-- Benjamin Franklin, <u>Correspondance</u>

8. "La colère est mauvaise conseillère."

"Anger is a bad counsellor." -- George Bernard Shaw, _The Intelligent Woman's Guide to Socialism and Capitalism_

9. "Mauvaise journée après une mauvaise nuit." -- André Gide, _Journal_

10. Le Petit Poucet

Tom Thumb

11. "Le petit caporal" -- Surnom affectueux donné à Napoléon Ier par les grognards de la Grande Armée

12. "Le petit champignon"

"Das Schwammerl" -- Surnom viennois de Franz Schubert

13. "Le petit professeur"

"The little professor" -- Surnom de Dominic DiMaggio, champion de base-ball

14. Mon petit doigt me l'a dit.

A little bird told me.

15. Les petits ruisseaux font les grandes rivières. -- Proverbe

16. "Ceux qui s'appliquent trop aux petites femmes deviennent rapidement incapables de grandes choses." -- Georges-Armand Masson, _L'Art d'accommoder les classiques_

17. "Le grand Charletan" -- Surnom donné à Charles de Gaulle par _Le Canard Enchaîné_

18. "La grande asperge" -- Surnom donné à Charles de Gaulle par Charles Maurras

19. "Qu'on m'appelât 'la grande Sartreuse ou Notre Dame de Sartre' j'en riais." -- Simone de Beauvoir, _La Force des choses_

20. "Le grand plébéien"

"The great commoner" -- Surnom de William
Jennings Bryan

21. "Le grand DiMaggio"

"The great DiMaggio" -- C'est avec cette
épithète que le héros du Vieil Homme et la mer de
Hemingway fait sans cesse l'éloge du champion de
base-ball Joe DiMaggio

22. "Ce garçon est un génie et sera un grand
acteur."

"This boy is a genius and will be a great
actor." -- Jugement du professeur Nevill Coghill
d'Oxford sur son étudiant, Richard Burton

23. Le Grand Jeu -- Film ayant pour vedette Jean
Gabin

24. La Grande Bouffe -- Film de Marco Ferreri

25. Les Grandes Espérances -- Titre de la
version française du roman de Charles Dickens Great
Expectations

26. La Grande Illusion -- Film pacifiste de Jean
Renoir

27. "La popularité, cette grande menteuse." --
Victor Hugo, "Sunt lacrymas rerum"

28. Grand bonheur, grand péril. -- Proverbe

29. "Qui a peur du grand méchant loup?"

"Who's Afraid of the Big, Bad Wolf?" --
Chanson du film Les Trois Petits Cochons de Walt
Disney

30. "Les grands hommes le sont quelquefois dans
les petites choses." -- Vauvenargues, Réflexions et
Maximes

31. "Les grands mangeurs et les grands dormeurs
sont incapables de quelque chose de grand." -- Henri
IV

32. "Les grands romans viennent du coeur." --
François Mauriac, <u>Mémoires intérieurs</u>

33. Les grands diseurs ne sont pas les grands
faiseurs. -- Proverbe

34. "Les grandes pensées viennent du coeur." --
Vauvenargues, <u>Réflexions et Maximes</u>

35. "Les grandes pensées viennent de la raison."
-- Le comte de Lautréamont, <u>Poésies</u>

36. "J'ai toujours été un gros mangeur."-- Romain Gary, <u>La Promesse de l'aube</u>

37. <u>La Grosse Galette</u> -- titre de la version
française du roman de John Dos Passos <u>The Big Money</u>

38. "Un bel enterrement n'est pas une improvisation: il faut y consacrer sa vie." -- Auguste Detoeuf,
<u>Propos de O.L. Barenton, confiseur</u>

39. La Belle Jardinière -- Grand magasin de
Paris

40. <u>La Belle Hélène</u> -- Dessin de Toulouse-
Lautrec et opéra-bouffe de Jacques Offenbach

41. "D'où surgissent les belles idées nouvelles."

"Where beautiful young ideas begin." --
Slogan publicitaire, Helene Curtis Industries

42. Les belles plumes font les beaux oiseaux. --
Proverbe

43. <u>Le Vilain Américain</u> -- Titre de la version
française du roman de William Lederer et d'Eugène
Burdick <u>The Ugly American</u>

44. Le Vieux Charles -- Nom de l'avion piloté
par Georges Guynemer pendant la Guerre de 1914-1918

45. Jeune ange, vieux diable. -- Proverbe

46. La vieille mère Hubbard

47. "A l'ombre des vieilles dames en pleurs." --
Paul Claudel, <u>Journal</u>

Adjectives: when denoting implied quality of the noun modified

1. "La douce France" -- Refrain de la <u>Chanson de Roland</u>

2. "Le fidèle Achate"
   "Fidus Achates" -- Virgile, <u>L'Énéide</u>

3. "Le grand Alexandre était petit de taille."
   -- Érasme

4. L'impassible Talleyrand

5. <u>L'Illustre Gaudissart</u> -- Roman d'Honoré de Balzac

6. Les brillants Curie (Pierre et Marie)

7. "Le flamboyant Théophile Gautier" -- Paul Guth, <u>Histoire de la littérature française</u>

8. Le flamboyant Joe Namath

9. "L'honnête Abe"

   "Honest Abe" -- Surnom d'Abraham Lincoln

10. "L'incorruptible Américain"

    "The incorruptible American" -- Surnom de Ralph Nader

11. La prodigieuse mémoire de Marcel Proust

12. "Son exquise bonté" -- Pierre Lavallée à propos de Marcel Proust

13. "KLM sait les secrets de l'Europe et ceux de la fascinante Amsterdam." -- Slogan publicitaire

Adjectives: after <u>quelque chose de</u> and <u>rien de</u>

1. Quelque chose de vieux, quelque chose de neuf,

Quelque chose de prêté, quelque chose de
bleu.

Something old, something new,
Something borrowed, something blue -- Couplet
de mariage

2. "Il y a quelque chose de pourri dans le
royaume de Danemark."

"Something is rotten in the state of Den-
mark." -- Marcellus, Hamlet, Shakespeare

3. "N'avez-vous pas remarqué qu'il y a quelque
chose de mystérieux dans une huître?" -- Louis-Auguste
Commerson, Pensées d'un emballeur

4. "Sur la mort de X. ... -- C'est la première
fois qu'il fait quelque chose de sérieux dans sa vie."
-- Henry de Montherlant, Carnets

5. "Je ne voyage jamais sans mon journal intime.
On devrait toujours avoir quelque chose de sensation-
nel à lire dans le train."

"I never travel without my diary. One should
always have something sensational to read in the
train." -- Oscar Wilde, The Importance of Being
Earnest

6. "Je suis quelque chose de spécial."

"I'm something special." -- Inscription de T
shirt

7. "Quand quelqu'un fait quelque chose de bien,
applaudissez! Vous rendrez deux personnes heureuses."

"When someone does something good, applaud!
You'll make two people happy." -- Samuel Goldwyn

8. "Les grands mangeurs et les grands dormeurs
sont incapables de quelque chose de grand." -- Henri
IV

9. "Nous sommes attirés par toute vie qui nous
représente quelque chose d'inconnu, par une dernière
illusion à détruire." -- Marcel Proust, Le Côté de
Guermantes

10. <u>A L'Ouest rien de nouveau</u> -- Titre de la version française du roman pacifiste d'Erich Maria Remarque <u>Im Westen nichts Neues</u>

11. Rien de nouveau sous le soleil. -- Proverbe

12. "Rien de long n'est fort agréable, pas même la vie; cependant on l'aime." -- Vauvenargues, <u>Réflexions et Maximes</u>

13. "Il n'est rien de si absent que la présence d'esprit." -- Antoine Rivarol, <u>Discours sur l'universalité de la langue française</u>

14. "En amour il n'y a rien de plus persuasif qu'une courageuse bêtise." -- Honoré de Balzac, <u>Les Chouans</u>

15. "Le mariage est, dit-on, d'institution divine, mais, quand Dieu l'a institué, la parure d'une femme n'avait rien de ruineux." -- Alphonse Karr, <u>Les Guêpes</u>

16. "Vos larmes, Josabeth, n'ont rien de criminel." -- Joad, <u>Athalie</u>, Jean Racine

17. "Il n'y a rien de plus répandu que le courage physique." -- Henry de Montherlant, <u>Carnets</u>

18. "Le courage militaire n'a rien de commun avec le courage civil." -- Napoléon Ier

19. "Il n'y a en ce monde rien de constant que l'inconstance."

"There is nothing in this world constant, but inconstancy." -- Jonathan Swift, <u>Irréfutable Essai sur les facultés de l'âme</u>

20. "Rien d'excellent ne se fait qu'à loisir." -- André Gide, <u>Journal</u>

21. "Rien de grand n'a jamais été accompli sans enthousiasme."

"Nothing great was ever achieved without enthusiasm." -- Ralph Waldo Emerson, <u>Cercles</u>

22. "On ne fait rien de grand sans le fanatisme." -- Gustave Flaubert, <u>Correspondance</u>

23. "Rien de grand ne se fait sans chimères." --
Ernest Renan, L'Avenir

24. "Rien de vigoureux, rien de grand ne peut
partir d'une plume toute vénale." -- Jean-Jacques
Rousseau, Confessions

25. "Rien de plus complet n'est jamais sorti du
cerveau d'un écrivain." -- George Sand à propos de
l'oeuvre d'Honoré de Balzac

26. "On ne fait rien de grand sans de grands
hommes." -- Charles de Gaulle, Vers l'armée de métier

Adjectives: possessive

1. "Mon métier et mon art, c'est vivre." --
Michel de Montaigne, Essais

2. "La bêtise n'est pas mon fort." -- Paul
Valéry, La Soirée avec Monsieur Teste

3. "L'Europe, mon pays." -- Jules Romains,
Europe

4. "Le monde est mon pays,
   Tous les hommes sont mes frères."

   "The world is my country,
   All mankind are my brethren." -- Thomas
Paine, Les Droits de l'homme

5. Ma maison est mon château. -- Proverbe

6. "Nous avons la manie de la possession. Nous
disons: mes départements, ma femme, mon train. Je
les appelle mes départements, même quand je les
ignore, je l'appelle ma femme, alors qu'elle me trompe
-- et je l'appelle mon train, même quand je l'ai raté!
C'est un train, ce sont des départements et c'est une
femme." -- Sacha Guitry

7. "'Mon homme,' 'mon mari,' devient 'mon
époux,' sur les tombes." -- Jules Renard, Journal

8.   "Mon coeur appartient à papa"

"My Heart Belongs to Daddy" -- Chanson de Cole Porter

9.   Que Dieu me garde de mes amis! Je me garderai de mes ennemis. -- Proverbe

10.   "Honore ton père et ta mère..." -- <u>Ancien Testament</u>

11.   "Aime ton prochain comme toi-même." -- <u>Nouveau Testament</u>

12.   "Fragilité, ton nom est femme!"

"Frailty, thy name is woman." -- Hamlet, <u>Hamlet</u>, Shakespeare

13.   "Ô Liberté! que de crimes on commet en ton nom!" -- Paroles de Jeanne Manon Roland, guillotinée le 8 novembre 1793

14.   "Ô Mort! où est ta victoire?" -- Gérard de Nerval, <u>Aurélia</u>

15.   "L'homme fait son devoir, l'enfant fait ses devoirs." -- Paul Claudel, <u>Journal</u>

16.   Petit à petit l'oiseau fait son nid. -- Proverbe

17.   "L'homme naît avec ses vices, il acquiert ses vertus." -- Jules Renard, <u>Journal</u>

18.   Il faut laver son linge sale en famille. -- Proverbe

19.   "L'hérédité a ses lois comme la pesanteur." -- Émile Zola, Préface, <u>La Fortune des Rougon</u>

20.   "Chacun a son courage et sa peur particuliers." -- Henry de Montherlant, <u>Carnets</u>

21.   "Le coeur a sa mémoire à lui." -- Honoré de Balzac, <u>La Femme de trente ans</u>

22.   "Chaque âge a ses plaisirs, son esprit et ses moeurs." -- Boileau-Despréaux, <u>L'Art poétique</u>

23. "Nous passons notre vie à causer de ce mystère: notre vie." -- Jules Renard, <u>Journal</u>

24. "Il faut cultiver notre jardin." -- Voltaire, <u>Candide</u>

25. "La protestation est le génie de notre race." -- Maurice Barrès

26. "Nous faisons nos amis, nous faisons nos ennemis mais Dieu fait notre voisin."

"We make our friends, we make our enemies but God makes our next-door neighbor." -- G.K. Chesterton, <u>Heretics</u>

27. "Nos actes les plus sincères sont aussi les plus calculés." -- André Gide, <u>Si le grain ne meurt</u>

28. "Votre plume est un pinceau." -- Napoléon Ier à Bernardin de Saint-Pierre

29. "Quelque chose de qualité supérieure pour votre intérieur."

"Something superior for your interior." -- Slogan publicitaire employé parfois par les restaurateurs

30. "Au lieu d'aimer vos ennemis, traitez un peu mieux vos amis."

"Instead of loving your enemies, treat your friends a little better." -- Edgar W. Howe, <u>Plain People</u>

31. "Il faut pleurer les hommes à leur naissance, et non pas à leur mort." -- Montesquieu, <u>Les Lettres persanes</u>

32. "Pour honorer les morts, les uns portent leur deuil, les autres leurs bijoux." -- Gaston Andréoli

33. "La liberté est le pain que les peuples doivent gagner à la sueur de leur front." -- Félicité de Lamennais, <u>Paroles d'un croyant</u>

34. "Les enfants ont toujours une tendance soit à déprécier soit à exalter leurs parents." -- Marcel Proust, <u>A l'ombre des jeunes filles en fleur</u>

19

Agreement of past participle: _avoir_ as auxiliary

1. "Celle qu'il a préférée n'est pas celle qui l'a préféré." -- Pierre Delattre, _Les Difficultés phonétiques_

2. "Joséphine! ma bonne Joséphine! Tu sais que je t'ai aimée.... C'est à toi, à toi seule que j'ai dû les seuls instants de bonheur que j'ai goûtés en ce monde." -- Napoléon Ier. Cité par Louis de Bourrienne, _Mémoires sur Napoléon..._

3. "Je vous ai aimée autant qu'un homme peut aimer sur la terre." -- Alfred de Musset, _La Confession d'un enfant du siècle_

4. "Elle aimait trop le bal, c'est ce qui l'a tuée." -- Victor Hugo, "Fantômes"

5. "Le fruit que quelqu'un a mordu
   La lettre que quelqu'un a lue
   La chaise que quelqu'un a renversée
   La porte que quelqu'un a ouverte
   La route où quelqu'un court encore" -- Jacques Prévert, "Le Message"

6. "Les vrais paradis sont les paradis qu'on a perdus." -- Marcel Proust, _Le Temps retrouvé_

7. "Je connais les hommes. Je ne suis fait comme aucun de ceux que j'ai vus." -- Jean-Jacques Rousseau, _Confessions_

8. "J'ai dit des vérités aux hommes; ils les ont mal prises; je ne dirai plus rien." -- _Ibid._

9. "La gloire, je l'ai connue, je l'ai vue." -- Honoré de Balzac

10. "La gloire se donne seulement à ceux qui l'ont toujours rêvée." -- Charles de Gaulle, _Vers l'armée de métier_

11. _Les Guerres que j'ai vues_ -- Titre de la version française de l'ouvrage de Gertrude Stein _Wars I Have Seen_

12. "Je n'ai pas appris la liberté dans Marx -- Je l'ai apprise dans la misère." -- Albert Camus, _Actuelles_

20

13. "La liberté appartient à ceux qui l'ont conquise." -- André Malraux, Discours, 1945

14. "Je n'ai point usurpé la couronne: je l'ai trouvée dans le ruisseau et relevée." -- Napoléon Ier, Récits de la captivité

15. "Il a créé la plus forte administration civile que la France ait connue." -- André Malraux à propos de Napoléon Ier, Antimémoires

16. "Je les ai épatés, les bourgeois." -- Alexandre Privat d'Anglemont

17. "La maison que Ruth a bâtie"

"The house that (Babe) Ruth built" -- Appellation employée par les reporters de sport pour désigner le "Yankee Stadium"

18. "Et si l'on me réélit sénateur, je promets solennellement de tenir toutes les promesses que je vous ai faites il y a six ans."

"And if I am re-elected Senator, I solemnly promise to keep all those promises I made six years ago." -- Légende sous un dessin humoristique de A.S. Habbick

19. "Une femme âgée de quatre-vingt-dix ans disait à M. de Fontenelle, âgé de quatre-vingt-quinze: 'La mort nous a oubliés.' -- 'Chut!', lui répondait M. de Fontenelle, en mettant le doigt sur sa bouche." -- Chamfort, Caractères et Anecdotes

Agreement of past participle: être as auxiliary

1. "Tu n'es pas né pour mourir, immortel oiseau!"

"Thou wast not born for death, immortal Bird!" -- John Keats, "Ode to a Nightingale"

2. Marguerite de Navarre est née en 1492.

3. Louis XIV est né avec deux dents.

L4374

4. "L'homme est né libre et partout il est dans les fers." -- Jean-Jacques Rousseau, Le Contrat social

5. "La liberté est née en Angleterre des querelles de tyrans." -- Voltaire, Lettres philosophiques

6. "L'homme est né pour être heureux." -- Napoléon Ier, "Discours de Lyon"

7. Louis Armstrong est né à La Nouvelle-Orléans.

8. Huit présidents américains sont nés en Virginie.

9. Louis XIV est mort de gangrène due à la sénilité.

10. Thomas Jefferson est mort le 4 juillet 1826.

11. Georges Bizet est mort à trente-six ans.

12. "Aujourd'hui maman est morte. Ou peut-être hier." -- Premières phrases de L'Étranger d'Albert Camus

13. "Où es-tu allé, Joe DiMaggio?"

"Where have you gone, Joe DiMaggio?" -- Paroles de la chanson "Mrs. Robinson" de Simon and Garfunkel

14. "Nu, je suis venu en ce monde, et nu dois-je le quitter." -- Cervantès, Don Quichotte

15. "Je suis venu trop tard dans un monde trop vieux." -- Alfred de Musset, "Rolla"

16. "Jonas est resté trois jours et trois nuits dans le ventre du monstre marin." -- Nouveau Testament

17. "Un rideau de fer est descendu sur l'Europe continentale."

"An iron curtain has descended across the Continent." -- Winston Churchill, discours du 5 mars 1946 à Westminster College, Fulton, Missouri

18. Elle n'est pas tombée de la dernière pluie.

She wasn't born yesterday.

19. Devinette: Pourquoi le singe est-il tombé de l'arbre? (Parce qu'il était mort)

20. "L'homme n'était pas remonté à la surface."
-- Victor Hugo, Les Misérables

21. "Cent fois le nom d'Hector est sorti de ma bouche." -- Andromaque, Andromaque, Jean Racine

22. L'Alaska et Hawaii sont devenus respectivement les quarante-neuvième et cinquantième états des États-Unis.

23. Le Marchand de glace est passé -- Titre de la version française de la pièce d'Eugene O'Neill The Iceman Cometh

24. "Le Seigneur est vraiment ressuscité: il est apparu à Pierre." -- Nouveau Testament

Agreement of past participle: reflexive verbs

1. "Cosette s'était toujours crue laide." -- Victor Hugo, Les Misérables

2. Peu d'auteurs se sont tués à la tâche, comme l'a fait Balzac.

3. Le poète romantique Alphonse de Lamartine et Julie Charles se sont épris l'un de l'autre à Aix-les-Bains où ils s'étaient rencontrés.

4. "Longtemps je me suis couché de bonne heure."
-- Première phrase d'A la recherche du temps perdu de Marcel Proust

5. "Je me suis détesté, je me suis adoré et nous avons vieilli ensemble." -- Paul Valéry, La Soirée avec Monsieur Teste

6. Hitler et sa maîtresse, Eva Braun, se sont suicidés dans un bunker à Berlin.

7. "Vous vous êtes donné la peine de naître et rien de plus." -- Figaro, Le Mariage de Figaro, Beaumarchais

8. Elle ne s'est pas cassé la tête.

She didn't overtax herself.

au-delà (de)

1. "Plaisante justice qu'une rivière borne!
Vérité au deçà des Pyrénées, erreur au delà." --
Blaise Pascal, Pensées

2. "Tout cela est au-delà des paroles." -- François Mauriac à propos de l'exécution de Robert Brasil-
lach

3. "Un homme est toujours au-delà de ce qu'il
fait." -- Jean-Paul Sartre, Situations

4. Au-delà du fleuve et sous les arbres -- Titre
de la version française du roman d'Ernest Hemingway
Across the River and into the Trees

au-dessous de -- au-dessus de

1. Au-dessous du volcan -- Titre de la version
française du roman de Malcolm Lowry Under the Volcano

2. "Je suis d'une taille un peu au-dessous de la
moyenne." -- Michel de Montaigne, Essais

3. "Sa taille était médiocre, comme celle de
presque tous les hommes qui se sont élevés au-dessus
des autres." -- Honoré de Balzac, Séraphîta

4. "La femme de César doit être au-dessus de
tout soupçon." -- Jules César. Cité par Plutarque,
Vies parallèles

5. "L'honnêteté est au-dessus des lois mêmes."
-- Ménandre, Le Carthaginois

6. "Avec quelle orgueilleuse conviction il se place au-dessus de tous les héros auxquels il se compare." -- Louis de Bourrienne, Mémoires sur Napoléon...

7. Au-dessus de la mêlée -- Recueil d'articles pacifistes de Romain Rolland

8. "Le général de Gaulle nous faisait vivre au-dessus de nos moyens." -- Jean Dutourd, Les Taxis de la Marne

9. "En art comme ailleurs, il faut vivre au-dessus de nos moyens." -- Jean Dutourd, Le Fond et la Forme

10. "Hélas, je meurs au-dessus de mes moyens."

    "Alas, I am dying beyond my means." -- Oscar Wilde à la mort, prenant connaissance d'une note d'honoraires pour consultation médicale

11. "Dans l'ordre des écrivains, je ne vois personne au-dessus de Bossuet." -- Paul Valéry, Variétés

12. "Je mettais Bach bien au-dessus de Beethoven. Sartre...préférait Beethoven, de loin." -- Simone de Beauvoir, La Force de l'âge

avoir beau

1. "Elle a beau être noble et moi le fils d'un ouvrier, elle m'aime." -- Stendhal, Le Rouge et le Noir

2. "On a beau avoir horreur de la guerre: Victor Hugo et Rostand finissent presque par faire accepter les tueries de Napoléon." -- Jules Renard, Journal

3. "J'avais beau fuir au fond des bois, une foule importune m'y suivait partout." -- Jean-Jacques Rousseau, Rêveries du promeneur solitaire

avoir raison -- avoir tort

1. "Le besoin d'avoir raison, -- marque l'esprit vulgaire." -- Albert Camus, <u>Carnets</u>

2. "Si tous ceux qui croient avoir raison n'avaient pas tort, la vérité ne serait pas loin." -- Pierre Dac, <u>L'Os à moelle</u>

3. "Les prophètes ont toujours tort d'avoir raison." -- Boris Vian, <u>L'Herbe rouge</u>

4. "Quand tout le monde a tort, tout le monde a raison." -- Le président, <u>La Gouvernante</u>, P.-C. Nivelle de La Chaussée

5. "Les absents ont toujours tort." -- Nérine, <u>L'Obstacle imprévu</u>, Destouches

6. "Les absents ont toujours tort de revenir." -- Jules Renard, <u>Journal</u>

ce + être

1. "Ce n'est rien, ce n'est rien." -- Dernières paroles d'Henri IV, mortellement blessé par Ravaillac

2. "L'État c'est moi." -- Louis XIV

3. "C'est pire qu'un crime. C'est une faute!" -- Talleyrand à propos de l'exécution du duc d'Enghien en 1804

4. "C'était une maîtresse femme...elle était digne d'avoir la barbe au menton." -- Napoléon Ier à propos de Catherine de Russie

5. "C'est une nouvelle, ce n'est pas un événement!" -- Talleyrand à propos de la mort de Napoléon Ier

6. "Bonaparte n'est plus le vrai Bonaparte, c'est une figure légendaire." -- François-René de Chateaubriand, <u>Mémoires d'outre tombe</u>

26

7. "C'est magnifique mais ce n'est pas la guerre." -- Le maréchal Pierre Bosquet à propos d'une charge de la Brigade légère

8. "Ce n'est pas la fin. Ce n'est même pas le commencement de la fin. Mais c'est peut-être la fin du commencement."

"This is not the end. It is not even the beginning of the end. But it is, perhaps, the end of the beginning." -- Winston Churchill, discours du 10 novembre 1942

9. C'est un poids bien pesant qu'un nom trop fameux." -- Voltaire, La Henriade

10. "C'était le rossignol et non l'alouette."

"It was the nightingale, and not the lark." -- Juliette, Roméo et Juliette, Shakespeare

11. "Ce n'était pas un romancier d'un immense talent parmi les romanciers du dix-neuvième siècle, c'était le romancier même du dix-neuvième siècle." -- Jules Barbey d'Aurevilly à propos d'Honoré de Balzac

12. "Ce sont les Dante qui font les Béatrice et non les Béatrice qui font les Dante." -- Alphonse de Lamartine

13. "Ce n'est pas moi, c'est Beethoven." -- Arturo Toscanini, après avoir été spontanément applaudi par ses musiciens au cours d'une répétition

14. "Madame, si c'est possible, c'est fait; impossible? cela se fera." -- Charles de Calonne

15. "Ce n'est pas toujours le pire que les hommes cachent." -- François Mauriac, Journal

16. "C'est le coeur qui sent Dieu, et non la raison." -- Blaise Pascal, Pensées

17. "Les affaires? C'est bien simple, c'est l'argent des autres." -- Jean, La Question d'argent, Alexandre Dumas fils

18. "Je sais enfin ce qui distingue l'homme de la bête: ce sont les ennuis d'argent." -- Jules Renard, Journal

19. "Mirabeau aimait la force: c'est une de ses faiblesses." -- Louis Auguste Commerson, Pensées d'un emballeur

20. "Quand on annonça à cet homme de gouvernement: 'Votre femme est morte', il demanda: 'Est-ce officiel?'" -- Jules Renard

21. "C'est un père! Je suis une fille! Je suis une fille!" -- Un père ému après la naissance de sa fille

22. Un père de cinq filles à l'infirmière qui vient de sortir de la salle d'accouchement -- Est-ce un garçon?

L'infirmière -- Celui du milieu l'est.

cela, ça

1. "Il est bon de lire entre les lignes, cela fatigue moins les yeux." -- Sacha Guitry

2. "Je conviendrais bien volontiers que les femmes nous sont supérieures -- si cela pouvait les dissuader de se prétendre nos égales." -- Sacha Guitry, Toutes Réflexions faites

3. "On demandait à M. de Fontenelle mourant: 'Comment cela va-t-il? -- Cela ne va pas, dit-il; cela s'en va.'" -- Chamfort, Caractères et Anecdotes

4. "C'est une enfant gâtée, cela résume tout." -- Benjamin Constant à propos de Germaine de Staël, Journal intime

5. "Je vous ai vu que vous n'étiez pas plus grand que cela." -- Covielle, Le Bourgeois gentilhomme, Molière

6. "Le sot projet qu'il a de se peindre! et cela non pas en passant et contre ses maximes...mais...par un dessein premier et principal." -- Blaise Pascal à propos de Michel de Montaigne

7. "Il vient toujours un temps où il faut choisir entre la contemplation et l'action. Cela s'appelle devenir un homme." -- Albert Camus, Le Mythe de Sisyphe

8. "L'horrible mot de Napoléon devant les cadavres d'un champ de bataille: 'Une nuit de Paris réparera tout cela.'" -- François Mauriac, Le Dernier Bloc-Notes

9. Adieu à tout cela -- Titre de la version française de l'ouvrage autobiographique de Robert Graves Goodbye to All That

10. "Mais ça c'est une autre histoire."

"But that's another story." -- L'une des expressions favorites de Rudyard Kipling

ceci

1. "Ceci est mon corps, ceci est mon sang." -- Nouveau Testament

2. Ceci est mon testament.

This is my last will and testament.

3. "Elle voudrait que je sois comme ceci plutôt que comme cela." -- Jean Hougron, L'Anti-jeu

celui, celle, etc.

1. "Celui qui honore les autres s'honore lui-même" -- Nouveau Testament

2. Celui qui s'excuse, s'accuse. -- Proverbe

3. "Un ami, c'est celui qui devine toujours quand on a besoin de lui." -- Jules Renard, Journal

4. Celui qui paie les pipeaux commande la musique. -- Proverbe

5. Celui qui se marie par intérêt vend sa liberté.

He that marries for wealth sells his liberty. -- Proverbe

6. "Ah! celui-là vit mal qui ne vit que pour lui." -- Alfred de Musset, La Coupe et les Lèvres

7. "Respecter dans chaque homme, sinon celui qu'il est, au moins celui qu'il pourrait être, qu'il devrait être." -- Henri-Frédéric Amiel, Journal intime

8. "Un héros, c'est celui qui fait ce qu'il peut." -- Romain Rolland, Jean-Christophe

9. "Celui qui vit d'espérance court le risque de mourir de faim." -- Benjamin Franklin

10. "Médecin: celui qui vit des maladies de ceux qui en meurent." -- Anonyme

11. "Celui qui agit comme tout le monde s'irrite nécessairement contre celui qui n'agit pas comme lui." -- André Gide, Journal

12. "Celui qui ne meurt pas une fois par jour ignore la vie." -- Rémy de Gourmont, Le Livre des masques

13. "Celui qui entre à l'université chemine en terre sainte."

"He who enters a university walks on hallowed ground." -- James Bryant Conant, "Notes on the Harvard Tercentenary," 1936

14. "Raseur: celui qui parle quand vous souhaiteriez qu'il écoute."

"Bore: a person who talks when you wish him to listen." -- Ambrose Bierce, Le Dictionnaire du diable

15. "On ne peut distinguer le fils d'un millionnaire de celui d'un milliardaire."

"You can't tell a millionaire's son from a
billionaire's." -- Vance Packard, Les Obsédés du
standing

16. "Corneille nous assujettit à ses caractères
et à ses idées, Racine les conforme aux nôtres;
celui-là peint les hommes comme ils devraient être,
celui-ci les peint tels qu'ils sont." -- Jean de La
Bruyère, Les Caractères

17. "Être amoureux, c'est voir dans celui ou
celle qui vous aime ce qu'on y souhaite et non pas ce
qu'on y trouve." -- Paul Reboux, Le Nouveau Savoir-
écrire

18. "Le moment du péril est celui du courage."
-- Coriolan, Coriolan, Jean-François de La Harpe

19. "Le sort de l'humanité en général sera celui
qu'elle méritera." -- Albert Einstein, Comment je vois
le monde

20. "Mon enfant, vous pouvez être un grand roi;
mais n'imitez pas le goût que j'ai eu pour les bâti-
ments, ni celui que j'ai eu pour la guerre." -- Louis
XIV, à son arrière-petit-fils, le futur Louis XV, âgé
de cinq ans

21. "Fox, célèbre joueur, disait, 'Il y a deux
grands plaisirs dans le jeu: celui de gagner et celui
de perdre.'" -- Chamfort, Maximes et Anecdotes

22. "Le moi est haïssable...mais il s'agit de
celui des autres." -- Paul Valéry, Mauvaises Pensées
et autres

23. "Le secret d'ennuyer est celui de tout
dire." -- Voltaire, Sept Discours en vers sur l'homme

24. Toute poule qui glousse continuellement
n'est pas celle qui pond le plus. -- Proverbe

25. "La roue de la fortune tourne encore plus
vite que celle du moulin." -- Miguel de Cervantès, Don
Quichotte

26. "J'aimais toujours celle...que je croyais
détester." -- Marcel Proust, A l'ombre des jeunes
filles en fleur

27. "L'amour est l'histoire de la vie des femmes, c'est un épisode dans celle des hommes." -- Germaine de Staël, _De l'influence des passions_

28. "C'est d'augmenter celle d'autrui que je fais ma plus grande joie." -- André Gide, _Journal_

29. "Je n'ai qu'une passion, celle de la lumière." -- Émile Zola, "Lettre à M. Félix Faure"

30. "Si le coeur a ses raisons que la raison ne connaît pas, c'est que celle-ci est moins raisonnable que notre coeur." -- Raymond Radiguet, _Le Diable au corps_

31. "En essayant, on peut facilement apprendre à supporter l'adversité -- celle d'un autre, veux-je dire."

"By trying we can easily learn to endure adversity -- another man's, I mean." -- Mark Twain, _Following the Equator_

32. "La place d'honneur, c'est celle où je suis." -- Sacha Guitry

33. "La plus perdue de toutes les journées est celle où l'on n'a pas ri." -- Chamfort, _Maximes et Pensées_

34. "Ceux qui vivent sont ceux qui luttent." -- Titre d'un poème de Victor Hugo

35. "Ceux qui ne peuvent se rappeler le passé sont condamnés à le revivre."

"Those who cannot remember the past are condemned to repeat it." -- George Santayana, _Reason in Common Sense_

36. Ceux qui viennent tard à table ne trouvent plus que des os. -- Proverbe

37. "Ceux qui jouent avec des chats doivent s'attendre à être griffés." -- Miguel de Cervantès, _Don Quichotte_

38. "Ceux qui s'appliquent trop aux petites femmes deviennent rapidement incapables de grandes choses." -- Georges-Armand Masson, _L'Art d'accommoder les classiques_

39. "Si ceux qui me détestent...savaient ce que je pense de moi, ils diraient...: 'Tout de même, il va un peu trop loin.'" -- Sacha Guitry, _Le Petit Carnet rouge_

40. "Tous ceux qui aiment aiment à parler de ce qu'ils aiment." -- Marcel Proust, _Jean Santeuil_

41. "Tous ceux qui prennent l'épée périront par l'épée." -- _Nouveau Testament_

42. "Le plus beau triomphe de l'écrivain est de faire penser ceux qui peuvent penser." -- Eugène Delacroix, _Écrits_

43. "Le monde est une comédie pour ceux qui pensent, une tragédie pour ceux qui sentent."

   "The world is a comedy to those that think, a tragedy to those that feel." -- Horace Walpole, _Correspondence_

44. "On dit que la vie est courte. Elle est courte pour ceux qui sont heureux, interminable pour ceux qui ne le sont pas." -- Henry de Montherlant, _Carnets_

45. "On passe sa vie à dire adieu à ceux qui partent, jusqu'au jour où l'on dit adieu à ceux qui restent." -- Mme Véra de Talleyrand

46. "Les seuls écrivains parfaits sont ceux qui n'ont jamais écrit."

   "The only impeccable writers are those that never wrote." -- William Hazlitt

47. "Nous pardonnons souvent à ceux qui nous ennuient mais ne pouvons pardonner à ceux que nous ennuyons." -- La Rochefoucauld, _Maximes_

48. Un homme politique qui n'a pas été réélu insère cette annonce dans le journal local: "Je tiens à remercier tous ceux qui ont voté pour moi, et ma femme ceux qui se sont abstenus."

49. "Les cadeaux sont comme les conseils; ils font plaisir surtout à ceux qui les donnent." -- Édouard Herriot, _Notes et Maximes_

50. "Dans les révolutions, il y a deux sortes de gens: ceux qui les font et ceux qui en profitent." -- Napoléon Ier

51. "Il y a deux sortes d'égotistes: ceux qui l'avouent et nous autres."

"There are two types of egotists: those who admit it and the rest of us." -- Anonyme

52. "Il y a deux sortes de metteurs en scène. Ceux qui se prennent pour Dieu et ceux qui en sont certains."

"There are two kinds of directors in the theater. Those who think they are God and those who are certain of it." -- Rhetta Hughes

53. "Il n'y a que deux sortes de gens, ceux qui sont en prison et ceux qui devraient y être." -- Marcel Achard, Les Compagnons de la Marjolaine

54. "Il n'y a que deux sortes de gens vraiment fascinants: ceux qui savent absolument tout et ceux qui ne savent absolument rien." -- Oscar Wilde, Le Portrait de Dorian Gray

55. "On faisait la guerre à M. ...sur son goût pour la solitude; il répondit: 'C'est que je suis plus accoutumé à mes défauts qu'à ceux d'autrui.'" -- Chamfort, Maximes et Anecdotes

56. "Les meilleurs souvenirs sont ceux que l'on a oubliés." -- Alfred Capus, Notes et Pensées

57. "On a peu de besoins quand on est vivement touché de ceux des autres." -- G.E. Lessing, Manuel de morale

58. Celles qu'on prend dans ses bras -- Pièce d'Henry de Montherlant

59. "Les classes sociales qui se lavent le plus sont celles qui travaillent le moins."

"The classes that wash most are those that work least." -- Gilbert Keith Chesterton

60. "Il y a une distance infinie entre les facultés de l'homme et celles du plus parfait animal." -- Buffon, Histoire naturelle

61. "Sartre s'intéressait à la vie et à ses propres idées, celles des autres l'ennuyaient." -- Simone de Beauvoir, La Force de l'âge

ce qui

1. Ce qui sera, sera. -- Proverbe

2. Ce qui ne tue pas fait grossir.

   Lo que no mata, engorda. -- Proverbe espagnol

3. "Ce qui ne me détruit pas me rend fort." -- Goethe

4. Ce qui nuit à l'un sert à l'autre. -- Proverbe

5. Ce qui vient du coeur va au coeur.

   What comes from the heart goes to the heart. -- Proverbe

6. Ce qui tombe dans le fossé est pour le soldat. -- Proverbe

7. Tout ce qui brille n'est pas or. -- Proverbe

8. "Tout ce qui brille n'est pas or.
   Tout ce qui ne brille pas non plus." -- Louis Scutenaire, Mes Inscriptions

9. "Rendez à César ce qui appartient à César, et à Dieu ce qui appartient à Dieu." -- Nouveau Testament

10. "Ce qui est écrit est écrit." -- Ibid.

11. "Ce qui n'est pas clair n'est pas français." -- Rivarol, Discours sur l'universalité de la langue française

12. "Ce qui est facile est rarement excellent."

    "What is easy is seldom excellent." -- Samuel Johnson

13. "Ce qui est beau est beau, n'importe dans quel temps, n'importe pour qui." -- Eugène Delacroix

14. "Tout ce qui a été fait de grand en ce monde a été fait au nom d'espérances exagérées." -- Jules Verne

15. "La culture, c'est ce qui reste quand on a tout oublié." -- Édouard Herriot

16. "Il y a des hommes si intelligents qu'on se demande ce qui peut encore les intéresser." -- Maurice Martin du Gard, <u>Climat tempéré</u>

17. "Ce qui est nécessaire n'est jamais ridicule." -- Le cardinal de Retz, <u>Mémoires</u>

18. "L'homme est le seul animal qui fasse du feu, ce qui lui a donné l'empire du monde." -- Antoine Rivarol, <u>Fragments et pensées littéraires, politiques et philosophiques</u>

19. "Tout ce qui était n'est plus; tout ce qui sera n'est pas encore." -- Alfred de Musset, <u>La Confession d'un enfant du siècle</u>

20. "Ce qui fait une nation c'est la volonté de ses habitants de vivre ensemble." -- Ernest Renan

21. "Ce qui est bon pour notre pays est bon pour General Motors et ce qui est bon pour General Motors est bon pour le pays."

"What is good for our country is good for General Motors and what is good for General Motors is good for the country." -- Charles E. Wilson

22. On prétend en plaisantant que, pour les Viennois, tout ce qui est défendu est permis.

23. "Je suis pour tout ce qui est contre et contre tout ce qui est pour." -- Devise de Pierre Dac

24. "Tout ce qui est prose n'est point vers; et ce qui n'est point vers n'est point prose. Heu! voilà ce que c'est d'étudier." -- Monsieur Jourdain, <u>Le Bourgeois gentilhomme</u>, Molière

25. "Je suis allé au cinéma deux fois avec Emmanuel qui ne comprend pas toujours ce qui se passe sur l'écran." -- Albert Camus, <u>L'Étranger</u>

26. "Ce qui est à moi est à nous...et ce qui est à toi est à toi." -- Jean-Jacques Rousseau à sa femme, Confessions

27. "Ce qui est à vous est à vous et ce qui est à moi n'est pas à moi." -- Carabol, Le Monde renversé, Régis Gignoux

28. "La raison n'est pas ce qui règle l'amour." -- Alceste, Le Misanthrope, Molière

29. "Il ne me dit jamais que je suis bête, -- ce qui me touche bien profondément." -- Madame Teste à propos de son mari, La Soirée avec Monsieur Teste, Paul Valéry

30. "Pour plaire aux autres, il faut parler de ce qu'ils aiment et de ce qui les touche." -- Socrate

31. "Mariez-vous. Si vous tombez sur une bonne épouse, vous serez heureux; et si vous tombez sur une mauvaise, vous deviendrez philosophe, ce qui est ex-cellent pour l'homme." -- Socrate

32. "Ce qui entend le plus de bêtises dans le monde est peut-être un tableau de musée." -- Edmond et Jules de Goncourt, Idées et Sensations

33. "On lit dans le journal: 'On a trouvé dans la rivière le corps d'un soldat coupé en morceaux et cousu dans un sac, ce qui exclut toute idée de suicide.'" -- Alphonse Karr, Les Guêpes

34. Devinette: Qu'est-ce qui est plus petit que la bouche d'une mouche? (ce qui y entre)

ce que

1. Ce que je crois -- Ouvrage de Gilbert Cesbron

2. "L'homme est ce qu'il croit." -- Anton Tchekhov

3. "Dis-moi ce que tu crois être et je te dirai ce que tu n'es pas." -- Henri-Frédéric Amiel, Journal intime

4. "Je sais ce que je vaux, et crois ce qu'on m'en dit." -- Pierre Corneille, "Excuses à Ariste"

5. "L'homme est ce qu'il fait." -- Jean-Paul Sartre, L'Existentialisme

6. "Un homme est la somme de ses actes, de ce qu'il a fait, de ce qu'il peut faire." -- André Malraux, La Condition humaine

7. Fais ce que tu peux, si tu ne peux faire ce que tu veux. -- Proverbe

8. "Il faut faire, pour valoir quelque chose en ce monde, ce qu'on peut, ce qu'on doit et ce qui convient." -- Antoine Rivarol, Philosophie

9. Qui a fait ce qu'il pouvait, a fait ce qu'il devait. -- Proverbe

10. "Après tout, j'ai fait ce que j'ai pu." -- Paul Valéry, sur son lit de mort

11. "Tout ce que j'ai dû faire, je l'ai fait de façon royale." -- Goethe

12. "Dieu a donc oublié tout ce que j'ai fait pour lui?" -- Louis XIV, après la bataille de Ramillies, 1706

13. "Faites ce que je dis et non ce que j'ai fait." -- Louis XI, Louis XI, Casimir Delavigne

14. Les jeunes gens disent ce qu'ils font, les vieillards ce qu'ils ont fait, et les sots ce qu'ils feront. -- Proverbe

15. Ne jugez pas les gens par ce qu'ils disent, mais par ce qu'ils font. -- Proverbe

16. "Tout ce que je fais m'ennuie, tout ce que je ne fais pas me tourmente." -- Mme de Sévigné

17. Ne remettez pas au lendemain ce que vous pouvez faire le jour même. -- Proverbe

18. "Ne faites jamais aujourd'hui ce que vous pouvez remettre à demain."

"Never do today what you can put off till tomorrow." -- Anonyme

19. "Je compte faire aujourd'hui ce que j'ai fait hier, et demain ce que j'aurai fait aujourd'hui ... pourvu que l'avenir ressemble au présent, je me tiens satisfait." -- Gaston, Le Gendre de M. Poirier, Émile Augier et Jules Sandeau

20. "Père, pardonne-leur, ils ne savent pas ce qu'ils font." -- Nouveau Testament

21. "'Pardonne-leur, car ils ne savent pas ce qu'ils font!' fut le texte que prit le prédicateur au mariage de d'Aubigné, âgé de soixante-dix ans, et d'une jeune personne de dix-sept." -- Chamfort

22. "La femme est pour son mari ce que son mari l'a faite." -- Honoré de Balzac, Physiologie du mariage

23. "Rien de nouveau dans la nature et dans les arts. Tout ce qu'on a fait a été fait; tout ce qu'on a dit a été dit; tout ce qu'on a rêvé a été rêvé." -- Alphonse de Lamartine

24. "La liberté est le droit de faire tout ce que les lois permettent." -- Montesquieu, L'Esprit des lois

25. "Ce que l'argent fait pour nous n'est pas égal à ce que nous faisons pour lui." -- Honoré de Balzac

26. "En règle générale, les femmes veulent être admirées pour ce qu'elles sont, et les hommes pour ce qu'ils ont accompli." -- Theodor Reik

27. "Dis-moi ce que tu aimes et je te dirai ce que tu es." -- John Ruskin

28. "Dis-moi ce que tu manges et je te dirai ce que tu es." -- Anthelme Brillat-Savarin, La Physio-logie du goût

29. "'Dis-moi ce que tu lis, et je te dirai qui tu es', il est vrai, mais je te connaîtrai mieux si tu me dis ce que tu relis." -- François Mauriac, Mémoires intérieures

30. "Je suis ce que je suis et c'est tout ce que je suis."

"I yam what I yam and that's all that I yam." -- Popeye, le marin

31. "Je suis ce que je puis. Je vaux ce que je veux." -- Paul Valéry

32. "J'ai été ce que je suis." -- Henry de Montherlant

33. "L'homme est ce qu'il a été."

"Men are what they were." -- George Bernard Shaw, Preface, Geneva

34. L'homme est ce qu'il est, non ce qu'il a été.

Man is what he is, not what he was. -- Proverbe

35. "Swann était habillé avec une élégance qui ...associait à ce qu'il était ce qu'il avait été." -- Marcel Proust, Le Côté de Guermantes

36. "Nous ne sommes pas ce que nous devrions être, nous ne sommes pas ce que nous voulons être, nous ne sommes pas ce que nous serons mais, Dieu merci, nous ne sommes pas ce que nous étions."

"We ain't what we oughta' be, we ain't what we wanna' be, we ain't what we gonna' be; but, thank God, we ain't what we was." -- Martin Luther King, Jr.

37. "Nous avons été ce que vous êtes. Vous serez ce que nous sommes." -- Inscription sur la porte d'un cimetière

38. "Pour grands que soient les rois, ils sont ce que nous sommes." -- Le comte de Gormas, Le Cid, Pierre Corneille

39. "Le misanthrope est celui qui reproche aux hommes d'être ce qu'il est." -- Louis Scutenaire, Mes Inscriptions

40. "Les hommes n'ont que deux défauts...tout ce qu'ils disent et tout ce qu'ils font."

"Men have only two faults...everything they say and everything they do." -- Inscription de T shirt

41. "La démocratie: Vous dites ce que vous voulez et vous faites ce que l'on vous dit." -- Gerald Barry

42. "Ce que l'on dit n'est rien, la façon dont on le dit est tout." -- Gustave Flaubert

43. <u>Ce que disent les livres</u> -- Ouvrage d'Émile Faguet

44. "Cynique -- Se dit des gens qui disent tout haut ce que nous pensons." -- Pierre Daninos, <u>Le Jacassin</u>

45. Ne dis pas tout ce que tu sais, ne juge pas tout ce que tu vois si tu veux vivre en paix. -- Proverbe

46. Ne dis pas tout ce que tu sais; ne crois pas tout ce que tu entends; ne fais pas tout ce que tu peux. -- Proverbe

47. Le sage ne dit pas ce qu'il sait, le sot ne sait pas ce qu'il dit. -- Proverbe

48. "Ce qu'il sait, il le sait bien, mais il ne sait rien." -- Jules Renard, <u>Journal</u>

49. "Tout ce que je sais est ce que je lis dans les journaux."

"All I know is what I read in the papers." -- Will Rogers

50. <u>Ce que savait Maisie</u> -- Titre de la version française du roman de Henry James <u>What Maisie Knew</u>

51. "Il ne faut pas juger des hommes par ce qu'ils ignorent, mais par ce qu'ils savent, et par la manière dont ils le savent." -- Vauvenargues, <u>Réflexions et Maximes</u>

52. "Tout ce que nous connaissons de grand nous vient des nerveux." -- Marcel Proust, <u>Le Côté de Guermantes</u>

53. "Si vous ne savez pas ce que vous voulez, nous l'avons."

"If You Don't Know What You Want, We Have It." -- Slogan publicitaire d'un magasin d'antiquités

54. "Je veux ce que je veux quand je le veux."

"I Want What I Want When I Want It." --
Chanson de Bert Williams

55. "Je crains ce que je veux et veux ce que je
crains." -- Thomas Corneille, Camma et Pyrrhus

56. "Tout ce qu'elle veut pour son anniversaire
c'est qu'on ne le lui rappelle pas."

"All she wants for her birthday is not to be
reminded of it." -- Anonyme

57. Ce que femme veut, Dieu le veut. -- Proverbe

58. "Tu es tout ce que je veux pour le reste de
ma vie."

"You're all that I want for the rest of my
life." -- Herman Wouk, La Mutinerie du Caine

59. "L'absence est à l'amour ce qu'est au feu le
vent;
        Il éteint le petit, il allume le grand." --
Roger de Bussy-Rabutin, Histoire amoureuse des Gaules

60. "Quand on n'a pas ce que l'on aime, il faut
aimer ce que l'on a." -- Roger de Bussy-Rabutin,
Lettre à Mme de Sévigné

61. "Aimez ce que jamais on ne verra deux fois."
-- Alfred de Vigny, "La Maison du berger"

62. La Nostalgie n'est plus ce qu'elle était --
Autobiographie de Simone Signoret

63. "Tout ce qu'on donne fleurit,
        Tout ce qu'on garde pourrit." -- Maurice
Utrillo

64. "Non, je ne méprise pas la gloire; on ne
méprise pas ce qu'on ne peut atteindre." -- Gustave
Flaubert, Correspondance

65. "Ce que Malherbe écrit dure éternellement."
-- François de Malherbe, "Sonnet à Louis XIII"

66. "Ce que Napoléon a entrepris par l'épée, je
le finirai avec la plume." -- Honoré de Balzac

67. "En France, ce qu'il y a de plus national est la vanité." -- Balzac, <u>Le Cabinet des antiques</u>

68. "On admire le monde à travers ce qu'on aime." -- Alphonse de Lamartine, <u>Jocelyn</u>

69. "Le sens commun à un degré peu commun est ce que le monde appelle la sagesse."

"Common sense in an uncommon degree is what the world calls wisdom." -- Samuel Taylor Coleridge

70. "La lecture est à l'esprit ce que l'exercice est au corps." -- Richard Steele, <u>Tatler</u>

71. "La culture est ce que votre boucher aurait s'il était chirurgien."

"Culture is what your butcher would have if he were a surgeon." -- Mary Pettibone Poole

72. "Je réponds ordinairement à ceux qui me demandent raison de mes voyages: que je sais bien ce que je fuis, mais non pas ce que je cherche." -- Michel de Montaigne, <u>Essais</u>

73. "Son sommeil était de beaucoup ce qu'elle avait de plus profond." -- Sacha Guitry

74. "La cuisine, c'est quand les choses ont le goût de ce qu'elles sont." -- Curnonsky, gastronome célèbre

75. "Nous fabriquons tout ce que nous vendons et ne vendons que ce que nous fabriquons." -- Slogan publicitaire, Lévitan (meubles)

. . . ce que c'est (que)

1. "J'ai quelque chose à dire, mais je ne sais pas ce que c'est."

"I have something to say, but I don't know what it is." -- Graffiti

2. "Le devoir, savez-vous ce que c'est? C'est ce qu'on exige des autres." -- Alexandre Dumas fils, <u>Denise</u>

3. "La démocratie? Savez-vous ce que c'est? Le pouvoir pour les poux de manger les lions." -- Georges Clemenceau

43

4. "Je sais ce que c'est que le plaisir, car j'ai fait du bon travail."

"I know what pleasure is, for I have done good work." -- Robert Louis Stevenson

5. "Celui-là seul sait ce que c'est que d'aimer qui aime sans espoir." -- Friedrich Schiller

6. "Demandez à Napoléon Landais ce que c'est que Dieu, il vous répondra que c'est une diphtongue." -- Louis-Auguste Commerson, Pensées d'un emballeur

chez

1. Charbonnier est maître chez lui. -- Proverbe

2. Tout chien est un lion chez lui. -- Proverbe

3. "Le plus heureux des hommes, roi ou paysan, est celui qui trouve son bonheur chez lui." -- Goethe

4. "Howard Johnson mange chez lui."

"Howard Johnson eats at home." -- Graffiti

5. "On n'est point roi quand on ne sait pas se faire obéir chez soi." -- Napoléon Ier

6. La Paix chez soi -- Pièce de Georges Courteline

7. "On ne sait pas assez combien les femmes sont une aristocratie. Il n'y a pas de peuple chez elles." -- Jules Michelet, Introduction, La Femme

8. "Nous sommes trois chez vous; c'est trop de deux, Madame!" -- Don Ruy Gomez, Hernani, Victor Hugo

9. "Vous êtes ici comme chez vous, mais n'oubliez pas que j'y suis chez moi." -- Jules Renard, Journal

10. "Apprenez le français chez vous."

"Learn French at home." -- Slogan publicitaire, Stouffer's Crepes

11. "La police à l'ORTF c'est la police chez vous." -- Graffiti de mai 1968

12. "Et il ne fut plus question de Swann chez les Verdurin." -- Marcel Proust, Du côté de chez Swann

13. "Il a fallu que je monte chez Emmanuel pour lui emprunter une cravate noire." -- Albert Camus, L'Étranger

14. Petit déjeuner chez Tiffany -- Titre de la version française du roman de Truman Capote Breakfast at Tiffany's

15. La Dame de chez Maxim -- Vaudeville de Georges Feydeau

16. Maigret chez le coroner -- Roman policier de Georges Simenon

17. Quarante ans chez les quarante -- Oeuvre autobiographique d'Henry Bordeaux

18. "Le ridicule est comme la mauvaise haleine; on ne le remarque que chez le voisin." -- Malcolm de Chazal, Penser par étapes

19. "Chacun voit en plus beau ce qu'il voit à distance, ce qu'il voit chez les autres." -- Marcel Proust, Le Côté de Guermantes

20. "La jeunesse, en France, on ne l'admire que chez les vieillards." -- Maurice Martin du Gard, Petite suite de maximes et de caractères

21. "La première chose que je regarde chez un homme c'est s'il me regarde." -- Mlle Une Telle

22. "--Qu'y-a-t-il d'extraordinaire chez les femmes qui portent Formfit?
--Elles se savent élégantes." -- Slogan publicitaire (soutiens-gorge)

23. "Les causes principales de la guerre sont les mêmes chez l'homme et chez l'animal." -- Anatole France, Les Opinions de M. Jérôme Coignard

24. "Chez Napoléon, la grandeur du coeur ne répondait pas à la largeur de la tête." -- François-René de Chateaubriand, Mémoires d'outre-tombe

25. "Il avait un regard humain, ce qui n'est pas fréquent chez les hommes de lettres." -- Julien Green à propos d'Albert Camus, Journal

26. "L'écrivain est grand chez Stendhal, mais l'homme est insupportable." -- Green, Journal

27. "Chacun, chez Balzac, même les portières, a du génie." -- Charles Baudelaire, L'Art romantique

28. "Que de choses absurdes chez cet imbécile de génie!" -- André Gide à propos de Sigmund Freud, Journal

comme: exclamatory

1. "Comme il fait noir dans la vallée!" -- Alfred de Musset, "La Nuit de mai."

2. "Comme tes lettres sont gentilles!" -- Gustave Flaubert, Correspondance

3. "Comme la vie est autre vue du haut de cinquante ans!" -- Honoré de Balzac, Correspondance

4. "Comme vous devez vous raser!" -- Marcel Proust, A l'ombre des jeunes filles en fleur

5. "Comme votre présence élève le niveau de la conversation!" -- Ibid.

6. "Ah! ma fille, comme il est commun!" -- Proust, Du côté de chez Swann

7. "Il croit que je n'ai personne pour me défendre, qu'on peut m'insulter impunément. Comme il se trompe!" -- Romain Gary, La Promesse de l'aube

8. "Comme on serait meilleur sans la crainte d'être dupe!" -- Jules Renard, Journal

9. "Comme un corps humain est vulnérable et mou!" -- André Malraux, Les Noyers d'Altenburg

10. "Comme les hommes sont différents de leur légende!" -- François Mauriac, Journal

11. "Comme c'est triste de vieillir!" -- Simone de Beauvoir, <u>Tous les hommes sont mortels</u>

12. "Cette vallée de larmes, comme nous l'aimons, et comme il nous en coûte d'en partir!" -- Julien Green, <u>Journal</u>

13. "Comme les hommes aiment la justice quand ils jugent les crimes d'autrefois!" -- Armand Salacrou, Prologue, <u>Boulevard Durand</u>

14. "Si tu m'aimais, et si je t'aimais, comme je t'aimerais!" -- Paul Géraldy, <u>Toi et moi</u>

15. "Pendant la guerre un homme se résigne à manger son chien, regarde les os qu'il laisse et dit: 'Pauvre Médor! Comme il se serait régalé!'" -- Jules Renard, <u>Journal</u>

commencer par -- finir par

1. "Je commence par croire le pire." -- Paroles souvent dites par Napoléon Ier

2. "Je commence toujours par croire le mal." -- Marcel Proust, <u>A l'ombre des jeunes filles en fleur</u>

3. "Toutes les jeunes femmes commencent par croire qu'elles peuvent changer et réformer les hommes qu'elles épousent."

"All young women begin by believing they can change and reform the men they marry." -- George Bernard Shaw, <u>On the Rocks</u>

4. "Un roman commence par un coup de dés." -- Roger Vailland, <u>La Fête</u>

5. "La plaisanterie favorite de Jarry consistait à inviter des amis auxquels on servait le repas en commençant par la fin." -- Julia Hartwig, <u>Apollinaire</u>

6. "Il a tant d'assurance qu'il finit par m'en inspirer." -- La comtesse, <u>Le Mariage de Figaro</u>, Beaumarchais

47

7. "Tout héros finit par devenir un raseur."

"Every hero becomes a bore at last." -- Ralph Waldo Emerson, Hommes représentatifs

8. "On finit toujours par mépriser ceux qui sont trop facilement de notre avis." -- Jules Renard, Journal

9. "Tout finit par des chansons." -- Derniers mots du Mariage de Figaro, Beaumarchais

10. "De jour en jour, on finit par bâcler sa vie." -- Simone de Beauvoir, Les Mandarins

11. "Le chagrin finit par tuer." -- Marcel Proust, Le Temps retrouvé

12. "Oui, le soleil finira par se lever sur tous les Français réconciliés." -- François Mauriac, Mémoires intérieurs

13. "Les hommes commencent par l'amour, finissent par l'ambition." -- Jean de La Bruyère, Les Caractères

14. "Quand on est amoureux, on commence toujours par se tromper et on finit toujours par tromper d'autres."

"When one is in love, one always begins by deceiving one's self, and one always ends by deceiving others." -- Oscar Wilde, Le Portrait de Dorian Gray

15. "On commence par être dupe,
      On finit par être fripon." -- Antoinette Deshoulières

16. "L'homme commence par l'enfance et finit par l'enfance." -- Alphonse Karr, Les Guêpes

17. "L'homme commence par boire du lait et finit par boire de la bière." -- Louis-Auguste Commerson, Pensées d'un emballeur

18. "Il faut se méfier des ingénieurs, ça commence par la machine à coudre, ça finit par la bombe atomique." -- Marcel Pagnol, Critique des critiques

Comparison: of adjectives

1. "Ils me disent: 'Oh! vous avez bonne mine.' Mais ils me diront la prochaine fois qu'ils me verront: 'Oh! vous aviez meilleure mine la dernière fois.'" -- Jules Renard, Journal

2. "Une bonne famille...est une famille qui autrefois était meilleure qu'elle ne l'est."

"A good family...is one that used to be better." -- Cleveland Amory

3. "La musique de Wagner est meilleure qu'elle ne semble."

"Wagner's music is better than it sounds." -- Mark Twain

4. "Ford a une meilleure idée."

"Ford has a better idea." -- Slogan publicitaire, Ford Motor Co.

5. "Pour le meilleur et pour le pire..." -- Paroles du serment de mariage

6. Il n'est pire sourd que celui qui ne veut pas entendre. -- Proverbe

7. "Chacun est comme Dieu l'a fait, et souvent pire." -- Miguel de Cervantès, Don Quichotte

8. "L'homme sans honneur est pire qu'un mort." -- Ibid.

9. Un coup de langue est pire qu'un coup de lance. -- Proverbe

10. Il n'est pire eau que l'eau qui dort. -- Proverbe

11. "Ce que tu redoutes n'arrivera pas, il arrivera pire." -- Jean Rostand, Pensées d'un biologiste

12. "Il n'est pire douleur que le souvenir du bonheur au temps de l'infortune." -- Dante Alighieri, La Divine Comédie

13. "C'est pire qu'un crime. C'est une faute!"
-- Talleyrand à propos de l'exécution du duc d'Enghien
en 1804

14. Le remède est pire que le mal. -- Proverbe

15. Il n'est pire voleur qu'un mauvais livre.

There is no worse robber than a bad book. --
Proverbe

16. "Quand un acteur est mauvais, l'applaudissement le rend pire." -- Jules Renard, Journal

17. "Entre deux mots, il faut choisir le
moindre." -- Paul Valéry, Littérature

18. De deux maux, il faut choisir le moindre. --
Proverbe

19. Le Moindre Mal -- Roman de Pierre-Louis Rey

20. "Le hasard de la naissance est moindre que
le hasard du scrutin." -- Ernest Renan, La Réforme
intellectuelle et morale de la France

21. L'éléphant d'Afrique est plus grand que
celui d'Asie.

22. Le Texas est plus grand que la France.

23. "L'Asie est environ quatre fois plus vaste
que l'Europe." -- Paul Valéry

24. "Un mendiant bien portant est plus heureux
qu'un roi malade." -- Arthur Schopenhauer, Aphorismes
sur la sagesse dans la vie

25. "L'argent ne porte pas toujours bonheur.
Les gens qui possèdent dix millions de dollars ne sont
pas plus heureux que ceux qui n'en ont que neuf."

"Money doesn't always bring happiness.
People with ten million dollars are no happier than
people with nine million dollars." -- Hobart Brown

26. "Il est plus difficile de garder une fortune
que de la gagner." -- Jacques Bainville

27. La vérité est parfois plus étrange que la
fiction. -- Proverbe

28. "Barbe bleue avait le coeur plus dur qu'un rocher." -- Charles Perrault, "La Barbe bleue"

29. "Le jour n'est pas plus pur que le fond de mon coeur." -- Hippolyte, _Phèdre_, Jean Racine

30. Le sang est plus épais que l'eau. -- Proverbe

31. Il est plus facile de critiquer que d'imiter. -- Proverbe

32. "L'homme est plus intéressant que les hommes." -- André Gide, _Journal_

33. "La mort est plus douce que la tyrannie." -- Eschyle, _Agamemnon_

34. "Il est plus facile d'être amant que mari, par la raison qu'il est plus difficile d'avoir de l'esprit tous les jours que de dire de jolies choses de temps en temps." -- Honoré de Balzac, _Physiologie du mariage_

35. "Une rose d'automne est plus qu'une autre exquise." -- Agrippa d'Aubigné, "Les Feux"

36. "Les vieux fous sont plus fous que les jeunes." -- La Rochefoucauld, _Maximes_

37. "Les maux de l'esprit sont plus destructeurs que ceux du corps." -- Cicéron

38. "Concorde. Plus vite que le soleil." -- Slogan publicitaire, Air France Concorde.

39. "Pampers. Pour des bébés plus au sec, plus heureux."

"Pampers. For drier, happier babies." -- Slogan publicitaire

40. "Ce dont notre pays a besoin c'est d'ongles plus sales et d'esprits plus propres."

"What our country needs is dirtier finger-nails and cleaner minds." -- Will Rogers

41. "Je n'étais jamais moins seul que lorsque j'étais seul."

"I was never less alone than when I was by myself." -- Edward Gibbon, <u>Memoirs</u>

Comparison of adverbs

1. "Je parle français avec un fort accent mais je l'écris plus facilement que je n'écris l'anglais."

"I speak French with a bad accent, but I write it more easily than I write English." -- Ford Madox Ford, <u>It Was the Nightingale</u>

2. Les actions parlent plus fort que les paroles. -- Proverbe

3. "Je fumerais moins, si je cherchais moins à moins fumer." -- André Gide, <u>Journal</u>

4. "Tout est bien. Tout pourrait être mieux, mais tout pourrait être plus mal. Donc, tout est bien." -- Henri Duvernois, <u>Le Club des canards mandarins</u>

5. "L'homme n'est qu'un animal plus parfait que les autres, et qui raisonne mieux." -- Napoléon Ier

6. "Rien ne ressemble mieux à aujourd'hui que demain." -- Jean de La Bruyère, <u>Les Caractères</u>

7. "Quand je suis devant un tableau, il parle mieux que moi." -- Jules Renard, <u>Journal</u>

8. "Je parle toujours mieux couché."

"I always talk better lying down." -- Dernières paroles de James Madison

9. "Mon médecin m'interdit les sauces, la pâtisserie et le poisson. Dans ces conditions, j'aime mieux mourir jeune!" -- Curnonsky, gastronome célèbre

10. "Beaucoup de gens sont orgueilleux, mais savent mieux le cacher que je n'ai fait." -- Paul Claudel

11. "Joindre les mains, c'est bien; mais les ouvrir, c'est mieux." -- Louis Ratisbonne, La Comédie enfantine

12. "J'aime mieux mes filles que Dieu n'aime le monde." -- Le père Goriot du roman du même nom, Honoré de Balzac

13. "Hellman la réussit mieux."

"Hellman's makes it better." -- Slogan publicitaire, Hellman's Mayonnaise

Comparison: of equality

1. "Et qu'est-ce qui est aussi rare qu'une journée de juin?"

"And what is so rare as a day in June?" -- James Russell Lowell, "The Vision of Sir Launfal"

2. "Je n'ai jamais trouvé une compagne aussi sociable que la solitude."

"I never found the companion that was so companionable as solitude." -- Henry Thoreau, Walden

3. "Pourquoi la vanité est-elle aussi forte que la mort?" -- André Malraux, Antimémoires

4. "Je suis aussi reconnaissant que reconnaissable." -- Erik Satie, "Éloge des critiques," Action, août 1921

5. "Je ne veux rien, je ne désire rien. Combien y a-t-il d'hommes aussi riches que moi?" -- Alphonse Karr, Les Guêpes

6. "Le vrai Nordique est aussi maigre que Goering, aussi grand que Goebbels et aussi blond qu'Hitler." -- Anonyme

7. "Les idiotes ne sont jamais aussi idiotes qu'on le croit; les idiots, si." -- Marcel Achard, L'Idiote

8. "La langue du singe a paru aux anatomistes aussi parfaite que celle de l'homme; le singe parlerait donc, s'il pensait." -- Buffon, Histoire naturelle

9. "La musique moderne est aussi dangereuse que la cocaïne." -- Pietro Mascagni

10. "Un tableau est aussi difficile à faire qu'un diamant gros ou petit à trouver." -- Vincent van Gogh

11. "Il est aussi facile de rêver un livre qu'il est difficile de le faire." -- Honoré de Balzac, Préface, Le Cabinet des antiques

Compound nouns: verb and noun-object

1. Pousse-café -- Comédie musicale américaine

2. L'Arrache-coeur -- Roman de Boris Vian

3. L'Attrape-coeurs -- Titre de la version française du roman de J.D. Salinger The Catcher in the Rye

4. L'Attrape-nigaud -- Titre de la version française du roman de Joseph Heller Catch 22

5. Le Réveille-matin -- Ouvrage de Paul Morand

6. Brise-bonbon -- Nom d'un petit monstre dans la nouvelle de Boris Vian "Un Coeur d'or"

7. "Donnez-moi un cure-dent!" -- Dernières paroles d'Alfred Jarry

8. "L'amour est un quitte-raison, un quitte-sommeil, un quitte-fortune, un quitte-cheveux." -- Agustín Moreto y Cabaña, Dédain pour dédain

9. Un presse-citron est un ustensile de cuisine utile et non pas un jeune homme qui, immanquablement, fait valser une jeune fille fort maladroite.

10. Un long fume-cigarette fait partie de l'arsenal habituel d'une femme fatale à la Marlène Dietrich.

11. Des millions de Français offrent un brin de muguet, porte-bonheur, le premier mai.

12. "On vend des porte-plume, des presse-papiers, des protège-cahiers...à l'effigie du Maréchal." -- Henri Amouroux, Quatre Ans d'histoire de France

13. "Les personnages (de Plievier et de Barbusse) deviennent des mannequins de bois avec un trou à la place de la bouche dans lequel l'auteur introduit son porte-voix." -- Léon Riegel, Guerre et littérature

14. "Un épais crachin que les essuie-glace ne peuvent balayer..." -- Guy Rohou, La Prairie dans la ville

connaître

1. A l'oeuvre on connaît l'ouvrier. -- Proverbe

2. A l'ongle on connaît le lion. -- Proverbe

3. On connaît ses amis au besoin. -- Proverbe

4. Connais-toi toi-même. -- Proverbe

5. "'Connais-toi toi-même' est bien; connaître autrui est mieux." -- Ménandre

6. "Connaître les autres c'est sagesse. Se connaître soi-même, c'est sagesse supérieure." -- Lao-Tseu

7. "Je connais très bien tous les défauts des hommes, parce que je les étudie en moi." -- Henry de Montherlant, Carnets

8. "Ami: une personne qui nous connaît et nous aime quand même."

"Friend: a person who knows us and still likes us." -- Anonyme

9. "Celui qui nous aime et nous admire le mieux, c'est encore celui qui nous connaît le moins." -- Jules Renard, Journal

10. "Je demandais à M.N. ...pourquoi il n'allait
pas dans le monde. Il me répondit: 'C'est que je
n'aime plus les femmes, et que je connais les hommes.'" -- Chamfort, Caractères et Anecdotes

11. "Ne me présentez pas à cet homme. Je
veux continuer à le haïr et je ne peux pas haïr un
homme que je connais."

"Don't introduce me to that man. I want to
go on hating him, and I can't hate a man whom I
know." -- Charles Lamb

12. "C'est un père sage celui qui connaît son
propre enfant."

"It is a wise father that knows his own
child." -- Launcelot, Le Marchand de Venise,
Shakespeare

13. "C'est au fruit que l'on connaît l'arbre."
-- Nouveau Testament

14. "La période durant laquelle je recevais
l'enseignement de quelqu'un que je ne connaissais pas
à propos de quelque chose que je ne souhaitais pas
savoir."

"The period during which I was being
instructed by somebody I did not know about something
I did not want to know." -- Commentaire de Gilbert K.
Chesterton sur sa scolarité

15. "Une opération par laquelle des gens qui ne
se connaissent pas se massacrent pour le profit et la
gloire de gens qui se connaissent et ne se massacrent
pas." -- Définition de la guerre par Paul Valéry

16. "Célébrité: l'avantage d'être connu de ceux
que vous ne connaissez pas." -- Chamfort, Maximes et
Pensées

17. "La gloire: être connu de ceux que l'on ne
voudrait pas connaître." -- Natalie Clifford Barney

18. "La gloire de cet homme ne connaît d'autres
bornes que celles de la civilisation." -- Stendhal à
propos de Rossini

19. "On ne peut désirer ce qu'on ne connaît
pas." -- Zaïre, Zaïre, Voltaire

20.   "Je ne connais aucune nation qui mérite de survivre et fort peu d'individus."

"I know of no existing nation that deserves to live, and I know of very few individuals." -- H.L. Mencken, Prejudices

21.   "Le coeur a ses raisons que la raison ne connaît point." -- Blaise Pascal, Pensées

22.   "La raison ne connaît pas les intérêts du coeur." -- Vauvenargues, Réflexions et Maximes

23.   "J'ai connu les limites de mes jambes, j'ai connu les limites de mes yeux, je n'ai jamais pu connaître celles de mon travail." -- Napoléon Ier.   Cité par Las Cases, Le Mémorial de Sainte-Hélène

24.   "J'ai connu le bonheur à un degré incroyable pendant toute une partie de ma jeunesse, un bonheur continu, sans nuages." -- Julien Green, Journal

25.   "Si vous connaissez la vie, donnez-moi son adresse." -- Jules Renard, Journal

26.   "Ils connaissent tout, ils ne savent rien." -- Le sculpteur César à propos des jeunes

27.   "Connaissez mieux l'Ontario." -- Slogan publicitaire, Ontario Travel Bureau

dans: to stress geographic limits

1.   "Jamais on ne vaincra les Romains que dans Rome." -- Mithridate, Mithridate, Jean Racine

2.   "J'aime mieux, comme César, être le premier au village que le second dans Rome." -- Maître Bridaine, On ne badine pas avec l'amour, Alfred de Musset

3.   Promenades dans Rome -- Guide touristique sous forme de notes de voyage par Stendhal

4.   Rome n'est plus dans Rome -- Pièce de Gabriel Marcel

5. "Le coeur de Paris ne peut pas être à la même place pour tous les Parisiens! Chacun a son Paris dans Paris!" -- Sacha Guitry, Le Petit Carnet rouge

6. Dans L'Attrape-coeurs de J.D. Salinger, le jeune Holden Caulfield quitte son lycée pour errer quarante-huit heures dans New York.

dans: **to express duration when beginning time is indicated**

1. "Dans peu de temps vous ne me verrez plus, car je vais à mon père." -- Nouveau Testament

2. "Mon père, me voyant déjà académicien dans quelques années, respirait une satisfaction." -- Marcel Proust, A l'ombre des jeunes filles en fleur

3. "On accepte la pensée que dans dix ans soi-même, dans cent ans ses livres, ne seront plus." -- Proust, Le Temps retrouvé

4. "Chéri, ne désespère pas, dans seize heures tu seras de retour au lit." -- Épouse à son mari grincheux au petit déjeuner

Dates

1. "Le premier janvier, seul jour de l'année où les femmes oublient notre passé grâce à notre présent." -- Sacha Guitry

2. Jules César fut assassiné le 15 mars (aux ides de mars) 44 av. J.-C.

3. La guerre de Cent Ans dura de 1338 à 1453. (115 ans)

4. Fontenelle naquit le 11 février 1657 et mourut le 8 janvier 1757.

5. La déclaration d'indépendance américaine fut signée le 4 juillet 1776.

6.   La Bastille fut prise le 14 juillet 1789.

7.   Thomas Jefferson mourut le 4 juillet 1826.

8.   "Défense d'afficher
     Loi du 29 juillet 1881" -- Sur certains murs
de France

9.   La Seconde Guerre mondiale éclata le Ier
septembre 1939.

10.   Pearl Harbor fut bombardé par les Japonais
le 7 décembre 1941.

11.   Albert Camus fut tué dans un accident de
voiture le 4 janvier 1960.

12.   Le président John F. Kennedy fut assassiné
le 22 novembre 1963.

13.   <u>Dix-neuf cent quatre-vingt-quatre</u>

     <u>Nineteen Eighty-Four</u> -- Ouvrage satirique de
George Orwell

       <u>de</u>: of possession or dependence

1.   "Le puits de Jacob" -- <u>Ancien Testament</u>

2.   La pomme d'Adam

3.   "La Fiancée du Diable" -- Nom d'une coiffure

4.   L'empire de Morphée -- Expression employée
par les "précieux" du dix-septième siècle pour désigner un lit

5.   <u>La Case de l'oncle Tom</u> -- Titre de la
version française du roman de Harriet Beecher Stowe
<u>Uncle Tom's Cabin</u>

6.   <u>Le Chien des Baskerville</u> -- Titre de la
version française du roman policier d'Arthur Conan
Doyle <u>The Hound of the Baskervilles</u>

7.   <u>Le Choix de Sophie</u> -- Titre de la version
française du roman de William Styron <u>Sophie's Choice</u>

8.   La Femme du boulanger -- Nouvelle de Jean
Giono   '

9.   Paris est le paradis des femmes,
      Le purgatoire des hommes,
      Et l'enfer des chevaux. -- Proverbe

10.   "La vieillesse est l'enfer des femmes." --
Attribué à Ninon de Lenclos

11.   Maisons de veufs -- Titre de la version
française de la pièce de George Bernard Shaw Widowers'
Houses

12.   Devinette: Peut-on épouser la soeur de sa
veuve? (Non, puisqu'on est mort)

13.   "Parlons français. Je sais parler français.
'Avez-vous le crayon de ma tante?'"

      "Let's talk French. I can talk French.
'Avez-vous le crayon de ma tante?'" -- Willie à May,
La Mutinerie du Caine, Herman Wouk

14.   "L'Arc de Triomphe du paysan, c'est l'arc-
en-ciel." -- Jules Renard, Journal

15.   "Je préfère un hectare de terre au nectar
des dieux." -- Louis-Auguste Commerson, Pensées d'un
emballeur

16.   "L'opinion est la reine du monde, parce que
la sottise est la reine des sots." -- Chamfort, Maximes et Pensées

17.   "Biarritz, la reine des plages, la plage des
rois." -- Slogan publicitaire

18.   Au royaume des aveugles les borgnes sont
rois. -- Proverbe

19.   "La souveraineté du peuple est inaliénable."
-- Napoléon Ier

20.   "La gloire est le soleil des morts." --
Honoré de Balzac, La Recherche de l'absolu

21.   La Mort d'un commis-voyageur -- Titre de la
version française de la pièce d'Arthur Miller Death of
a Salesman

22. <u>La Maison du Chat-qui-pelote</u> -- Roman d'Honoré de Balzac

23. "C'est pour la plupart des hommes un exemple décourageant que la sérénité d'un cochon." -- Anatole France, <u>La Vie littéraire</u>

24. <u>Les Ailes de la colombe</u> -- Titre de la version française du roman d'Henry James <u>The Wings of the Dove</u>

25. "La plus noble conquête du cheval, c'est la femme." -- Alfred Jarry, <u>La Chandelle verte</u>

26. Dostoïevski se considérait comme prisonnier de sa plume.

27. L'historien Edgar Quinet appelait la France "le Christ de l'Europe."

28. "Kraft -- la mayonnaise de l'amateur de mayonnaise"

"Kraft -- the mayonnaise lover's mayonnaise" -- Slogan publicitaire

29. "Le petit déjeuner des champions"

"The breakfast of champions" -- Slogan publicitaire, Wheaties

30. <u>La Valse des toréadors</u> -- Pièce de Jean Anouilh

31. <u>Le Bal des voleurs</u> -- <u>Ibid</u>.

32. <u>L'Homme de l'organisation</u> -- Titre de la version française de l'ouvrage sociologique de William Whyte <u>The Organization Man</u>

33. <u>Enfant du pays</u> -- Titre de la version française du roman de Richard Wright <u>Native Son</u>

34. <u>Les Clés du royaume</u>

<u>The Keys of the Kingdom</u> -- Roman d'A.J. Cronin

35. <u>L'Envers du paradis</u> -- Titre de la version française du roman de F. Scott Fitzgerald <u>This Side of Paradise</u>

36. <u>La Guerre des mondes</u> -- Titre de la version française du roman de H.G. Wells <u>The War of the Worlds</u>

37. <u>La Fin de la parade</u>

   <u>Parade's End</u> -- Trilogie de romans de Ford Madox Ford

38. <u>Le Désert de l'amour</u> -- roman de François Mauriac

39. La langue de l'amour est dans les yeux. -- Proverbe

40. "Cueillez dès aujourd'hui les roses de la vie." -- Pierre de Ronsard, "Les Amours d'Hélène," XLIII

41. "L'oreille est le chemin du coeur." -- Voltaire, "Réponse au roi de Prusse"

42. "Les mots sont les ambassadeurs de l'âme."

   "Words are the soul's ambassadors." -- James Howell

43. "Le visage est le miroir de l'âme." -- Cicéron, <u>De Oratore</u>

44. "La Ville de l'amour fraternel"

   "The City of Brotherly Love" -- Philadelphie

45. "L'amour de la démocratie est celui de l'égalité." -- Montesquieu, <u>L'Esprit des lois</u>

46. "Le prix de la grandeur est la responsabilité."

   "The price of greatness is responsibility." -- Winston Churchill

47. "Le fruit du travail est le plus doux des plaisirs." -- Vauvenargues, <u>Réflexions et Maximes</u>

48. "Le bonheur est salutaire pour les corps, mais c'est le chagrin qui développe les forces de l'esprit." -- Marcel Proust, <u>Le Temps retrouvé</u>

49. "L'aristocratie de l'esprit est seule digne d'être considérée." -- André Malraux, La Tentation de l'Occident

50. "L'idéal du calme est dans un chat assis." -- Jules Renard, Journal

51. "Alice au pays des merveilles"

"Alice in Wonderland" -- Conte de Lewis Carroll

52. "Le sel de la terre"

"The salt of the earth" -- Slogan publicitaire, Potash Company of America

53. Rue du Pas-de-la-Mule -- Rue de Paris

54. "Le rire est le meilleur désinfectant du foie." -- Malcolm de Chazal, Sens plastique

de: preceding a noun complement of another noun

1. Les Fruits d'or -- Roman de Nathalie Sarraute

2. La Coupe d'or -- Titre de la version française du roman d'Henry James The Golden Bowl

3. La parole est d'argent, le silence est d'or. -- Proverbe

4. "Si le silence est d'or, l'Angleterre est le pays le plus riche du monde." -- Jane Rouch, Le Rire n'a pas de couleur

5. "La règle d'or, c'est qu'il n'y a pas de règles d'or."

"The golden rule is that there are no golden rules." -- George Bernard Shaw, Maximes pour révolutionnaires

6. "L'âge d'or était l'âge où l'or ne régnait pas." -- Le marquis de Lezay-Marnésia, "Épître à mon curé"

7. "L'âge d'or était l'âge où l'or ne régnait pas. Le veau d'or est toujours de boue." -- Graffiti de mai 1968

8. La Tour d'argent -- Restaurant de Paris

9. L'Escalier de fer -- Roman policier de Georges Simenon

10. "Le cheval de fer"

"The Iron Horse" -- Surnom de Lou Gehrig, champion de base-ball

11. "Le duc de fer"

"The Iron Duke" -- Surnom du duc de Wellington

12. Beaucoup de personnes croient qu'un chef doit avoir une poigne de fer dans un gant de velours.

13. "Le trône...un morceau de bois recouvert de velours." -- Napoléon Ier. Cité par Las Cases, Mémorial de Sainte-Hélène

14. Rue de l'Épée de Bois -- rue de Paris

15. "Les chaînes d'acier ou de soie sont toujours des chaînes." -- Friedrich von Schiller

16. La Ménagerie de verre -- Titre de la version française de la pièce de Tennessee Williams The Glass Menagerie

17. "Cendrillon ou la petite pantoufle de verre" -- Conte de fées de Charles Perrault

18. "Mur de pierre" -- Surnom du général confédéré Thomas J. "Stonewall" Jackson

19. "Muhammad Ali a des pieds d'argile."

"Muhammad Ali has feet of clay." -- Graffiti. Avant de changer de nom, Muhammad Ali s'appelait Cassius Clay.

20. La jeunesse est une guirlande de roses, la vieillesse une couronne d'épines. -- Proverbe

21. "Une rose d'automne est plus qu'une autre exquise." -- Agrippa d'Aubigné, "Les Feux"

22. Feuilles d'herbe -- Titre de la version française du recueil de poèmes de Walt Whitman Leaves of Grass

23. Le Désert de glace -- Roman de Jules Verne

24. Le Pied de cochon -- Restaurant de Paris

25. "Il a un appétit de crocodile." -- Claude Vigée

26. "Va, tu as un coeur de poulet." -- Prosper Mérimée, Carmen

27. Le Noeud de vipères -- Roman de François Mauriac

28. Le Médecin de campagne -- Roman d'Honoré de Balzac

29. Le Curé de village -- Roman de Balzac

30. Les Bâtisseurs d'empire -- Pièce de Boris Vian

31. Mémoires d'espoir -- Ouvrage historique de Charles de Gaulle

32. "Il a sur nous un droit de vie et de mort." -- Valère, Horace, Pierre Corneille

33. "Tu ne seras qu'un objet de risée." -- Alfred du Musset, La Confession d'un enfant du siècle

34. "Vous ne pouvez servir à la fois l'esprit de jeunesse et l'esprit de cupidité." -- Georges Bernanos

35. Un coup de langue est pire qu'un coup de lance. -- Proverbe

36. "Comme tout ce qui compte dans la vie, un beau voyage est une oeuvre d'art." -- André Suarès, Le Voyage du condotierre

37. "Chopin, mer de soupirs, de larmes, de sanglots." -- Marcel Proust, Les Plaisirs et les jours

38. "Un garçon qui prend Schopenhauer pour une marque de bière." -- Jean Hougron, L'Anti-jeu

39. "Une chaise de taverne est le trône de la félicité humaine."

"A tavern chair is the throne of human felicity." -- Samuel Johnson

40. "Perrier, le champagne des eaux de table" -- Slogan publicitaire

41. Eau-de-vie, eau de mort. -- Proverbe

42. "J'aime une vraie tasse de thé." -- Slogan publicitaire, Salada Tea

43. "American Home a un complexe d'édifice."

"American Home has an edifice complex." -- Slogan publicitaire, American Home Magazine

Definite article: with days of the week and time periods to indicate the habitual

1. "Je veux que chaque laboureur de mon royaume puisse mettre la poule au pot le dimanche." -- Henri IV

2. Jamais le dimanche

Never on Sunday -- Film américain ayant pour vedette Melina Mercouri

3. En France, la plupart des magasins sont fermés le dimanche.

4. "Hitler réservait la plupart de ses surprises pour le samedi."

"Most of Hitler's surprises were reserved for Saturdays." -- William L. Shirer, The Rise and Fall of the Third Reich

5. Pendant la Seconde Guerre mondiale, la R.A.F. n'aimait pas effectuer des raids les vendredi treize.

6. <u>Ouvert la nuit</u> -- Recueil de nouvelles de Paul Morand

7. <u>Fermé la nuit</u> -- Recueil de nouvelles de Paul Morand

8. "Je me lève, comme tout le monde, le matin, mais c'est le soir que je m'éveille." -- Paul Léautaud, <u>Passe-temps</u>

Definite article: with nouns taken in a general sense

1. L'homme propose, Dieu dispose. -- Proverbe

2. "L'homme est un animal doué de raison." -- Sénèque, <u>Épîtres</u>

3. "L'homme est de nature un animal politique." -- Aristote, <u>Politique</u>

4. "L'homme est ce qu'il croit." -- Anton Tchekhov

5. "L'homme est ce qu'il fait." -- Jean-Paul Sartre, <u>L'Existentialisme</u>

6. "L'homme est ce qu'il a été."

   "Men are what they were." -- George Bernard Shaw, Preface, <u>Geneva</u>

7. "L'homme est né libre, et partout il est dans les fers." -- Jean-Jacques Rousseau, <u>Le Contrat social</u>

8. "L'homme est un apprenti, la douleur est son maître." -- Alfred de Musset, "La Nuit d'octobre"

9. "L'homme est adossé à la mort comme le causeur à la cheminée" -- Paul Valéry, <u>Tel quel</u>

10. "L'homme oisif tue le temps; le temps tue l'homme oisif." -- Louis-Auguste Commerson, <u>Pensées d'un emballeur</u>

11. "L'homme n'est pas fait pour le travail, et la meilleure preuve c'est que cela le fatigue." -- Tristan Bernard, <u>Journal</u>

12. "L'homme est un mécanisme que l'amour-propre remonte chaque jour." -- Louis Dumur, Petits Aphorismes

13. "L'homme est plus intéressant que les hommes." -- André Gide, Journal

14. "L'homme n'est qu'un roseau, le plus faible de la nature; mais c'est un roseau pensant." -- Blaise Pascal, Pensées

15. "La femme est un roseau dépensant." -- Jules Renard, Journal

16. "Les hommes naissent égaux. Dès le lendemain, ils ne le sont plus." -- Ibid.

17. "Les hommes se répartissent en trois classes: les vaniteux, les orgueilleux, et les autres. Je n'ai jamais rencontré les autres." -- Auguste Detoeuf, Propos de O.-L. Barenton, confiseur

18. "Les grands hommes ne sont pas toujours avisés."

"Great men are not always wise." -- Ancien Testament

19. "Les millionnaires font la chasse à l'éléphant, les pauvres la chasse aux punaises." -- D. Aminado, Pointes de feu

20. "Les forts font souvent de mauvais malades, tout comme les riches de mauvais pauvres." -- Jean Pélégri, Les Oliviers de la justice

21. "Les gens bien portants sont des malades qui s'ignorent." -- Jules Romains, Knock

22. "Les paresseux ont toujours envie de faire quelque chose." -- Vauvenargues, Réflexions et Maximes

23. "Les enfants ont plus besoin de modèles que de critiques." -- Joseph Joubert, Pensées

24. "Les enfants ont toujours une tendance soit à déprécier soit à exalter leurs parents." -- Marcel Proust, A l'ombre des jeunes filles en fleur

25. "La vie est une langue étrangère: tous la prononcent mal."

"Life is a foreign language: all men mispro-
nounce it." -- Christopher Morley, <u>Thunder on the Left</u>

26. "La vie humaine commence de l'autre côté du
désespoir." -- Jean-Paul Sartre, <u>Les Mouches</u>

27. "La vie, c'est une panique dans un théâtre
en feu." -- Sartre, <u>Nekrassov</u>

28. "La vie est courte, mais on s'ennuie quand
même." -- Jules Renard, <u>Journal</u>

29. La variété est l'épice de la vie. -- Proverbe

30. "L'héroïsme est peu de chose, le bonheur est
plus difficile." -- Albert Camus, <u>Lettres à un ami
allemand</u>

31. La fortune et l'infortune sont voisines.

Fortune and misfortune are neighbors. --
Proverbe

32. "La fortune favorise les audacieux." --
Virgile, <u>L'Énéide</u>

33. "La fortune favorise les braves." --
Térence, <u>Phormion</u>

34. "L'infortune est la sage-femme du génie." --
Honoré de Balzac

35. "Le bonheur est salutaire pour les corps,
mais c'est le chagrin qui développe les forces de
l'esprit." -- Marcel Proust, <u>Le Temps retrouvé</u>

36. "Le chagrin aiguise les sens." -- Romain
Rolland, <u>Jean-Christophe</u>

37. "La douleur est l'auxiliaire de la
création." -- Léon Bloy

38. L'habit ne fait pas le moine. -- Proverbe

39. "L'ambition est le premier mobile des
hommes." -- Napoléon Ier, <u>Correspondance</u>

40. "La gloire est le soleil des morts." --
Honoré de Balzac, <u>La Recherche de l'absolu</u>

41. "L'estime vaut mieux que la célébrité, la considération vaut mieux que la renommée, et l'honneur vaut mieux que la gloire." -- Chamfort, Maximes et Anecdotes

42. "Les grandes pensées viennent du coeur." -- Vauvenargues, Réflexions et Maximes

43. "Les grandes pensées viennent de la raison." -- Le comte de Lautréamont, Poésies

44. "L'intelligence est caractérisée par une incompréhension naturelle de la vie." -- Henri Bergson, L'Évolution créatrice

45. "Le bon sens est la chose du monde la mieux partagée." -- René Descartes, Discours de la méthode

46. "L'imagination est plus importante que le savoir."

"Imagination is more important than knowledge." -- Albert Einstein, On Science

47. "L'ignorance est la mère de tous les crimes." -- Honoré de Balzac, La Cousine Bette

48. "'Le temps est un grand maître,' dit-on. Le malheur est qu'il tue ses élèves." -- Hector Berlioz, Almanach des lettres françaises et étrangères

49. "Le talent, c'est comme l'argent: il n'est pas nécessaire d'en avoir pour en parler." -- Jules Renard, Journal

50. Le génie est une longue patience. -- Proverbe

51. "'Le génie est une longue patience,' c'est une réflexion de génie pas doué." -- Boris Vian, Textes et Chansons

52. "Le génie est un cheval emballé qui gagne la course." -- Jean Cocteau, Poésie critique

53. "Le génie se compose d'un pour cent d'inspiration et de quatre-vingt-dix-neuf pour cent de transpiration."

"Genius is one percent inspiration and ninety-nine percent perspiration." -- Thomas Edison. Cité dans Life Magazine, 1932

54. "Le génie, c'est l'intelligence qui connaît ses frontières." -- Albert Camus, Le Mythe de Sisyphe

55. "Le génie peut avoir des limites mais la stupidité est sans bornes." -- Elbert Hubbard

56, "Le génie n'a pas de sexe." -- Germaine de Staël

57. "Le travail éloigne de nous trois grands maux: l'ennui, le vice et le besoin." -- Voltaire, Candide

58. "Le travail n'épouvante que les âmes faibles." -- Louis XIV, Mémoires

59. "Le travail est le fléau des classes qui boivent."

"Work is the curse of the drinking classes." -- Oscar Wilde, In Conversation

60. "Les succès produisent les succès, comme l'argent produit l'argent." -- Chamfort, Maximes et Pensées

61. "L'argent n'est pas tout. Il ne peut pas acheter la misère."

"Money isn't everything. It can't buy poverty." -- Joe E. Lewis

62. "L'abondance, comme l'indigence, ruine l'homme."

"Abundance, like want, ruins man." -- Benjamin Franklin.

63. "La gloutonnerie n'est pas un vice secret."

"Gluttony is not a secret vice." -- Orson Welles

64. "Le souper tue la moitié de Paris, le dîner l'autre." -- Montesquieu, Mes Pensées

65. L'espérance est le pain du pauvre. -- Proverbe

66. "La patience est l'art d'espérer." -- Vauvenargues, Réflexions et Maximes

67. Les affaires sont les afaires. -- Proverbe

68. <u>Les Affaires sont les affaires</u> -- Pièce d'Octave Mirbeau

69. "Les affaires...c'est l'argent des autres." -- Jean, <u>La Question d'argent</u>, Alexandre Dumas fils

70. "Le sort fait les parents, le choix fait les amis." -- Jacques Delille, <u>Malheur et Pitié</u>

71. "Le temps, qui fortifie les amitiés, affaiblit l'amour." -- Jean de La Bruyère, <u>Les Caractères</u>

72. "L'amour est l'histoire de la vie des femmes, c'est un épisode dans celle des hommes." -- Germaine de Staël, <u>De l'influence des passions</u>

73. "Les baisers sont les thermomètres de l'amour. C'est par eux que l'on se rend compte de la gravité de son état." -- Armand Silvestre

74. "Les roses sont rouges,
    Les violettes sont bleues,
    Le sucre est doux,
    Et toi aussi."

"Roses are red,
    Violets are blue,
    Sugar is sweet,
    And so are you." -- Vers populaires

75. "J'aime le café,
    J'aime le thé,
    J'aime les filles,
    Et les filles m'aiment."

"I love coffee,
    I love tea,
    I love the girls,
    An' the girls love me." -- Vers populaires

76. "J'aime le vin, la bière, le champagne et je n'ai rien non plus contre le cognac." -- Ludwig Erhard

77. "Les cadeaux sont comme les conseils; ils font plaisir surtout à ceux qui les donnent." -- Édouard Herriot

78. "Le silence est comme le vent: il attise les grands malentendus et n'éteint que les petits." -- Elsa Triolet, Proverbes d'Elsa

79. "La botanique est l'art d'insulter les fleurs en grec et en latin." -- Alphonse Karr, Les Guêpes

80. "La nature est l'art de Dieu." -- Dante Alighieri

81. "L'hérédité a ses lois comme la pesanteur." -- Émile Zola, Préface, La Fortune des Rougon

82. "La clarté est la politesse de l'homme de lettres." -- Jules Renard, Journal

83. "La vieillesse est un naufrage." -- Charles de Gaulle, Mémoires de guerre

84. "Le voyage enseigne la tolérance." -- Benjamin Disraeli

85. "La publicité est le mensonge légalisé."

"Advertising is legalized lying." -- H.G. Wells

86. "La liberté est née en Angleterre des querelles des tyrans." -- Voltaire, Lettres philosophiques

87. "La liberté est le droit de faire tout ce que les lois permettent." -- Montesquieu, L'Esprit des lois

88. "La sagesse politique est toujours en raison inverse de l'humanité." -- Adolf Hitler, Mein Kampf

89. Le crime ne paie pas. -- Proverbe

90. "La guerre n'est pas une aventure. La guerre est une maladie. Comme le typhus." -- Antoine de Saint-Exupéry, Pilote de guerre

91. "La guerre n'est pas si onéreuse que la servitude." -- Vauvenargues, Réflexions et Maximes

92. "La mort est plus douce que la tyrannie." -- Eschyle, Agamemnon

Definite article: with parts of body
when person concerned is
clearly identified

1. "L'homme vient au monde avec les mains vides et le quitte avec les mains vides." -- Talmud

2. Gardez la bouche fermée, les yeux ouverts.

    Keep your mouth shut, your eyes open. -- Proverbe

3. W.C. Fields aimait lever le coude.

    W.C. Fields was a heavy drinker.

4. Elle a la tête sur les épaules.

    She is level-headed.

5. Yul Brynner avait le crâne rasé.

    Yul Brynner had a shaven head.

6. "Les idées me manquent; j'ai beau me creuser la tête, il n'en jaillit rien." -- Gustave Flaubert, Correspondance

7. "J'ai fait César Birotteau les pieds dans la moutarde et je fais les Paysans la tête dans l'opium!" -- Honoré de Balzac, Correspondance

8. La moutarde lui monte facilement au nez.

    He easily loses his temper.

9. "Camus est mort dans un accident de voiture, les yeux grands ouverts et l'effroi sur le visage." -- Julien Green, Journal, 11 janvier 1960

10. "Sancho, la première chose que je te conseille, c'est d'être propre et de te couper les ongles." -- Miguel de Cervantès, Don Quichotte

11. Napoléon ne s'est pas lavé les cheveux pendant toute la campagne de Russie.

12. "Il n'y a pas d'efforts inutiles, Sisyphe se faisait les muscles." -- Roger Caillois, Circonstancielles

13. La maîtresse d'école -- Jeannot, pourquoi ne
te laves-tu pas la
figure? Je peux y
voir ce que tu as
mangé au petit
déjeuner de ce
matin.

-- Qu'ai-je mangé,
Mademoiselle?

-- Des oeufs.

-- Vous vous trompez.
C'était hier.

Teacher: "Johnny, why don't you wash your
face? I can see what you had
for breakfast this morning."

"What did I have, Miss Jones?"

"Eggs."

"You're wrong. That was
yesterday."
-- Bobby Short

14. "Vous vous demanderez où le tartre s'en est
allé quand vous vous brosserez les dents avec Pepsodent."

"You'll wonder where the yellow went when
you brush your teeth with Pepsodent." -- Couplet
publicitaire

15. Devinette: Pourquoi un chien qui se mord la
queue est-il un bon administrateur? (Parce qu'il sait
joindre les deux bouts)

d'entre

1. "Toutes les grandes personnes ont d'abord été
des enfants. Mais peu d'entre elles s'en souvien-
nent." -- Antoine de Saint-Exupéry, Dédicace, Le Petit
Prince

2. Le philosophe Henri Bergson croyait qu'il y avait "dans les meilleurs d'entre les hommes un petit fond de méchanceté."

3. "Que celui d'entre vous qui est sans péché lui jette la première pierre." -- <u>Nouveau Testament</u>

4. "Trois hommes sont capables de garder un secret, si deux d'entre eux sont morts."

"Three may keep a secret, if two of them are dead." -- Benjamin Franklin, <u>L'Almanach du pauvre Richard</u>

5. "Nous sommes tous dans le ruisseau mais quelques-uns d'entre nous regardent les étoiles."

"We are all in the gutter, but some of us are looking at the stars." -- Oscar Wilde, <u>L'Éventail de Lady Windermere</u>

6. "Parce qu'il a existé, quarante millions de personnes sont mortes, la plupart d'entre elles martyrisées."

"Because he lived, forty million people died, most of them in agony." -- Robert Payne, <u>The Life and Death of Adolf Hitler</u>

<u>depuis</u>: with present and imperfect tenses

1. Washington, D.C. est la capitale des États-Unis depuis 1800.

2. L'ancienne place de l'Étoile s'appelle la place Charles de Gaulle depuis 1970.

3. "Depuis le peu de mois que les Bourbons règnent, ils vous ont convaincus qu'ils n'ont rien oublié ni rien appris." -- Napoléon Ier, Proclamation du premier mars 1815

4. "On nous réconcilia; nous nous embrassâmes, et depuis ce temps-là nous sommes ennemis mortels." -- Alain René Lesage, <u>Le Diable boiteux</u>

5. "Je n'ai fait que jouer, boire et fumer depuis que j'ai mes dents de sagesse." -- Valentin, Il ne faut jurer de rien, Alfred de Musset

6. "Il croit qu'il est sourd depuis qu'il n'entend plus parler de lui." -- Talleyrand à propos de François-René de Chateaubriand

7. "Je suis un vieux parapluie sur lequel il pleut depuis quarante ans. Qu'est-ce que me font quelques gouttes de plus ou de moins?" -- Adolphe Thiers à un homme qui l'encourageait à protester contre une calomnie

8. "Depuis que le monde est monde, il n'y a jamais eu d'homme étranglé par une femme pour lui avoir dit qu'il l'aimait." -- Jean-Pierre Florian, Le Bon Père

9. "Quelle faute ai-je commise pour être condamné au pain et à l'eau depuis une heure?" -- Dîneur au garçon de restaurant

10. Un hippie (au coiffeur) -- Êtes-vous le coiffeur qui m'a coupé les cheveux la dernière fois?

Le coiffeur -- Je ne crois pas. Je suis ici depuis seulement six mois.

Hippie to barber: "Are you the barber who cut my hair the last time?"

Barber: "I don't think so. I've been here only six months." -- Milt Ross, Parade Magazine, 4 octobre 1970

11. "Depuis des années Avis vous répète que l'agence Hertz est la meilleure. Nous allons maintenant vous dire pourquoi."

"For years, Avis has been telling you Hertz is No. 1. Now, we're going to tell you why." -- Slogan publicitaire, Hertz

12. "Elle avait soixante-douze ans ce jour-là. Elle vivait depuis cinquante ans avec un seul poumon, depuis trente ans avec un seul rein et depuis quinze

jours hélas! avec une seule jambe." -- Sacha Guitry à propos de Sarah Bernhardt, Le Petit Carnet rouge

devoir

1. "Nu, je suis venu en ce monde, et nu dois-je le quitter." -- Miguel de Cervantès, Don Quichotte

2. "Tu dois devenir l'homme que tu es." -- Friedrich Nietzche, Aphorismes

3. Quand on doit, on doit. -- Proverbe

4. Doit-on le dire? -- Ouvrage historique de Jacques Bainville

5. Celui qui veut grimper à l'échelle doit commencer par le bas.

He who would climb the ladder must begin at the bottom. -- Proverbe

6. "Qui peut tout doit tout craindre." -- Auguste, Cinna, Pierre Corneille

7. "Le coeur d'un homme d'État doit être dans sa tête." -- Napoléon Ier. Cité par Las Cases, Mémorial de Sainte-Hélène

8. "La femme de César doit être au-dessus de tout soupçon" -- Jules César. Cité par Plutarque, Vies parallèles

9. "Un grand homme doit être malheureux." -- Honoré de Balzac

10. "Un empereur doit mourir debout." -- L'empereur Vespasien

11. On prétend que l'homme est le seul animal qui sache qu'il doit mourir.

12. "L'Angleterre, comme Carthage, doit être détruite." -- Adolf Hitler

13. "L'Allemagne doit devenir une nation d'aviateurs." -- Hermann Goering

78

14. "La flamme de la Résistance française ne doit pas s'éteindre et ne s'éteindra pas." -- Charles de Gaulle, Discours, 18 juin 1940

15. "On doit exiger de moi que je cherche la vérité, mais non que je la trouve." -- Denis Diderot, Pensées philosophiques

16. "L'auteur, dans son oeuvre, doit être présent partout et visible nulle part." -- Gustave Flaubert, Correspondance

17. "Qui commence à aimer doit se préparer à souffrir." -- Le chevalier de Méré

18. "Si l'on doit aimer son prochain comme soi-même, il est au moins juste de s'aimer comme son prochain." -- Chamfort, Maximes et Pensées

19. "'Dieu doit aimer les pauvres,' a dit Lincoln, 'sinon il n'en aurait pas créé autant.' Il doit aussi aimer les riches car il n'aurait pas tant donné à si peu."

"'God must love the poor,' said Lincoln, 'or he wouldn't have made so many of them.' He must love the rich or he wouldn't divide so much mazuma among so few of them." -- H.L. Mencken, A Mencken Chrestomathy

20. "Un médecin consciencieux doit mourir avec le malade s'ils ne peuvent pas guérir ensemble." -- Eugène Ionesco, La Cantatrice chauve

21. "Le monde, s'il doit être sauvé, sera sauvé par des imbéciles." -- Jean Anouilh, L'Hurluberlu

22. "Tous les hommes sont fous, et qui n'en veut point voir doit rester dans sa chambre et casser son miroir." -- Attribué au marquis de Sade

23. "Comment se fait-il que les petits enfants étant si intelligents, la plupart des hommes soient si bêtes? Ca a doit tenir à l'éducation." -- Alexandre Dumas fils

24. "Est-ce toi, celui qui doit venir, ou devons-nous en attendre un autre?" -- Nouveau Testament

25. "Nous devons apprendre à vivre ensemble comme des frères sinon nous périrons ensemble comme des fous."

"We must learn to live together like brothers or we will perish together as fools." -- Martin Luther King, Jr.

26. "Soyons tous heureux et vivons selon nos moyens--même si nous devons emprunter de l'argent pour y réussir."

"Let us all be happy and live within our means--even if we have to borrow money to do it." -- Artemus Ward, "Natural History"

27. "Levez-vous vite, orages désirés, qui devez emporter René dans les espaces d'une autre vie!" -- François-René de Chateaubriand, René

28. "Comme vous devez vous raser!" -- Marcel Proust, A l'ombre des jeunes filles en fleur

29. "Quand les Anglais doivent faire la queue, ils sont heureux, ils se parlent entre eux."

"When the English have to queue up they're happy, they talk to each other." -- J.B. Priestley

30. "Dans un pays où tout le monde cherche à paraître, beaucoup de gens doivent croire, et croient en effet, qu'il vaut mieux être banqueroutier que de n'être rien." -- Chamfort, Maximes et Pensées

31. "Tous les hommes doivent mourir.... Je veux dire presque tous les hommes, Sire." -- Boileau-Despréaux à Louis XIV

32. "La maladie d'amour ne tue que ceux qui doivent mourir dans l'année." -- Marguerite de Navarre, L'Heptaméron

33. "Les ruines elles-mêmes doivent périr." -- Jean-Henri Fabre, Souvenirs entomologiques

34. "Ceux qui jouent avec des chats doivent s'attendre à être griffés." -- Miguel de Cervantès, Don Quichotte

35. "Les animaux à sabots doivent tous être herbivores, puisqu'ils n'ont aucun moyen de saisir une proie." -- Georges Cuvier, _Histoire des mammifères_

36. "La liberté est le pain que les peuples doivent gagner à la sueur de leurs fronts." -- Félicité de Lamennais, _Paroles d'un croyant_

37. "Si je devais choisir une autre vie, je choisirais la mienne." -- André Malraux, _Les Noyers d'Altenburg_

38. "Tu es satisfait? C'est bien ainsi que tout devait se passer." -- Lucien, _Roméo et Jeannette_, Jean Anouilh

39. "Accomplis chaque acte de ta vie comme s'il devait être le dernier." -- Marc Aurèle, _Pensées_

40. "Un printemps encore, et je le regarde naître avec attention comme s'il devait être le dernier." -- François Mauriac, _Le Nouveau Bloc-Notes_, 3 avril 1963

41. "Pour exécuter de grandes choses, il faut vivre comme si on ne devait jamais mourir." -- Vauvenargues, _Réflexions et Maximes_

42. "Étudiez comme si vous deviez vivre toujours; vivez comme si vous deviez mourir demain." -- Saint Isidore

43. "J'ai fait ce que j'ai dû, je fais ce que je dois." -- Don Rodrigue, _Le Cid_, Pierre Corneille

44. "J'ai dû être un enfant insupportable; tous les enfants le sont."

"I must have been an insufferable child; all children are." -- George Bernard Shaw

45. Un jeune marié -- Tu veux dire que nous n'aurons que du fromage pour le dîner?

La jeune mariée -- Oui, chéri. Quand les côtelettes ont pris feu et qu'elles sont tombées dans le dessert, j'ai dû me servir de la soupe pour éteindre l'incendie.

46. "Quand il était petit garçon, ses parents et ses frères disaient pour le taquiner, 'Charles a dû naître dans une glacière.'"

"When he was a little boy, his parents and brothers used to say teasingly, 'Charles must have been born in an ice-box.'" -- David Schoenbrun, The Three Lives of Charles de Gaulle

47. Les oreilles ont dû vous tinter.

Your ears must have been burning.

48. "Tout enfant devrait être plus intelligent que ses parents."

"Every child should be more intelligent than his parents." -- Clarence Darrow

49. "On ne devrait pas permettre le mariage à des individus qui ne se connaîtraient pas depuis six mois." -- Napoléon Ier, Mémoires sur le Consulat

50. "Quiconque a recours à un psychiatre devrait se faire examiner la tête."

"Anyone who goes to a psychiatrist ought to have his head examined." -- Attribué à Samuel Goldwyn

51. "Vous devriez me voir le dimanche."

"You ought to see me on Sunday." -- Slogan publicitaire, Knight's Castille Soap

52. "Les machines devraient travailler. Les êtres humains penser."

"Machines should work. People should think." -- Slogan publicitaire, I.B.M.

53. "Il n'y a que deux sortes de gens, ceux qui sont en prison et ceux qui devraient y être." -- Marcel Achard, Les Compagnons de la Marjolaine

54. "'Je divise le monde en deux classes,' me disait-il: 'ceux qui sont pendus et ceux qui devraient l'être.'" -- Alphonse Karr, Les Guêpes

55. Ceux qui habitent des maisons de verre ne devraient pas jeter de pierres.

Those that live in glass houses should not throw stones. -- Proverbe

56. "Waterloo, c'est là que j'aurais dû mourir." -- Napoléon Ier. Cité par Las Cases, Mémorial de Sainte-Hélène

57. "Le passé est ce que l'homme n'aurait pas dû être. Le présent est ce que l'homme ne devrait pas être. L'avenir est ce que sont les artistes."

"The past is what man should not have been. The present is what man ought not to be. The future is what artists are." -- Oscar Wilde, The Soul of Man under Socialism

Disjunctive pronouns: after a preposition

1. "J'ose non seulement parler de moi, mais parler seulement de moi." -- Michel de Montaigne, Essais

2. "Je parle éternellement de moi." -- François-René de Chateaubriand, Itinéraire de Paris à Jérusalem

3. Définition de l'égoïste par Eugène Labiche: "C'est un homme qui ne pense pas à moi."

4. "Il est impossible de plaire à tous: j'ai donc décidé de ne plaire qu'à moi seul." -- Alphonse Karr, Les Guêpes

5. "Toutes les fois que je vous entends, je suis mécontent de moi-même." -- Louis XIV au célèbre prédicateur Jean-Baptiste Massillon

6. "M. ...me disait: 'J'ai renoncé à l'amitié de deux hommes: l'un, parce qu'il ne m'a jamais parlé de lui; l'autre, parce qu'il ne m'a jamais parlé de moi.'" -- Chamfort, Caractères et Anecdotes

7. Le Médecin malgré lui -- Pièce de Molière

8. "J'aime assez mon amant pour renoncer à lui." -- Atalide, Bajazet, Jean Racine

9. "Cette reine (Elisabeth) n'avait pas fait attention à lui." -- Victor Hugo, <u>William Shakespeare</u>

10. "Pour que Dieu nous réponde, adressons-nous à lui." -- Alfred de Musset, "L'Espoir en Dieu"

11. "L'homme est partout l'ennemi de lui-même." -- Georges Bernanos

12. "Michelet, regardant ses mains soignées d'homme de lettres: 'Si je travaillais avec le peuple, je ne travaillerais pas pour lui.'" -- Henry de Montherlant, <u>Carnets</u>

13. "Ce que l'argent fait pour nous n'est pas égal à ce que nous faisons pour lui." -- Honoré de Balzac

14. "Lorsque l'impôt sur le revenu a été instauré en France dans les années 14-18, toute la bourgeoisie française était contre lui." -- Yves Courrière, <u>La Guerre d'Algérie</u>

15. "Tout royaume divisé contre lui-même est dévasté et toute ville ou maison divisée contre elle-même ne peut subsister." -- <u>Nouveau Testament</u>

16. "Une chose n'est pas nécessairement vraie parce qu'un homme meurt pour elle." -- Oscar Wilde, <u>Portrait of Mr. W.H.</u>

17. "Il faut mettre de l'argent de côté pour en avoir devant soi." -- Tristan Bernard

18. "Chaque homme porte en soi la forme de l'humaine condition." -- Michel de Montaigne, <u>Essais</u>

19. "L'homme n'est pas intéressant en soi; il l'est par ce qui le fait réellement homme." -- André Malraux, <u>Les Noyers d'Altenburg</u>

20. "L'homme est l'être qui ne peut sortir de soi, qui ne connaît les autres qu'en soi." -- Marcel Proust, <u>Albertine disparue</u>

21. Chacun pour soi et Dieu pour tous. -- Proverbe

22. Charité bien ordonnée commence par soi-même. -- Proverbe

23. "Il est si doux d'être aimé pour soi-même."
-- Le comte, <u>Le Barbier de Séville</u>, Beaumarchais

24. On n'est jamais si bien servi que par
soi-même. -- Proverbe

25. "On n'est jamais si bien asservi que par
soi-même" -- Gilbert Cesbron, <u>Journal sans date</u>

26. "Il ne faut compter que sur soi-même...et
encore, pas beaucoup." -- Tristan Bernard

27. "Faire du bien aux autres c'est en recevoir
soi-même." -- Louis XVI

28. "Après nous, le déluge!" -- La marquise de
Pompadour à Louis XV

29. "Nous sommes incompréhensibles à nous-
mêmes." -- Blaise Pascal, <u>Pensées</u>

30. "L'art de plaire...consiste simplement en
deux choses: ne point parler de soi aux autres et
leur parler toujours d'eux-mêmes." -- Edmond et Jules
de Goncourt, <u>Journal</u>

31. "On reproche aux gens de parler d'eux-mêmes.
C'est pourtant le sujet qu'ils traitent le mieux." --
Anatole France, <u>La Vie littéraire</u>

32. "C'est bon pour les hommes de croire aux
idées et de mourir pour elles." -- Ismène, <u>Antigone</u>,
Jean Anouilh

**Disjunctive pronouns: after <u>c'est</u> and
ce sont**

1. "L'État, c'est moi." -- Louis XIV

2. "C'est moi que je peins." -- Michel de
Montaigne, "Au lecteur," <u>Essais</u>

3. "Madame Bovary -- c'est moi!" -- Gustave
Flaubert, <u>Correspondance</u>

4.   "C'est toi et moi contre le monde -- quand attaquons-nous?"

"It's me and you against the world -- when do we attack?" -- Graffiti

5.   "C'est lui pour moi,
     Moi pour lui dans la vie." -- Paroles de la chanson "La vie en rose"

6.   "Je ne suis pas moi; tu n'es ni lui ni elle; ils ne sont pas eux."

"I am not I; thou art not he or she; they are not they." -- Evelyn Waugh, Préface de son roman Brideshead Revisited

7.   "Le treizième siècle a été la plus grande ère des cathédrales; c'est lui qui les a presque toutes enfantées." -- Joris-Karl Huysmans, La Cathédrale

Disjunctive pronouns: without a verb

1.   "Picasso est peintre: moi aussi.
     Picasso a du génie: moi aussi.
     Picasso est communiste: moi non plus." -- Salvador Dali

2.   Dieu pardonne, moi pas -- Film

3.   "La France avait plus besoin de moi que moi d'elle." -- Napoléon Ier, Mémorial de Sainte-Hélène

4.   Lui -- Livre de Louise Colet sur la liaison Musset-Sand

5.   "Madame Fabre est amoureuse de lui et lui d'elle." -- Jules Roy, Les Âmes interdites

6.   Les deux chiens de la Maison Blanche pendant la présidence de Lyndon Johnson s'appelaient Him (Lui) et Her (Elle).

7.   "On a souvent besoin d'un plus petit que soi." -- Jean de La Fontaine, "La Colombe et la fourmi"

Disjunctive pronouns: to reinforce noun or pronoun

1. <u>Moi, Claudius</u>

   <u>I, Claudius</u> -- Roman de Robert Graves

2. "Et toi, Brutus!" -- Dernières paroles de Jules César poignardé par Brutus

3. "Dis, qu'as-tu fait, toi que voilà,
         De ta jeunesse?" -- Paul Verlaine, "Complainte"

4. "Il employait naturellement le pluriel de majesté: 'Nous, Philippe Pétain...' alors que de Gaulle usait de la première personne: 'Moi, général de Gaulle.'" -- Jules Roy

5. "Les hommes jugent plus sévèrement les femmes qu'elles ne les jugent, eux." -- Henry de Montherlant, <u>Carnets</u>

Disjunctive pronouns: in compound subject

1. <u>Moi et toi</u>

   <u>I and Thou</u> -- Ouvrage philosophique de Martin Buber

2. <u>Toi et moi</u> -- Recueil de poèmes de Paul Géraldy

3. <u>Elle et lui</u> -- Livre de George Sand sur sa liaison avec Alfred de Musset

4. <u>Lui et Elle</u> -- Livre de Paul de Musset sur la liaison de son frère avec George Sand

5. "Les couples sont de quatre espèces: toi et moi égale toi, toi et moi égale moi, toi et moi égale nous, toi et moi égale toi et moi." -- Gilbert Cesbron, <u>Journal sans date</u>

6. "Chateaubriand qui disait 'Moi et Napoléon.'" -- François Mauriac

7. <u>Le Roi et moi</u>

<u>The King and I</u> -- Comédie musicale américaine

8. "Moi et Mamie O'Rourke"

"Me and Mamie O'Rourke" -- Paroles de la chanson "The Sidewalks of New York"

dont

1. "S'il y a quelque chose dont je suis fier, c'est de mon humilité." -- Anonyme

2. Léonie -- Quelle est la seule bête dont le lion ait peur?

Léon -- C'est sans doute la lionne.

3. "Ce qui m'impressionne le plus en Amérique c'est la manière dont les parents obéissent à leurs enfants."

"The thing that impresses me most about America is the way parents obey their children." -- Le duc de Windsor

4. "Ce dont notre pays a besoin c'est d'ongles plus sales et d'esprits plus propres."

"What our country needs is dirtier fingernails and cleaner minds." -- Will Rogers

5. "Tuer est toujours une sottise.... On ne devrait jamais rien faire dont on ne puisse parler après dîner."

"Murder is always a mistake.... One should never do anything that one cannot talk about after dinner." -- Oscar Wilde, <u>Le Portrait de Dorian Gray</u>

6. "La conscience est une belle-mère dont la visite ne se termine jamais."

"Conscience is a mother-in-law whose visit never ends." -- H.L. Mencken, <u>A Mencken Chrestomathy</u>

7. "Ce brave homme de garde (à la Sapinière) dont la fille était 'stylo-dacténographe.'" -- André Gide, Journal

8. "Ne remettez pas à demain ce dont vous pouvez jouir aujourd'hui."

"Don't put off till tomorrow what can be enjoyed today." -- Josh Billings

9. "Rien ne montre mieux le caractère d'un homme que ce dont il rit." -- Goethe

10. "Pour les femmes dont les yeux semblent plus âgés qu'elles"

"For women whose eyes are older than they are" -- Slogan publicitaire, John Robert Powers Co., produits de beauté

11. "First National City. La seule banque dont votre famille ait toujours besoin."

"First National City. The only bank your family ever needs." -- Slogan publicitaire

12. "Ci-gît un individu dont le nom fut écrit dans l'eau."

"Here lies one whose name was written in water." -- John Keats, Épitaphe

13. "La vie est un combat dont la palme est aux cieux." -- Casimir Delavigne, "Le Paria"

14. "Vivre est une maladie dont le sommeil nous soulage toutes les seize heures." -- Chamfort, Maximes et Pensées

15. "Il est difficile de ne pas exagérer le bonheur dont on ne jouit pas." -- Stendhal, Journal

16. "Ce bois dont la croix est faite ne manquera jamais." -- Sygne, L'Otage, Paul Claudel

17. "Il n'y a rien dont le corps souffre dont l'âme ne puisse profiter."

"There is nothing the body suffers that the soul may not profit by." -- George Meredith

18. "Sors vainqueur d'un combat dont Chimène est le prix." -- Chimène, Le Cid, Corneille

19. "La seule chose dont j'aie peur c'est la peur."

"The only thing I am afraid of is fear." -- Le duc de Wellington

20. "L'histoire est un roman dont le peuple est l'auteur." -- Alfred de Vigny, Cinq-Mars

21. "Napoléon, ce dieu dont tu seras le prêtre..." -- Le jeune Victor Hugo parlant de lui-même et de son désir de rendre gloire à son idole.

22. "La France a perdu en Indochine 98.000 hommes, dont 38.000 tués, dont mille officiers, dont mon propre fils." -- Le maréchal Jean de Lattre de Tassigny, 1951

23. "La destinée des nations dépend de la manière dont elles se nourrissent." -- Anthelme Brillat-Savarin, Physiologie du goût

24. "Ce dont j'ai vraiment besoin c'est d'une bonne épouse."

"What I really need is a good wife." -- Charles, prince de Galles, 1979

25. "Un politicien est un individu dont les opinions sont opposées aux vôtres. S'il a les mêmes idées que vous, c'est un homme d'état." -- Lloyd George

26. "On se demande ce dont certains Français pourraient bien parler si on leur enlevait la politique." -- Maurice Martin du Gard, Climat tempéré

27. "On n'est pas privé de ce dont on n'a pas besoin." -- Cicéron

28. "Je suis riche des biens dont je sais me passer." -- Louis Vigée, "Épître à Ducis sur les avantages de la médiocrité"

29. "La mode est un tyran dont rien ne nous délivre." -- Étienne Pavillon, Conseils à une jeune demoiselle

30. "Il y a certaines choses dont la médiocrité est insupportable: la poésie, la musique, la peinture, le discours public." -- Jean de La Bruyère, Les Caractères

31. "Balzac nous apparaît comme une montagne dont l'ascension épouvante." -- Paul Flat, Essais sur Balzac

32. "Ce que l'on dit n'est rien, la façon dont on le dit est tout." -- Gustave Flaubert

33. "Quand mon pays agit mal,...je souffre comme un enfant dont le père se soûle." -- Gilbert Cesbron

34. La Ville dont le prince est un enfant -- Pièce d'Henry de Montherlant

35. "La ville dont le prince est étudiant" -- Graffiti de mai 1968

en: pronoun

1. "Plus on en mange, plus on en veut."

"The more you eat, the more you want." -- Slogan publicitaire, Cracker Jacks

2. "Les jambes superbes méritent des bas Hanes. Les autres en ont besoin."

"Great legs deserve Hanes, others need them." -- Slogan publicitaire, Hanes Hosiery

3. "Si vous ne buvez pas de lait, mangez-en." (du fromage) -- Slogan publicitaire

4. "Rome fut bâtie sur sept collines. San Francisco en a quarante-deux."

"Rome was built on seven hills. San Francisco has 42." -- Slogan publicitaire

5. "Faites-en un astronaute, offrez-lui pour Noël des caleçons longs." -- Pancarte dans un magasin pour hommes

6.   La secrétaire -- Il y a quelqu'un qui
                       vous demande. Un homme
                       avec une moustache noire.

     Groucho Marx -- Dites-lui que j'en ai
                     déjà une.

     7.   "Saviez-vous que les enfants sont hérédi-
taires? Autrement dit, si votre famille n'a jamais eu
d'enfants, il y a de grandes chances que vous n'en
ayez pas non plus."

          "Did you know that children are hereditary?
In other words, if your family never had any children,
chances are you won't have any either." -- Jackie
Mason, Parade Magazine, 11 décembre 1977

     8.   "Un petit garçon demandait des confitures à
sa mère. 'Donne-m'en trop,' dit-il." -- Chamfort,
Caractères et Anecdotes

     9.   "Je n'y crois pas, mais j'en ai peur." -- La
marquise du Deffand à propos des revenants

     10.   "Il vaut mieux gâcher sa jeunesse que de
n'en faire rien du tout." -- Georges Courteline, La
Philosophie de Georges Courteline

     11.   "Il y a deux sortes de metteurs en scène.
Ceux qui se prennent pour Dieu et ceux qui en sont
certains."

          "There are two kinds of directors in the
theater. Those who think they are God and those who
are certain of it." -- Rhetta Hughes

     12.   "Tu montreras ma tête au peuple. Elle en
vaut la peine." -- Danton au bourreau, 1794

     13.   "Un juge disait naïvement à quelques-uns de
ses amis: 'Nous avons aujourd'hui condamné trois
hommes à mort; il y en avait deux qui le méritaient
bien!'" -- Chamfort, Caractères et Anecdotes

     14.   "Les seules gens qui dépensent de l'argent
en France sont ceux qui n'en ont pas." -- Alphonse
Karr, Les Guêpes

     15.   "Je ne demande qu'une chose: gagner assez
de pain pour en donner aux oiseaux." -- Jules Renard,
Journal

16. "Le talent, c'est comme l'argent: il n'est pas nécessaire d'en avoir pour en parler." -- Ibid.

17. "Si vous voulez savoir la valeur de l'argent, essayez d'en emprunter."

"If you'd know the value of money, go and try to borrow some." -- Benjamin Franklin, L'Almanach du pauvre Richard

18. "Une banque est une institution à laquelle on peut emprunter de l'argent si l'on peut prouver que l'on n'en a pas besoin." -- Propos facétieux courant

19. "Les moyens qui rendent un homme propre à faire fortune sont les mêmes qui l'empêchent d'en jouir." -- Rivarol, Discours sur l'homme intellectuel et moral

20. "L'homme, disait M. ..., est un sot animal, si j'en juge par moi." -- Chamfort, Caractères et Anecdotes

21. "Je sais ce que je vaux, et crois ce qu'on m'en dit." -- Pierre Corneille, "Excuses à Ariste"

22. "Voulez-vous qu'on croie du bien de vous? N'en dites pas." -- Blaise Pascal, Pensées

23. "L'histoire dira autant de bien de M. de Talleyrand que ses contemporains en ont dit de mal." -- Louis de Bourrienne, Mémoires sur Napoléon...

24. "Voulez-vous nuire à quelqu'un? N'en dites pas du mal, dites-en trop de bien." -- André Siegfried, Quelques Maximes

25. "On dit du mal des femmes pour se venger de n'en rien savoir." -- Henri Petit, Les Justes Solitudes

26. "Si nous n'avions point de défauts, nous ne prendrions pas tant de plaisir à en remarquer dans les autres." -- La Rochefoucauld, Maximes

27. "Nous n'avouons de petits défauts que pour nous persuader que nous n'en avons pas de grands." -- Ibid.

28. "J'aime...les êtres exceptionnels: j'en suis un." -- Honoré de Balzac, Histoire de ma vie

29. "Balzac a trop de génie: il en donne à ses paysans." -- Jules Renard, Journal

30. "La race des gladiateurs n'est pas morte, tout artiste en est un. Il amuse le public avec ses agonies." -- Gustave Flaubert, Correspondance

31. "J'ai trop souffert dans cette vie pour n'en pas attendre une autre." -- Jean-Jacques Rousseau, Lettre à Voltaire

32. "Si la vie avait une seconde édition, combien j'en corrigerais les épreuves!"

"If life had a second edition, how I would correct the proofs!" -- John Clare

33. "Je me presse de rire de tout, de peur d'être obligé d'en pleurer." -- Figaro, Le Barbier de Séville, Beaumarchais

34. "J'ai l'habit d'un laquais et vous en avez l'âme." -- Ruy Blas, Ruy Blas, Victor Hugo

35. "Le courage a ses limites; la lâcheté n'en a pas." -- Paul Valéry

36. "Médecin: celui qui vit des maladies de ceux qui en meurent." -- Anonyme

37. La langue n'a point d'os, mais elle en fait briser. -- Proverbe

38. "Henri IV disait que la plus sûre manière de se défaire d'un ennemi était d'en faire un ami." -- C.-F.-H. Barjavel

39. "Mes soldats étaient fort à leur aise, très libres avec moi. J'en ai vu souvent me tutoyer." -- Napoléon Ier. Cité par Las Cases, Mémorial de Sainte-Hélène

40. Quand on parle du loup on en voit la queue. -- Proverbe

41. "La liberté existe toujours. Il suffit d'en payer le prix." -- Henry de Montherlant, Cahiers

42. "La tulipe est une fleur sans âme; mais il semble que la rose et le lis en aient une." -- Joseph Joubert, Pensées

43. "Un bon arbre ne peut pas donner de mauvais fruits, pas plus qu'un mauvais arbre n'en peut porter de bons." -- Nouveau Testament

44. "L'enfance est le tout d'une vie, puis-qu'elle nous en donne la clef." -- François Mauriac, Mémoires intérieurs

en: before names of countries

1. Voyage en Italie -- Récit de voyage d'Hippolyte Taine

2. Un Crime en Hollande -- Roman policier de Georges Simenon

3. Édouard en Écosse -- Pièce d'Alexandre Duval

4. "Le Français n'est bien nulle part qu'en France." -- Napoléon Ier

5. "En France, ce qu'il y a de plus national est la vanité" -- Honoré de Balzac, Le Cabinet des Antiques

6. "Oh! si seulement j'étais en Angleterre
   Maintenant qu'avril est là."

   "Oh to be in England
   Now that April's there." -- Robert Browning, "Home-Thoughts from Abroad"

7. "Le vent est rare en Russie, et plus on va vers l'est, moins il y en a." -- Paul Claudel, Journal

en: to express duration when beginning time is not indicated

1. Paris ne s'est pas fait en un jour. -- Proverbe

2. "On vieillit en un jour quand on aime." -- Théocrite, Idylles

3. <u>Le Tour du monde en quatre-vingts jours</u> --
Roman de Jules Verne

4. Le philosophe, sociologue et mathématicien
Bertrand Russell était capable de faire soixante
kilomètres à pied en une journée.

5. "Une révolution fait en deux jours l'ouvrage
de cent ans, et perd en deux ans l'oeuvre de cinq
siècles." -- Paul Valéry, <u>Tel quel</u>

6. En 1927, Charles Lindbergh a accompli la
traversée aérienne de Garden City, Long Island, à
Paris en trente-trois heures et demie.

7. Le train à grande vitesse "TGV" va de Paris à
Lyon en deux heures quarante.

8. Gioacchino Rossini a composé la musique du
<u>Barbier de Séville</u> en treize jours. Son <u>Barbier</u>
l'avait tellement absorbé qu'il l'avait empêché de se
raser pendant toute cette période.

9. Gustave Flaubert a écrit <u>Madame Bovary</u> en six
ans.

10. "En un mois je fais ce que d'autres ne
feraient pas en un an." -- Honoré de Balzac, <u>Corres-
pondance</u>

11. La mère d'Honoré de Balzac ne fit que deux
visites à son fils en six ans pendant qu'il étudiait
au collège de Vendôme.

12. "Une mère met vingt ans à faire de son fils
un homme. Une autre femme en fait un fou en vingt
minutes."

"A mother takes twenty years to make a man
of her boy, and another woman makes a fool of him in
twenty minutes." -- Robert Frost

13. "Celui qui n'a eu qu'une pensée nouvelle, en
une année, a gagné son année." -- Henry de Montherlant, <u>Carnets</u>

14. "Qui veut être riche en un an, au bout de
six mois est pendu." -- Miguel de Cervantès, <u>Les
Nouvelles exemplaires</u>

15. Napoléon Ier dépêchait ses repas en cinq minutes.

16. "J'ai conquis...en moins de deux ans le Caire, Paris et Milan." -- Napoléon Ier. Cité par Louis de Bourrienne, Mémoires sur Napoléon...

17. "Il a plus gouverné en trois ans que les rois en cent." -- Pierre Louis Roederer à propos de Napoléon Ier

18. "Les attaques m'ont fait plus célèbre en trois mois que mes livres n'avaient fait en trente ans." -- André Gide, Journal

19. "Il y a des gens si ennuyeux qu'ils vous font perdre une journée en cinq minutes." -- Jules Renard, Journal

en: as "as"

1. "Il faut agir en homme de pensée et penser en homme d'action." -- Henri Bergson, Écrits et Paroles

2. "S'il exécutait en peintre, il pensait en poète." -- Théophile Gautier, "Eugène Delacroix"

3. "Je ne sors de mon trou que pour affaires, et vis en trappiste." -- Honoré de Balzac, Correspondance

4. "Le proviseur entra, suivi d'un nouveau habillé en bourgeois." -- Gustave Flaubert, Madame Bovary

5. Depuis 1953 le romancier J.D. Salinger vit en ermite à Cornish, New Hampshire.

en dehors de

1. "Il n'y a pas de comique en dehors de ce qui est proprement humain." -- Henri Bergson, Le Rire

2. "Ces moments étaient pour elle en dehors du monde." -- Jean Giono, <u>Les Âmes fortes</u>

3. "En dehors de ces fatigues soudaines...je ne sens guère mon âge." -- André Gide, <u>Journal</u>

4. "Chinatown (San Francisco) est la colonie jaune la plus importante du monde en dehors de l'Asie." -- André Brissaud

<u>en</u> + present participle: to express simultaneity

1. <u>En Attendant Lefty</u> -- Titre de la version française de la pièce de Clifford Odets <u>Waiting for Lefty</u>

2. <u>En Attendant Godot</u> -- Pièce de Samuel Beckett

3. "Sifflez en travaillant."

"Whistle while you work." -- Paroles d'une chanson du film <u>Snow White and the Seven Dwarfs</u> de Walt Disney

4. Les Français font beaucoup de gestes en parlant.

5. "Venise est unique. Connaissez-vous un autre endroit où l'on pourrait avoir le mal de mer en traversant la rue?" -- Jay Chase

6. "Aucun homme ne se sent seul en mangeant des spaghetti -- ils exigent tant d'attention!"

"No man is lonely while eating spaghetti -- it requires so much attention!" -- Christopher Morley

7. "Cela ne vous fait rien que je ne fume pas?"

"Do you mind if I don't smoke?" -- Groucho Marx, tout en mettant un cigare dans sa poche

8. "Avant son mariage, un homme restera éveillé toute la nuit en pensant à ce que vous avez dit. Après son mariage, il s'endormira avant que vous ne finissiez de le dire."

"Before marriage, a man will lie awake all night thinking of something you said. After marriage, he'll fall asleep before you finish saying it." -- Helen Rowland

9. "Pourquoi achète-t-on des chiens? Pour qu'ils fassent du bruit en aboyant, et pour qu'on fasse du bruit en leur commandant de ne plus aboyer." -- Henry de Montherlant, Carnets

10. "Une femme âgée de quatre-vingt-dix ans disait à M. de Fontenelle, âgé de quatre-vingt-quinze: 'La mort nous a oubliés.' -- 'Chut!' lui répondait M. de Fontenelle, en mettant le doigt sur la bouche." -- Chamfort, Caractères et Anecdotes

11. "Je veux bien vieillir en vous aimant mais non mourir sans vous le dire." -- Rivarol à une dame

12. "Lorsqu'une jeune et belle femme viendra te demander justice, ferme les yeux en l'écoutant." -- Don Quichotte à Sancho Panza, Don Quichotte, Miguel de Cervantès

13. "'On ne s'ennuie pas dans votre société,' dit Ragotte en bâillant tout grand." -- Jules Renard, Journal

14. "Un raseur est quelqu'un qui prend son temps en prenant le vôtre."

"A bore is someone who takes his time in taking your time." -- Arnold Glasow

15. "La vie est un oignon qu'on épluche en pleurant." -- Armand Masson, Pour les quais

16. Calvin Coolidge est mort d'une crise cardiaque en se faisant la barbe.

17. Le duc de Wellington a pleuré en examinant la liste des tués et des blessés après la bataille de Waterloo.

18. "'Que me font à moi deux cent mille hommes!' criait Napoléon en brisant un service de porcelaine." -- Robert Kemp

19. "En sortant du conseil, il rentrait dans son cabinet en chantant, et Dieu sait s'il chantait faux!" -- Louis de Bourrienne, Mémoires sur Napoléon...

20. "En composant la Chartreuse, pour prendre le ton, je lisais chaque matin deux ou trois pages du Code civil, afin d'être toujours naturel." -- Stendhal, Correspondance

21. "En se mariant, l'homme de lettres doit choisir sa veuve." -- Maurice Martin du Gard, Climat tempéré

22. "En cherchant la gloire, j'ai toujours espéré qu'elle me ferait aimer." -- Germaine de Staël, Corinne

23. "Il (Voltaire) écrit Candide pour s'amuser; et, en s'amusant, il amuse." -- André Gide, Journal

24. "J'apprenais insensiblement la musique en l'enseignant." -- Jean-Jacques Rousseau, Confessions

25. "Je deviens vieux en apprenant toujours." -- Jean-Jacques Rousseau, Rêveries du promeneur solitaire

26. "En élevant un enfant, songez à la vieillesse." -- Joseph Joubert, Pensées

27. "Ils se contentent de tuer le temps en attendant que le temps les tue." -- Simone de Beauvoir, Tous les hommes sont mortels

28. Le plus riche en mourant n'emporte qu'un linceul. -- Proverbe

en + present participle: to express means or manner

1. "Chez Singer, nous apprenons combien de temps une machine à coudre peut vivre en essayant de la détruire."

"At Singer, we find out how long a sewing machine will live by trying to kill it." -- Slogan publicitaire, The Singer Co.

2. "Il y a des gens qui augmentent votre solitude en venant la troubler." -- Sacha Guitry

3. " -- On n'a rien à perdre en étant poli.

    -- Si, sa place dans le métro." -- Tristan Bernard

4. "Pascal combattait ses maux de tête avec des problèmes de géométrie. Moi, je combattais la géométrie en faisant semblant d'avoir des maux de tête." -- Ibid.

5. "En essayant, on peut facilement apprendre à supporter l'adversité -- celle d'un autre, je veux dire."

    "By trying we can easily learn to endure adversity -- another man's, I mean." -- Mark Twain, Following the Equator

6. "Je suis né, Sancho, pour vivre en mourant, et toi, pour vivre en mangeant." -- Miguel de Cervantès, Don Quichotte

7. "L'appétit vient en mangeant." -- François Rabelais, Gargantua

8. "L'homme politique est un équilibriste. Il s'équilibre en disant le contraire de ce qu'il fait." -- Maurice Barrès

9. "Je pense parfois qu'en créant l'homme Dieu a un peu surestimé sa compétence."

    "I sometimes think that God in creating man somewhat overestimated his ability." -- Oscar Wilde, In Conversation

10. "Le ne français n'est pas une négation, mais une inhibition: c'est le pas qui ferme en claquant la porte." -- Paul Claudel, Journal

11. "On hasarde de perdre en voulant trop gagner." -- Jean de La Fontaine, "Le Héron"

12. "L'arbre se sauve en laissant tomber ses feuilles." -- Pierre Jean Jouve, "Humilis"

13. En ne prêtant pas, on perd des amis; en prêtant on gagne des ennemis. -- Proverbe

14. "On n'offense personne en l'aimant." -- Jean-Pierre Florian

15. En ouvrant la bouche, on montre le fond de son coeur. -- Proverbe

16. "Je crois qu'on ne peut mieux vivre qu'en cherchant à devenir meilleur, ni plus agréablement qu'en ayant pleine conscience de son amélioration." -- Socrate

17. "Ce n'est qu'en combattant qu'on acquiert quelque chose." -- Dominique Ingres

18. "On passe sa vie à espérer et on meurt en espérant." -- Voltaire

19. "En se résignant, le malheureux consomme son malheur." -- Honoré de Balzac, César Birotteau

20. "En se plaignant, on se console." -- Alfred de Musset, "La Nuit d'octobre"

21. Dalila enleva sa force à Samson en lui coupant les cheveux.

22. Le Raskolnikov de Dostoïevski croyait qu'en assassinant un autre, on s'assassinait soi-même.

23. "On n'apprend pas à mourir en tuant les autres." -- François-René de Chateaubriand, Mémoires d'outre-tombe

24. "Napoléon a tué la guerre en l'exagérant." -- Ibid.

25. "Arrêtez les manifestations en mettant fin à la guerre au Viêt-Nam."

"Stop demonstrations by ending the war in Vietnam." -- Graffiti

26. "N'abrégez pas le matin en vous levant tard; regardez-le comme la quintessence de la vie, jusqu'à un certain point sacré." -- Arthur Schopenhauer, Conseils et Maximes

27. "On ne peut oublier le temps qu'en s'en servant." -- Charles Baudelaire, Journaux intimes

28. "Écrire est un métier...qui s'apprend en écrivant." -- Simone de Beauvoir, La Force de l'âge

29. "L'art gâte quelquefois la nature en cherchant à la perfectionner." -- Jean de La Bruyère, <u>Les
Caractères</u>

30. "Le charmant projet qu'il a eu de se peindre, car en se peignant il a peint la nature humaine."
-- Voltaire à propos de Michel de Montaigne

<u>faillir</u> + infinitive: to express a near happening

1. "J'ai failli attendre." -- Mot attribué à
Louis XIV qui l'aurait dit un jour, en voyant arriver
son carrosse

2. "J'ai failli me faire écraser en traversant
une rue." -- André Gide, <u>Journal</u>

3. "Docteurs, j'ai bien failli vous perdre!" --
Sacha Guitry à ses médecins après une grave opération
qu'il venait de subir

4. "J'avais un peu peur de l'accueil du Président, mais il a été si familial, si simple, si
gentil que j'ai failli redemander de la soupe." --
Robert Lamoureux, acteur et fantaisiste français,
après un dîner à l'Élysée auquel le président Auriol
l'avait convié

5. Né en Corse en 1769, Napoléon Ier a failli
naître italien puisque Gênes ne céda la Corse à la
France qu'en 1768.

6. "Merci d'être ce que vous avez failli être."

"Thank you for being what you almost were."
-- Graffiti

<u>faire</u>: in causative construction

1. "Le jambon fait boire, le boire désaltère,
donc le jambon désaltère." -- Michel de Montaigne,
<u>Essais</u>

2.   "En fumant un bon cigare, j'oublie souvent les tracas qui me font fumer." -- Louis-Auguste Commerson, _Pensées d'un emballeur_

3.   "Il y a des gens si ennuyeux qu'ils vous font perdre une journée en cinq minutes." -- Jules Renard, _Journal_

4.   "Le retour fait aimer l'adieu." -- Alfred de Musset, "A mon frère revenant d'Italie"

5.   "Va te faire recycler!" -- Graffiti

6.   "Dans ces choses appelées guerres, on a toujours moins à se plaindre de ceux qu'on tue que de celui pour lequel on se fait tuer." -- Alphonse Karr, Les _Guêpes_

7.   Les sentimentaux pensent que c'est l'amour qui fait tourner l'univers.

8.   L'amour fait passer le temps, le temps fait passer l'amour. -- Proverbe

9.   "Belle Marquise, vos beaux yeux me font mourir d'amour." -- Monsieur Jourdain, _Le Bourgeois gentilhomme_, Molière

10.   "J'aimais jusqu'à ses pleurs que je faisais couler." -- Néron, _Britannicus_, Jean Racine

11.   "L'amour fait faire autant de sottises que de grandes choses." -- Honoré de Balzac

12.   "Le plus beau triomphe de l'écrivain est de faire penser ceux qui peuvent penser." -- Eugène Delacroix, _Écrits_

13.   "Si vous faites penser aux gens qu'ils pensent, ils vous aimeront; mais si vous les faites vraiment penser, ils vous détesteront."

   "If you make people think that they're thinking, they'll love you; but if you really make them think, they'll hate you." -- Don Marquis, _The Sun Dial_

14.   "Pour peindre des tigres, Delacroix faisait poser son chat." -- Pierre Sipriot, _Montherlant par lui-même_

15. Néron, qui aimait se produire sur scène,
faisait tuer ceux qui ne l'applaudissaient pas assez.

16. Napoléon Ier fit construire l'Arc de
Triomphe pour célébrer les victoires de la Grande
Armée.

17. Les chefs nazis firent brûler le best-seller
pacifiste d'Erich Maria Remarque <u>A l'ouest rien de</u>
<u>nouveau</u>.

18. Mussolini s'est attiré beaucoup de suffrages
en faisant arriver à l'heure les trains italiens.

19. "Chanson pour faire danser en rond les
petits enfants" -- Titre d'un poème de Victor Hugo

20. Balzac, qui se couchait à six heures du
soir, se faisait réveiller à minuit, après quoi il
passait au moins douze heures à écrire.

21. "En cherchant la gloire, j'ai toujours
espéré qu'elle me ferait aimer." -- Germaine de Staël,
<u>Corinne</u>

22. "La pensée de la mort nous trompe car elle
nous fait oublier de vivre." -- Vauvenargues, <u>Réfle-</u>
<u>xions et Maximes</u>

23. "Il m'est doux de songer que je servirai un
jour à faire croître des tulipes." -- Gustave Flaubert, <u>Correspondance</u>

24. "Fusillade. -- Seule manière de faire taire
les Parisiens." -- Gustave Flaubert, <u>Dictionnaire des</u>
<u>idées reçues</u>

25. "Le choix d'un adjectif le fait suer
d'angoisse." -- Gustave Lanson à propos de Gustave
Flaubert, <u>Histoire de la littérature française</u>

26. "Les bons mariages sont comme la crème: un
rien les fait manquer." -- Marcel Proust, <u>Contre</u>
<u>Sainte-Beuve</u>

27. Marcel Proust avait fait tapisser de liège
les murs de sa chambre pour renforcer le silence de la
nuit pendant qu'il composait son chef-d'oeuvre <u>A la</u>
<u>recherche du temps perdu</u>.

28. Aucun éditeur n'ayant accepté en 1913 les deux premiers volumes de son roman, Proust fut obligé de les faire publier à ses frais.

29. "Quiconque a recours à un psychiatre devrait se faire examiner la tête."

"Anyone who goes to a psychiatrist ought to have his head examined." -- Attribué à Samuel Goldwyn

falloir + **infinitive**

1. Il faut prendre les choses comme elles viennent et les gens comme ils sont. -- Proverbe

2. Il faut laver son linge sale en famille. -- Proverbe

3. Il faut hurler avec les loups. -- Proverbe

4. Il faut manger pour vivre et non pas vivre pour manger. -- Proverbe

5. Il faut casser le noyau pour avoir l'amande. -- Proverbe

6. Il faut battre le fer pendant qu'il est chaud. -- Proverbe

7. Il ne faut pas cacher la lumière sous le boisseau. -- Proverbe

8. Il ne faut jamais remettre au lendemain ce qu'on peut faire le jour même. -- Proverbe

9. Il ne faut pas jouer avec le feu. -- Proverbe

10. Il ne faut pas mettre la charrue devant les boeufs. -- Proverbe

11. Il ne faut pas être plus royaliste que le roi. -- Proverbe

12. Il ne faut pas juger de l'arbre par l'écorce. -- Proverbe

13. Entre l'arbre et l'écorce il ne faut pas mettre le doigt. -- Proverbe

14. Il ne faut pas éveiller le chat qui dort. -- Proverbe

15. Il ne faut pas jeter les marguerites aux pourceaux. -- Proverbe

16. Il ne faut pas courir deux lièvres à la fois. -- Proverbe

17. Il ne faut pas se confesser au renard. -- Proverbe

18. "Il faut rire avant d'être heureux, de peur de mourir sans avoir ri." -- Jean de La Bruyère, Les Caractères

19. "Il y a des moments où tout réussit: il ne faut pas s'effrayer, ça passe." -- Jules Renard

20. "Il faut mettre de l'argent de côté pour en avoir devant soi." -- Tristan Bernard

21. "Il faut choisir dans la vie entre gagner de l'argent et le dépenser: on n'a pas le temps de faire les deux." -- Édouard Bourdet, Les Temps difficiles

22. "Oui, je porte ma décoration. Il faut avoir le courage de ses faiblesses." -- Jules Renard, Journal

23. "Il faut avoir beaucoup de talent, mais un peu de génie suffit." -- Tristan Bernard, Journal

24. "Il ne faut jamais dire du bien de soi. Il faut en imprimer." -- Jules Vallès

25. "Il faut vivre pour écrire, et non pas écrire pour vivre." -- Jules Renard, Journal

26. "Il faut être léger comme l'oiseau et non comme la plume." -- Paul Valéry, Choses tues

27. "J'ai toujours vu que pour réussir dans le monde, il fallait avoir l'air fou et être sage." -- Montesquieu, Mes Pensées

28. "Il faut tout prendre au sérieux, mais rien au tragique." -- Adolphe Thiers, Discours, 24 mai 1873

29. "Il faut cultiver notre jardin." -- Voltaire, Candide

30. "Il faut être quelqu'un, non quelque chose."
-- Édouard Herriot, <u>Notes et Maximes</u>

31. "Il faut être un homme vivant et un artiste posthume." -- Jean Cocteau, <u>Le Rappel à l'ordre</u>

32. "Il faut vouloir vivre et savoir mourir." --
Napoléon Ier à Goethe

33. "Dans des circonstances extraordinaires, il faut faire des choses extraordinaires." -- Napoléon
Ier, <u>Correspondance</u>

34. "Il ne faut pas changer d'attelage en traversant une rivière."

"It is best not to swap horses while crossing the river." -- Abraham Lincoln, 9 juin 1864

35. "Il faut rougir de faire une faute, et non de la réparer." -- Jean-Jacques Rousseau, <u>Émile</u>

36. <u>Il ne faut jurer de rien</u> -- Pièce d'Alfred de Musset

37. "Il ne faut point juger les gens sur l'apparence." -- Jean de La Fontaine, "Le Paysan du Danube"

39. "Il ne faut pas juger un homme d'après ses fréquentations. N'oublions pas que Judas avait des amis irréprochables." -- Ernest Hemingway

40. "Il ne suffit pas de faire le bien, encore faut-il le faire bien."

"It is not enough to do good, one must do it the right way." -- John Morley, <u>Rousseau</u>

41. "Il ne suffit pas d'être Hongrois, il faut aussi avoir du talent."

"It is not enough to be Hungarian, you must have talent too." -- Alexander Korda

42. "Il faut aimer pour savoir qu'on n'est pas aimé." -- Marcel Proust, <u>Jean Santeuil</u>

43. "Pour parler de Mozart, il faudrait tremper sa plume dans l'arc-en-ciel." -- Denis Diderot

44. "Pour lui la musique était un dieu qu'il fallait servir avec une passion sans cesse aux aguets." -- Claude Baignères, "Le Génie de Toscanini"

45. "Il faut épater le bourgeois." -- Charles Baudelaire, Mon Coeur mis à nu

46. "S'il fallait tolérer aux autres tout ce qu'on se permet à soi-même, la vie ne serait plus tenable." -- Georges Courteline, La Philosophie de Georges Courteline

47. "Il ne faut plus abandonner la politique aux politiciens." -- Simone de Beauvoir, Les Mandarins

48. "Faut-il brûler Sade?" -- Essai de Simone de Beauvoir

49. Faut-il brûler les nouveaux philosophes? -- Ouvrage de Sylvie Bouscasse

falloir + noun or pronoun complement

1. Il faut cinquante ans pour qu'un palmier donne des dattes.

2. "On n'imagine pas combien il faut d'esprit pour n'être jamais ridicule." -- Chamfort, Maximes et Pensées

3. "Il faut un minimum de confort pour pratiquer la vertu." -- Saint Thomas d'Aquin

4. "Il faut des qualités de coeur et d'esprit très rares pour être sincèrement ému par ce qui ne nous atteint pas personnellement." -- André Gide, Journal

5. "Il ne faut qu'une brebis galeuse pour contaminer tout le troupeau." -- Juvénal, Satires

6. "Il faut à mon cerveau deux heures de rêverie pour que j'obtienne de lui un quart d'heure de travail." -- Jules Renard, Journal

7. "Il m'a fallu quinze ans pour découvrir que je n'avais pas de talent pour écrire mais je n'ai pu m'arrêter parce que j'étais alors devenu trop célèbre."

"It took me fifteen years to discover that I had no talent for writing, but I couldn't give it up because by that time I was too famous." -- Robert Benchley

hors de

1. Hors d'ici!

Get out!

2. "Hors de Paris, il n'y a pas de salut pour les honnêtes gens." -- Mascarille, <u>Les Précieuses ridicules</u>, Molière

3. "C'est un malheur d'avoir connu la beauté italienne. Hors de l'Italie, on aime mieux la conversation des hommes." -- Stendhal, <u>De l'amour</u>

4. "Aimer, c'est trouver sa richesse hors de soi." -- Alain, <u>Éléments de philosophie</u>

5. "L'homme juste produit la justice hors de lui parce qu'il porte la justice en lui." -- Alain, <u>Cent un propos</u>

6. Un gros buveur est souvent hors d'état de conduire.

il est + adjective + de + verb

1. "Il est plus important de vivre bien que de vivre longtemps."

"It is more important to live well than it is to live long." -- Manly Hall

2. "Il est honteux d'être sans honte." -- Saint Augustin, _Confessions_

3. "Il est bon de suivre sa pente, pourvu que ce soit en montant." -- André Gide, _Les Faux Monnayeurs_

4. "Je parle au présent, il est si facile de parler au présent, quand il s'agit du passé." -- Samuel Beckett, _Molloy_

5. "Il est difficile de ne pas exagérer le bonheur dont on ne jouit pas." -- Stendhal, _Journal_

6. "Il n'est pas bon d'être malheureux, mais il est bon de l'avoir été." -- Le chevalier de Méré, _Maximes et Sentences_

7. "Il est si doux d'être aimé pour soi-même." -- Le comte, _Le Barbier de Séville_, Beaumarchais

8. _Il est important d'être aimé_ -- Titre de la version française de la pièce d'Oscar Wilde _The Importance of Being Earnest_

9. "Il est naturel à un enfant de donner plus d'amour à un chien galeux qu'à une bête de prix." -- Georges Bernanos, _Les Grands Cimetières sous la lune_

10. "Il est absurde de l'appeler un homme modeste. Aucun grand homme ne l'est jamais."

"It is absurd to call him a modest man. No great man is ever modest." -- John Hay à propos de Lincoln

11. "Il est impossible d'imaginer une grande civilisation sans une grande littérature." -- Georges Duhamel

12. "Il est impossible de prendre plaisir à l'oisiveté à moins d'avoir beaucoup de travail à faire."

"It is impossible to enjoy idling unless one has plenty of work to do." -- Jerome K. Jerome, _Idle Thoughts of an Idle Fellow_

il est + direct object

1. "Il est des paroles qui ne devraient servir qu'une fois." -- François-René de Chateaubriand, Mémoires d'outre-tombe

2. "Il est des vérités qui peuvent tuer un peuple." -- Égisthe, Électre, Jean Giraudoux

3. "Il est de parfaits corps et de parfaits visages. Il n'y a pas de coeurs parfaits." -- Paul Géraldy, L'Homme et l'amour

4. Il n'est pas d'arbre que le vent n'ait secoué. -- Proverbe

5. "Il n'est pas de douleur que le sommeil ne sache vaincre." -- Honoré de Balzac, Le Cousin Pons

6. "Sans la liberté de blâmer, il n'est point d'éloge flatteur." -- Beaumarchais, Préface, Le Mariage de Figaro

7. "Il n'est rien de si absent que la présence d'esprit." -- Antoine Rivarol, Discours sur l'universalité de la langue française

il y a + direct object

1. Il y a loin de la coupe aux lèvres. -- Proverbe

2. Tant qu'il y a de la vie, il y a de l'espoir. -- Proverbe

3. "Oui, Virginia, il y a un père Noël."

"Yes, Virginia, there is a Santa Claus." -- Réponse dans un célèbre éditorial du New York Sun à la question de la petite Virginia O'Hanlon, le 21 septembre 1897

4. "Il y a une grande différence entre celui qui veut lire un livre et celui qui veut un livre à lire." -- G.K. Chesterton

5. "Il y a place au soleil pour tout le monde, mais ce n'est pas la place de la Concorde." -- Jules Renard, Journal

6. Y a-t-il un docteur dans la salle? -- Roman de René Fallet

7. Il y a deux choses qu'on ne peut regarder fixement: le soleil et la mort. -- Proverbe

8. "Il y a des hommes qui vivent heureux sans le savoir." -- Vauvenargues, Réflexions et Maximes

9. "Il y a des hommes si intelligents qu'on se demande si quelque chose peut encore les intéresser." -- Maurice Martin du Gard, Petite Suite de maximes et de caractères

10. "Pour être un génie il y a deux choses nécessaires: d'abord être espagnol, ensuite s'appeler Salvador Dali." -- Salvador Dali

11. "Il y a des gens qui n'ont de leur fortune que la crainte de la perdre." -- Antoine Rivarol, Fragments et pensées littéraires, politiques et philosophiques

12. "Il y a des gens qui ne sont pas antipathiques: ils ne sont que dégoûtants." -- Paul Claudel, Journal

13. Il y a trois sortes d'hommes: les trompeurs, les trompés, les trompettes. -- Proverbe

14. "Partout où il y a des hommes il y a de la sottise." -- Fontenelle

15. "Il y a plus de fous que de sages, et dans le sage même il y a plus de folie que de sagesse." -- Chamfort, Maximes et Pensées

16. "Il y a des fous partout, même dans les asiles." -- George Bernard Shaw

17. "Fox, célèbre joueur, disait: 'Il y a deux grands plaisirs dans le jeu: celui de gagner et celui de perdre.'" -- Chamfort, Caractères et Anecdotes

18. "Il y a trois sortes de mensonges: les mensonges ordinaires, les sacrés mensonges et les statistiques."

"There are three kinds of lies: ordinary lies, damn lies and statistics." -- Mark Twain, Autobiography

19. "Il y a dans la langue française de petits mots dont presque personne ne sait rien faire." -- Joseph Joubert, Pensées

20. "Il y a des douleurs muettes d'une éloquence despotique." -- Honoré de Balzac, Béatrix

21. "Il y a des vols d'oiseaux, des courants d'air, des migraines qui ont décidé du sort du monde." -- Ernest Renan, Préface, Vie de Jésus

22. "Il y a des services si grands qu'on ne peut les payer que par l'ingratitude." -- Alexandre Dumas père, Mes Mémoires

23. "Il y a des microbes sur votre brosse à dents."

"There are germs on your toothbrush." -- Slogan publicitaire, The Germ Fighter Toothbrush by Dr. West

24. "Il y a des contrefaçons -- assurez-vous que la marque est bien Tabasco."

"There are imitations -- be sure the brand is Tabasco." - Slogan publicitaire, McIlnenny Co.

25. "Mark Twain ouvre une lettre destinée à sa femme. Il la remet dans son enveloppe sur laquelle il écrit: 'Ouverte par erreur pour voir ce qu'il y avait dedans.'" -- Julien Green, Journal

26. Il y avait une fois...

Once upon a time there was...

27. "Il y aura toujours un chien perdu quelque part qui m'empêchera d'être heureuse." -- Thérèse, La Sauvage, Jean Anouilh

28. "Il n'y a pas de soleil sans ombre." --
Albert Camus, Le Mythe de Sisyphe

29. Il n'y a pas de roses sans épines. --
Proverbe

30. Il n'y a pas de fumée sans feu. -- Proverbe

31. Il n'y a pas de chats dans la Bible.

32. "Il n'y a pas d'amour plus sincère que
l'amour de la nourriture."

"There is no love sincerer than the love of
food." -- George Bernard Shaw

33. "Du sublime au ridicule il n'y a qu'un
pas." -- Propos de Napoléon Ier après la campagne de
Russie, 1812

34. "Il n'y a pour l'homme que trois événements:
naître, vivre et mourir. Il ne se sent pas naître, il
souffre à mourir, et il oublie de vivre." -- Jean de
La Bruyère, Les Caractères

35. "Il n'y a eu qu'un homme indispensable:
Adam."

"There has been only one indispensable man:
Adam." -- Anonyme

36. "Il n'y a rien de nouveau sous le soleil."
-- Ancien Testament

37. "Il n'y a rien qui échoue comme le succès."

"There is nothing that fails like success."
-- Gilbert Keith Chesterton

38. "Après le jour, la nuit; après la nuit, le
jour. Il n'y aura jamais d'exception." -- Simone de
Beauvoir, Tous les hommes sont mortels

39. "Il n'y aurait jamais eu un Hitler sans le
traité de Versailles."

"There would never have been a Hitler if it
had not been for the Versailles Treaty." -- Hjalmar
Schacht. Cité par G.M. Gilbert, Nuremberg Journal

il y a: with present tense

1. "J'ai quatre-vingt-quatorze ans et je n'ai pas un ennemi au monde!... C'est qu'il y a longtemps qu'ils sont morts." -- Fontenelle

2. "Je ne sais plus comment je vis. Ma femme est malade, et il y a huit jours que je lui promets d'aller chercher le médecin, et j'oublie tous les jours." -- Jules Renard, <u>Journal</u>

3. Émile --- Il y a longtemps que je veux te poser une question très importante.

   Émilie -- Vas-y. Il y a des mois que ma réponse est prête.

4. "Il y a plus de quarante ans que je dis de la prose sans que je n'en susse rien." -- Monsieur Jourdain, <u>Le Bourgeois gentilhomme</u>, Molière

5. "Il y a longtemps que le rôle de sage est dangereux parmi les fous." -- Denis Diderot, <u>Jacques le fataliste</u>

Imperative: affirmative

1. Cueille la rose, et laisse les épines. -- Proverbe

2. "Pense avant de parler et pèse avant d'agir."

   "Give thy thoughts no tongue,
      Nor any unproportion'd thought his act." -- Polonius, <u>Hamlet</u>, Shakespeare

3. Demande au ciel une bonne récolte et continue à labourer. -- Proverbe

4. "Excelle, et tu vivras." -- Joseph Joubert, <u>Pensées</u>

5. En avant, marche!

   Forward, march!

6. Fiche le camp!

   Get lost!

7. "Aime ton voisin comme toi-même, mais choisis
bien ton voisinage."

   "Love thy neighbor as thyself, but choose
your neighborhood." -- Louise Beal

8. Aime tes enfants avec ton coeur, mais éduque-
les avec ta main. -- Proverbe

9. "Au clair de la lune, mon ami Pierrot,
   Prête-moi ta plume, pour écrire un mot;
   Ma chandelle est morte, je n'ai plus de feu;
   Ouvre-moi ta porte, pour l'amour de Dieu."
-- Paroles de la chanson "Au clair de la lune"

10. <u>Joue-le encore une fois, Sam</u>

    <u>Play It Again, Sam</u> -- Film

11. "Viens avec moi à la Casbah."

    "Come with me to the Casbah." -- Charles
Boyer à Hedy Lamarr dans le film <u>Algiers</u>

12. <u>Reviens, Petite Saba</u> -- Titre de la version
française de la pièce de William Inge <u>Come Back, Little Sheba</u>

13. <u>Descends, Moïse</u> -- Titre de la version
française du roman de William Faulkner <u>Go Down, Moses</u>

14. "O temps, suspends ton vol!" -- Lamartine,
"Le Lac"

15. "Poète, prends ton luth." -- Alfred de
Musset, "La Nuit de mai"

16. "Fais énergiquement ta longue et lourde tâche
    Dans la voie où le sort a voulu t'appeler
    Puis après, comme moi, souffre et meurs sans
    parler." -- Alfred de Vigny, "La Mort du loup"

17. "Souffre. Meurs. Mais sois ce que tu dois être: un Homme." -- Romain Rolland, <u>Jean-Christophe</u>

18. "Liberté, liberté chérie,
    Combats avec tes défenseurs!
Paroles de "La Marseillaise," Rouget de Lisle

19. "Va, cours, vole et nous venge." -- Don Diègue, <u>Le Cid</u>, Pierre Corneille

20. Sois colimaçon dans le conseil, aigle dans l'action. -- Proverbe

21. "Sois un autre homme que celui que tu es." -- Le quaker, <u>Chatterton</u>, Alfred de Vigny

22. "Sois modeste! C'est le genre d'orgueil qui déplaît le moins." -- Jules Renard, <u>Journal</u>

23. "Plains-moi!...sinon je te maudis." -- Charles Baudelaire, Épigraphe des <u>Fleurs du mal</u>

24. "Dis-moi ce que tu manges, et je te dirai ce que tu es." -- Anthelme Brillat-Savarin, <u>Physiologie du goût</u>

25. "La patrie est en danger, mangeons du veau." -- Alphonse Karr, <u>Les Guêpes</u>

26. "Mangeons et buvons, parce que demain nous mourrons." -- <u>Ancien Testament</u>

27. "Doutons même du doute." -- Anatole France, Discours

28. "Donnons de la vie à nos funérailles."

    "Let's put some life into our funerals." -- Graffiti

29. "Soyons réalistes, demandons l'impossible." -- Graffiti

30. "Allons enfants de la patrie" -- Premières paroles de "La Marseillaise," Rouget de Lisle

31. "Sachons vaincre ou sachons périr!" -- Paroles du "Chant du départ," Étienne Méhul

32. "Allons-y!" -- Dernières paroles du maréchal Ferdinand Foch

33. "Espère, espérons, espérez." -- Graffiti français sous l'occupation allemande

34. "Travaillez!" -- Conseil d'Honoré de Balzac aux jeunes écrivains

35. "Conservez de l'énergie. Dormez en classe."

"Conserve energy. Sleep in class." -- Inscription de T shirt

36. Gardez le sourire.

Keep smiling.

37. "Quand vous êtes fâché, comptez jusqu'à quatre; quand vous êtes très fâché, jurez."

"When angry, count four; when very angry, swear." -- Mark Twain, Pudd'nhead Wilson

38. "Allez, allez, circulez!"

"Come on, get a move on!" -- Paroles de l'agent préposé à la circulation

39. "Mettez un flic sous votre moteur." -- Graffiti de mai 1968

40. "Conduisez sur la défensive, achetez-vous un tank."

"Drive defensively, buy a tank." -- Graffiti

41. "Luttez contre le fumillard, achetez un cheval."

"Fight smog, buy a horse." -- Graffiti

42. "Tuez l'arbitre!"

"Kill the umpire!" -- Cri facétieux souvent entendu dans les stades de base-ball

43. "Tolérez mon intolérance." -- Jules Renard, Journal

44. Regardez avant de sauter. -- Proverbe

45. Réfléchissez avant d'agir. -- Proverbe

46. Pensez beaucoup, parlez peu et écrivez moins. -- Proverbe

47. "Parlez avec douceur mais ayez un gros bâton."

"Speak softly and carry a big stick." -- Theodore Roosevelt, Discours, 2 septembre 1901

48. "Mettez votre foi en Dieu...et gardez votre poudre sèche."

"Put your trust in God...and keep your powder dry." -- Le colonel Blocker, avant une bataille

49. "Faites confiance à chacun mais coupez les cartes."

"Trust everybody, but cut the cards." -- Finley Peter Dunn

51. Aimez votre voisin mais ne coupez pas la haie. -- Proverbe

52. "Au lieu d'aimer vos ennemis, traitez un peu mieux vos amis."

"Instead of loving your enemies, treat your friends a little better." -- Edgar W. Howe, Plain People

53. "Aimez ce que jamais on ne verra deux fois." -- Alfred de Vigny, "La Maison du berger"

54. "Rendez à César ce qui est à César, et à Dieu ce qui est à Dieu." -- Nouveau Testament

55. "Rendez visite à votre mère aujourd'hui, peut-être n'a-t-elle pas eu d'ennuis récemment."

"Visit your mother today, perhaps she hasn't had any problems recently." -- Graffiti

56. "Cherchez la femme." -- Cliché des romans policiers

57. "Prenez le temps comme il vient, le vent comme il souffle, la femme comme elle est." -- Alfred de Musset, La Confession d'un enfant du siècle

58. "Essayez de faire des compliments à votre épouse même si ça lui fait peur au début."

"Try to praise your wife, even if it does frighten her at first." -- Billy Sunday

59. "Alors Dieu bénit Noé et ses enfants et il leur dit: 'Croissez et multipliez et remplissez la terre.'" -- Ancien Testament

60. "'Soyez patients! Je n'ai que huit mains!' -- La mère d'une famille d'octopus harce-lée par ses petits"

"Be patient! I have only eight hands! -- Harried mother of a family of octopuses to her young." -- Leona Toppel

61. "Améliorez votre image de marque. Qu'on vous voie avec moi."

"Improve your image. Be seen with me." -- Inscription de T shirt

62. "Ajoutez deux lettres à 'Paris': c'est le Paradis." -- Jules Renard

63. Vivez pour apprendre et apprenez à vivre.

Live to learn, and learn to live. -- Pro-verbe

64. "Venez voir comment meurt un maréchal de France!" -- Le maréchal Ney à la fin de la bataille de Waterloo

65. "Ayez le courage de vivre. N'importe qui peut mourir."

"Have the courage to live. Anyone can die." -- Robert Cody

66. "Tirez le rideau, la farce est jouée." -- François Rabelais, mourant

67. "Appelez Bianchon." -- Honoré de Balzac, mourant, à propos du médecin de sa Comédie humaine

68. "Mourez, nous ferons le reste."

"Die, we'll do the rest." -- Slogan publicitaire d'un service de pompes funèbres américain

69.   "Mangez pour vivre et ne vivez pas pour
manger."

"Eat to live, and not live to eat." --
Benjamin Franklin, L'Almanach du pauvre Richard

70.   "Mangez pour vous faire plaisir à vous-même,
habillez-vous pour faire plaisir aux autres."

"Eat to please yourself, dress to please
others." -- Ibid.

71.   "Reprenez les vitamines que la journée vous
enlève."

"Put back the vitamins your day takes away."
-- Slogan publicitaire, Geritol Mega-Vitamins

72.   "Mangez de l'agneau, 20.000 coyotes ne
peuvent se tromper."

"Eat lamb, 20,000 coyotes can't be wrong."
-- Graffiti

73.   "Mangez, buvez et soyez gais car demain vous
serez au régime."

"Eat, drink, and be merry, for tomorrow ye
diet." -- Lewis C. Henry

74.   "Buvez parce que vous êtes heureux mais
jamais parce que vous êtes malheureux."

"Drink because you are happy, but never
because you are miserable." -- Samuel Johnson

75.   "S'il n'y a plus de Löwenbräu...commandez du
champagne."

"If they run out of Löwenbräu...order
champagne." -- Slogan publicitaire, Löwenbräu

76.   "Comparez ce goût à celui de toute autre
bière que vous aimez."

"Compare the taste to any beer you like." --
Slogan publicitaire, Michelob Light

77. "Jouissez du fruit de notre labeur."

"Enjoy the fruit of our labors." -- Slogan publicitaire, Schweppes Bitter Lemon and Schweppes Bitter Orange

78. "Essayez, vous aimerez."

"Try it, you'll like it." -- Slogan publicitaire, Alka-Seltzer

79. "Essayez Sinex pour éprouver la différence."

"Try Sinex and feel the difference." -- Slogan publicitaire

80. "Mettez un tigre dans votre moteur." -- Version française du slogan publicitaire "Put a tiger in your tank." -- Humble Oil Co.

81. "Offrez à votre père quelque chose qu'il puisse porter avec n'importe quelle chemise."

"Give your father something he can wear with any shirt." -- Slogan publicitaire, Shaeffer pens

82. "Partez, s'il vous plaît!"

"Please go away!" -- Pancarte dans une agence de voyages

83. "Sortez de la ville. Nous vous aiderons."

"Get out of town. We'll help." -- Slogan publicitaire, First National Bank Loans, San Jose, California

84. "Allez plonger dans un lac. Nous vous aiderons."

"Go jump in a lake. We'll help you." -- Ibid.

85. "Partez maintenant, payez plus tard."

"Go now, pay later." -- Slogan publicitaire du tourisme

86. "Concorde: voyagez avec le maximum d'efficacité." -- Slogan publicitaire, Air France

87. "Apprenez le français chez vous."

"Learn French at home." -- Slogan publicitaire, Stouffer's Crepes

88. "Rome a conquis Athènes. Nous sommes Rome, soyez Athènes." -- Otto Abetz, ambassadeur allemand à la France occupée

89. "L. ...a raconté qu'à Paris les vendeurs de journaux crient, très rapidement et de façon à n'être compris que des seuls Français: 'Achetez les mensonges de Paris-Soir!'" -- Julien Green, Journal, 9 novembre 1940

90. "Donnez-moi la liberté ou donnez-moi la mort."

"Give me liberty or give me death." -- Patrick Henry, Discours, 23 mars 1775

91. "Donnez-moi une liste de blanchissage et je la mettrai en musique." -- Gioacchino Rossini

92. "Donnez-moi un cure-dent!" -- Dernières paroles d'Alfred Jarry

93. Un gangster entre dans une épicerie fine, tire son revolver et dit: "Donnez-moi tout votre argent." L'épicier répond: "A emporter?"

94. "Un petit garçon demandait des confitures à sa mère. 'Donnez-m'en trop,' lui dit-il." -- Chamfort, Maximes et Anecdotes

95. "Montrez-moi un pays où il n'y a pas de grèves et je vous montrerai un pays où il n'y a pas de liberté."

"Show me a country where there are no strikes and I'll show you that country in which there is no liberty." -- Samuel Gompers

96. "Montrez-moi votre jardin et je vous dirai ce que vous êtes."

"Show me your garden and I'll tell you what you are." -- Alfred Austin, The Garden That I Love

97. "Montrez-moi un homme tout à fait satisfait -- et je vous montrerai un raté."

"Show me a thoroughly satisfied man -- and I will show you a failure." -- Thomas Edison

98. "Montrez-moi un héros et je vous écrirai une tragédie."

"Show me a hero and I'll write you a tragedy." -- F. Scott Fitzgerald, <u>Notebooks</u>

99. "Montrez-moi un grand acteur et je vous montrerai un mari lamentable. Montrez-moi une grande actrice et vous verrez le diable."

"Show me a great actor, and I'll show you a lousy husband. Show me a great actress and you've seen the devil." -- W.C. Fields

100. "Faites mon portrait comme je suis, verrues et tout."

"Paint me as I am, warts and all." -- Oliver Cromwell à un peintre

101. "Si j'avance, suivez-moi: si je meurs, vengez-moi: si je recule, tuez-moi." -- Henri de la Rochejaquelein, 1793

102. "Aujourd'hui est le premier jour de ce qui vous reste à vivre. Fêtez-le dès maintenant."

"Today is the first day of the rest of your life. Celebrate now." -- Graffiti

103. "Quand la fortune vous sourit, prenez-la dans vos bras."

"When fortune smiles, embrace her." -- Thomas Fuller

104. "Si l'argent ne fait pas le bonheur, rendez-le!" -- Jules Renard, <u>Journal</u>

105. "Aimez l'Amérique ou rendez-la-nous."

"Love America or give it back." -- Graffiti vus parfois dans les réserves d'Indiens des États-Unis

106. Les Américains se passionnent pour le "faites-le-vous-même."

Americans are "do-it-yourself" enthusiasts.

125

107. "Si les Anglais vous mordent, mordez-les." -- Devise municipale de Morlaix (Finistère)

108. "Laissez-nous conduire."

"Leave the driving to us." -- Slogan publicitaire, Greyhound Corp.

109. "Dodge. Faites-lui confiance."

"Dodge. Depend on it." -- Slogan publicitaire, Chrysler Corp.

110. "Dites-le avec Bonz."

"Say it with Bonz." -- Slogan publicitaire, Bonz brand dog smack

111. "Dites-le avec des fleurs."

"Say it with flowers." -- Slogan publicitaire, Florists' Transworld Delivery Association

112. "Promettez-lui tout mais donnez-lui Arpège."

"Promise her everything, but give her Arpège." -- Slogan publicitaire, Lanvin

113. "Faites-en un astronaute, offrez-lui pour Noël des caleçons longs." -- Pancarte dans un magasin pour hommes

114. "Enseignez-lui n'importe quoi pourvu qu'il le déteste." -- Samuel Johnson

115. Aide-toi et le ciel t'aidera. -- Proverbe

116. "Aidez-moi, j'aiderai le ciel." -- Jacques Rigaut, Écrits

117. "Aide-toi, l'État ne t'aidera pas." -- Auguste Detoeuf, Propos de O.-L. Barenton, confiseur

118. Lève-toi et marche -- Roman d'Hervé Bazin

119. Hâte-toi lentement. -- Proverbe

120. Dans le doute, abstiens-toi. -- Proverbe

121. "Souviens-toi de te méfier." -- Devise de Prosper Mérimée

122. "Attache ta chamelle et confie-toi à Dieu." -- Mahomet

123. Occupe-toi de tes affaires.

Mind your own business.

124. Occupe-toi d'Amélie -- Pièce de Georges Feydeau

125. Hortense, couche-toi! -- Pièce de Georges Courteline

126. "Sois charmante et tais-toi!" -- Charles Baudelaire, "Sonnet d'automne"

127. "Gonfle-toi, grenouille!" -- Paul Claudel lors de l'ovation faite à son Soulier de satin, 1949

128. "Rien ne me paraît plus faux que la maxime socratique: 'Connais-toi toi-même.' Le vrai moyen de connaissance serait plutôt: 'oublie-toi toi-même.'" -- Claudel, Mémoires improvisés

129. "Médecin, guéris-toi toi-même!" -- Nouveau Testament

130. "Sésame, ouvre-toi."

"Sésame, ferme-toi." -- Apostrophes des Mille et une nuits

131. "Cache-toi, guerre." -- Lautréamont, Poésies

132. Méfions-nous des méfiants. -- Proverbe

133. "Ma soeur, embrassons-nous...si nous pouvons!" -- Le très gros maréchal de Vivonne à sa très grosse soeur

134. Embrassons-nous, Folleville. -- Titre d'un vaudeville d'Eugène Labiche

135. "Souvenez-vous d'hier,
    Rêvez de demain,
    Mais vivez pour aujourd'hui."

"Remember yesterday,
Dream of tomorrow,
But live for today." -- Inscription de T
shirt

136. "Méfiez-vous d'un rhume. Un rhume, c'est
un chat qui peut se changer en tigre." -- Victor Hugo

137. "Servez-vous de votre tête. Ce sont les
petites choses qui comptent."

"Use your head. It's the little things
that count." -- Anonyme

138. Dites la vérité et sauvez-vous.

Tell the truth and run. -- Proverbe

139. Mêlez-vous de ce qui vous regarde.

Mind your own business.

140. "'Aimez-vous les uns les autres,' a dit le
Christ; mais il n'a pas interdit les préférences." --
Jacques Normand, Pensées de toutes les couleurs

141. "Adressez-vous aux jeunes gens. Ils savent
tout!" -- Joseph Joubert, Pensées

142. "Enrichissez-vous!" -- Conseil de François
Guizot à la bourgeoisie française sous la Monarchie de
Juillet

143. "Millionnaires de tous les pays, unissez-
vous, le vent tourne." -- Graffiti de mai 1968

144. "Prolétaires de tous les pays, unissez-
vous!" -- Karl Marx et Frédéric Engels, Manifeste du
parti communiste

145. "Ralliez-vous à mon panache blanc!" --
Attribué à Henri IV

146. "Taisez-vous, méfiez-vous, les oreilles
ennemies vous écoutent." -- Slogan gouvernemental
répandu en France pendant la guerre de 1914-1918

147. "Je ne vais pas mal. Mais rassurez-vous,
un jour je ne manquerai pas de mourir." -- Le président de Gaulle aux journalistes, conférence de presse, 4 février 1965

148. "Souvenez-vous de l'Alamo!"

"Remember the Alamo!" -- Cri de ralliement des habitants du Texas durant leur guerre d'indépendance contre le Mexique

149. "Souvenez-vous du Maine!"

"Remember the Maine!" -- Cri de ralliement américain durant la guerre des États-Unis contre l'Espagne

150. "Souvenez-vous de Pearl Harbor!"

"Remember Pearl Harbor!" -- Cri de ralliement américain durant la Seconde Guerre mondiale

Imperative: negative

1. Ne mettez pas tous vos oeufs dans le même panier. -- Proverbe

2. Ne tuez pas la poule aux oeufs d'or.

Don't kill the goose that lays the golden eggs. -- Proverbe

3. Ne vendez pas la peau de l'ours avant de l'avoir tué. -- Proverbe

4. Ne réveillez pas le chat qui dort. -- Proverbe

5. "Ne réveillez pas le chagrin qui dort." -- Jules Renard, Journal

6. Ne réveillez pas Madame -- Pièce de Jean Anouilh

7. "Ne jette pas la pierre à une femme, si ce n'est une pierre précieuse." -- Aminado, Pointes de feu

8. "Ne dites pas lunettes de soleil -- dites C'Bon!"

"Don't say sunglasses -- say C'Bon!" --
Slogan publicitaire, Polaroid Corp.

9. Un homme au pickpocket -- Monsieur, que fait
votre main dans ma
poche revolver?

Le pickpocket -- Silence! Je ne parle pas aux
inconnus.

10. "Ne parlez pas de vous-même, on le fera
quand vous serez parti."

"Don't talk about yourself; it will be done
when you leave." -- Wilson Mizner

11. "Ne dites pas du mal de mes amis, je suis
capable de le faire aussi bien que vous." -- Sacha
Guitry

12. "N'ayez pas de voisins si vous voulez vivre
en paix avec eux." -- Alphonse Karr

13. "Ne tirez pas sur le pianiste, il fait de
son mieux."

"Don't shoot the pianist, he's doing his
best." -- Anonyme

14. "Ne me secouez pas. Je suis plein de
larmes." -- Henri Calet, Peau d'ours

15. "Ne faites pas aux autres ce que vous
voudriez qu'ils vous fassent. Il se peut que leurs
goûts ne soient pas les mêmes."

"Do not do unto others as you would they
should do unto you. Their tastes may not be the
same." -- George Bernard Shaw, Maximes pour révolutionnaires

16. "Ne remettez pas à demain ce que vous pouvez
remettre aussi bien à après-demain."

"Do not put off till tomorrow what can be
put off till day-after-tomorrow just as well." -- Mark
Twain

17. "N'essaie pas de guérir le mal par le mal."
-- Hérodote, Histoires

18. "Ne soyez pas seulement bon, soyez bon à quelque chose."

"Be not simply good; be good for something." -- Henry Thoreau

19. "Pour ne pas être critiqué: ne faites rien, ne dites rien, ne soyez rien."

"To escape criticism -- do nothing, say nothing, be nothing." -- Elbert Hubbard

21. "Ne soyez pas un visage pâle."

"Don't be a pale face." -- Slogan publicitaire, Coppertone Corp.

22. "Ne te laisse pas embobiner, mon fils."

"Don't let 'em bamboozle you, son." -- W.C. Fields

23. "Ne sous-estimez jamais le pouvoir d'un gosse."

"Never underestimate the power of a kid." -- Inscription de T shirt

24. "Ne dédaignez la bénédiction d'aucun homme." -- Talmud

25. "Ne faites rien à la hâte. La nature ne le fait jamais."

"Do nothing in a hurry. Nature never does." -- John Lubbock

26. "Ne vous plaignez jamais, ne vous justifiez jamais."

"Never complain, never explain." -- Devise de Benjamin Disraeli

27. Ne vous appuyez pas sur un roseau.

Lean not on a reed. -- Proverbe

28. "Ne te fie pas aux femmes blondes ni aux châtaines." -- Paul Claudel

29. "Ne nous mêlons pas des querelles d'autrui." -- François Mauriac, <u>Mémoires politiques</u>

Infinitive: as subject

1. "Exister, c'est coexister." -- Gabriel Marcel, <u>Présence et Immortalité</u>

2. Vivre c'est penser. -- Proverbe

3. "Vivre c'est se transformer." -- Anatole France, <u>Les Opinions de M. Jérôme Coignard</u>

4. "Vivre, c'est souffrir, et l'honnête homme combat toujours pour rester maître de lui." -- Napoléon Ier, Lettre à la reine Hortense

5. "Vivre, c'est mourir un peu." -- Simone de Beauvoir, <u>Les Mandarins</u>

6. "Partir, c'est mourir un peu;
        C'est mourir à ce qu'on aime." -- Edmond Haraucourt, "Rondel de l'adieu"

7. "Oui, mais mourir, c'est partir beaucoup." -- Réplique d'Alphonse Allais à l'observation d'Haraucourt

8. "Mourir de faim est la plus cruelle des morts." -- Miguel de Cervantès, <u>Don Quichotte</u>

9. "Mourir, c'est difficile quand il n'y a pas de public!" -- Dernières paroles de l'acteur Jean Mounet-Sully

10. Voir Naples et mourir. -- Proverbe

11. "Être ou ne pas être, là est la question!"

    "To be, or not to be, that is the question!" -- Hamlet, <u>Hamlet</u>, Shakespeare

12. "Être plutôt que paraître."

    "To be rather than to seem." -- Devise de la Caroline du Nord

13. "Ne pas se soucier de paraître. "Être, seul est important." -- André Gide, Journal

14. "Être ce que nous sommes et devenir ce que nous sommes capables de devenir, c'est le seul but de la vie."

"To be what we are, and to become what we are capable of becoming, is the only end of life." -- Robert Louis Stevenson, Études familières sur les hommes et les livres

15. "Être homme, c'est précisément être responsable." -- Antoine de Saint-Exupéry, Terre des hommes

16. "Être un homme utile m'a toujours paru quelque chose de ridicule." -- Charles Baudelaire, Mon Coeur mis à nu

17. "Être grand, c'est être incompris."

"To be great is to be misunderstood." -- Ralph Waldo Emerson, Essays

18. "Respirer, c'est juger." -- Albert Camus, L'Homme révolté

19. "Penser, c'est vivre." -- Cicéron, Disputationes tusculanae

20. "Travailler, c'est vivre." -- Voltaire

21. "Créer c'est vivre deux fois." -- Albert Camus, Le Mythe de Sisyphe

22. "Créer c'est penser plus fortement." -- Pierre Reverdy, Le Livre de mon bord

23. "Penser sincèrement, même si c'est contre tous, c'est encore pour tous." -- Romain Rolland, Clerambault

24. Parler sans penser, c'est tirer sans viser. -- Proverbe

25. "Penser, c'est agir." -- Ralph Waldo Emerson, "Spiritual Laws"

26. "Agir est autre chose que parler, même avec éloquence, et penser même avec ingéniosité." -- Marcel Proust, La Prisonnière

27. "Travailler, c'est prier."

"Laborare est orare." -- Devise des Bénédictins

28. "Trouver son plaisir dans l'effort même, c'est le secret de mon bonheur." -- André Gide, Journal

29. "Sentir, aimer, souffrir, se dévouer, sera toujours le texte de la vie des femmes." -- Honoré de Balzac, Eugénie Grandet

30. "Aimer, prier, chanter, voilà toute ma vie." -- Alphonse de Lamartine, "Le Poète mourant"

31. Offrir l'amitié à qui veut l'amour, c'est donner du pain à qui meurt de soif. -- Proverbe

32. "S'aimer soi-même, c'est le début d'une idylle de toute une vie."

"To love oneself is the beginning of a life-long romance." -- Oscar Wilde, "Phrases and Philosophies for the Use of the Young"

33. "N'aimer que soi, c'est haïr les autres." -- Félicité de Lamennais, Paroles d'un croyant

34. "Ne rien aimer, ce n'est pas vivre." -- Fénelon, "A un homme du monde"

35. "Aimer la musique, c'est se garantir un quart de son bonheur." -- Jules Renard, Journal

36. "Voir le jour se lever est plus utile que d'entendre la Symphonie pastorale." Claude Debussy, Monsieur Croche antidilettante

37. Savoir, c'est pouvoir. -- Proverbe

38. "'Savoir, c'est pouvoir' est le plus beau mot qu'on ait dit." -- Ernest Renan, L'Avenir de la science

39. "Savoir, penser, rêver. Tout est là." -- Victor Hugo

40. "Tout connaître pour tout guérir." -- Devise d'Émile Zola

41. "Connaître les autres c'est sagesse. Se connaître soi-même, c'est sagesse supérieure." -- Lao Tseu

42. "Comprendre, c'est pardonner." -- Germaine de Staël, Corinne

43. "'Pardonner, c'est comprendre,' a dit un célèbre écrivain. Je lui pardonne cette expression, mais je ne la comprends pas." -- Louis-Auguste Commerson, Pensées d'un emballeur

44. "Errer est humain, pardonner est divin."

"To err is human, to forgive, divine." -- Alexander Pope, An Essay on Criticism

45. "Errer est humain, persévérer dans l'erreur est diabolique."

"Errare humanum est, perseverare diabolicum." -- Adage scolastique

46. "Enseigner, c'est apprendre deux fois." -- Joseph Joubert, Pensées

47. "Philosopher, c'est apprendre à mourir." -- Michel de Montaigne, Essais

48. "Vieillir, c'est quand on dit: 'tu' à tout le monde et que tout le monde vous dit 'vous.'" -- Marcel Pagnol

49. "Tranquilliser l'esprit, c'est le meilleur moyen de guérir le corps." -- Napoléon Ier

50. "Boire de l'eau d'Évian, c'est respirer à 3.000 mètres." -- Slogan publicitaire

51. "Manger est humain, digérer, divin."

"To eat is human; to digest, divine." -- C.T. Copeland

52. "Faire comme tout le monde. Manger pour vivre, vivre pour manger, ç'avait été le cauchemar de mon adolescence." -- Simone de Beauvoir, Les Mandarins

53. "Cesser de fumer, c'est la chose la plus facile que j'aie jamais faite. Je suis bien placé pour le savoir. Je l'ai fait mille fois."

"To cease smoking is the easiest thing I ever did. I ought to know. I did it a thousand times." -- Mark Twain

54. "Mépriser l'argent, c'est détrôner un roi." -- Chamfort, Maximes et Pensées

55. "Joindre les mains, c'est bien; mais les ouvrir, c'est mieux." -- Louis Ratisbonne, La Comédie enfantine

56. "Donner est un plaisir plus durable que recevoir, car celui des deux qui donne est celui qui se souvient le plus longtemps." -- Chamfort, Caractères et Anecdotes

57. "Rire est le propre de l'homme." -- François Rabelais, "Aux lecteurs," Gargantua

58. "Être pratique dans la vie, c'est prendre tout au sérieux et rien au tragique." -- Arthur Schnitzler

59. "Écrire proprement sa langue est une des formes du patriotisme." -- Lucie Delarue-Mardrus, La Liberté, octobre 1933

60. "Oh! errer dans Paris! adorable et délicieuse existence! Flâner est une science, c'est la gastronomie de l'oeil. Se promener, c'est végéter, flâner, c'est vivre." -- Honoré de Balzac, Physiologie du mariage

61. "Quitter la France est, pour un Français, une situation funèbre." -- Honoré de Balzac, Le Cousin Pons

62. "Céder un peu, c'est capituler beaucoup." -- Graffiti de mai 1968

Infinitive Perfect

1. Ne vendez pas la peau de l'ours avant de l'avoir tué. -- Proverbe

2. On ne peut pas être et avoir été. -- Proverbe

3. "On ne peut pas être et avoir été. Mais si! On peut avoir été un imbécile et l'être toujours." -- Léon Bloy, Exégèse des lieux communs

4. "La récompense d'une chose bien faite, c'est de l'avoir faite." -- Sénèque, Ad Lucilium

5. "Le seul bien qui me reste au monde
   Est d'avoir quelquefois pleuré." --
Alfred de Musset, "Tristesse"

6. "Après avoir souffert, il faut souffrir encore;
   Il faut aimer sans cesse, après avoir aimé." -- Alfred de Musset, "La Nuit d'août"

7. "On n'aime qu'après avoir jugé, on ne préfère qu'après avoir comparé." -- Jean-Jacques Rousseau

8. "Mieux vaut avoir aimé et perdu
   Que de n'avoir jamais aimé du tout."

   "'Tis better to have loved and lost
   Than never to have loved at all." --
Alfred, Lord Tennyson, In Memoriam

9. "Mieux vaut avoir fainéanté et perdu que de n'avoir jamais fainéanté du tout."

   "It is better to have loafed and lost than never to have loafed at all." -- James Thurber

10. "Après avoir assassiné mon pauvre père..." -- Paroles prononcées à haute voix par Charles Baudelaire et destinées à choquer les clients du restaurant où il entrait

11. "On ne voyage pas pour voyager mais pour avoir voyagé." -- Alphonse Karr, Les Guêpes

12. "A Alphonse Allais, avec le regret de ne pas l'avoir connu. -- Voltaire." -- Dédicace d'Allais dans un livre de Voltaire

13. "Messieurs les Rédacteurs sont priés de ne pas partir avant d'être arrivés." -- Notice affichée sur la demande de Georges Clemenceau, directeur du journal L'Aurore

14. "Il faut rire avant que d'être heureux, de peur de mourir sans avoir ri." -- Jean de La Bruyère, Les Caractères

15. "Je crois m'être toujours bien jugé." -- Paul Valéry, La Soirée avec Monsieur Teste

16. "Pendant quatre ans, les combattants de "14" reprochèrent à ceux de 40 d'avoir perdu la guerre et ceux de 40, en retour, accusèrent leurs aînés d'avoir perdu la paix." -- Jean-Paul Sartre, Situations

17. "Ce qui constitue une nation...c'est d'avoir fait ensemble de grandes choses dans le passé et de vouloir en faire encore à l'avenir." -- Ernest Renan

18. "Le vent redresse l'arbre après l'avoir penché." -- Charles de Gaulle, Le Fil de l'épée

19. Dans L'Attrape-coeurs de J.D. Salinger, le jeune Holden Caulfield erre quarante-huit heures dans New York après avoir quitté son lycée.

Inversion: after certain adverbs

1. Rose à Rosalie: "Peut-être les hommes ne sont-ils pas parfaits mais ils constituent le meilleur sexe opposé que nous ayons."

2. "Le surhomme? Peut-être fabriquerons-nous un jour ce qui nous comprendra." -- Jean Rostand, Pensées d'un biologiste

3. "On dit que l'argent ne fait pas le bonheur. Sans doute veut-on parler de l'argent des autres." -- Sacha Guitry

4. "A peine fus-je éloigné d'Ellénore qu'une douleur profonde remplaça ma colère." -- Benjamin Constant, <u>Adolphe</u>

5. "A peine sa main vigoureuse eut-elle saisi les rênes du pouvoir que prit fin le fléchissement moral qui s'était dessiné au milieu de 1917." -- Jacques Chastenet à propos de Georges Clemenceau, <u>Jours sanglants</u>

6. "Encore est-il plus raisonnable que je ne pensais." -- Sganarelle, <u>Le Mariage forcé</u>, Molière

7. Ainsi soit-il.

Amen.

<u>jusque</u>: as "even" or "as many as"

1. "Les grands hommes le sont jusque dans les petites choses." -- Vauvenargues, <u>Réflexions et Maximes</u>

2. "Nous aimons quelquefois jusqu'aux louanges que nous ne croyons pas sincères." -- <u>Ibid</u>.

3. "Nietzsche pense convulsivement; il souffre jusque dans la joie." -- Henry de Montherlant, <u>Carnets</u>

4. "Aux États-Unis, on trouve dans certains journaux du dimanche jusqu'à 70 pages d'annonces classées." -- Robert Leduc, <u>Le Pouvoir publicitaire</u>

<u>le</u>: neuter

1. "Essayons de vivre de telle sorte que, quand nous mourrons, le croque-mort lui-même le regrettera."

"Let us endeavor so to live that when we come to die even the undertaker will be sorry." -- Mark Twain, <u>Pudd'nhead Wilson</u>

2. "Les plantes peuvent vivre d'oxygène mais moi, je ne le peux pas."

"Plants can live on oxygen, but I can't." -- S.J. Perelman, quittant New York pour de bon

3. "On ne comprend pas plus la vie à quarante ans qu'à vingt, mais on le sait et on l'avoue." -- Jules Renard, Journal

4. "Votre silence est effrayant, mon cher Canel. Si vous êtes mort, écrivez-le-moi." -- Honoré de Balzac, Correspondance

5. "Un juge disait naïvement à quelques-uns de ses amis: 'Nous avons aujourd'hui condamné trois hommes à mort; il y a en avait deux qui le méritaient bien!'" -- Chamfort, Caractères et Anecdotes

6. "Toutes les fois que j'ai cessé d'aimer une femme, je le lui ai dit." -- Alfred de Musset, La Confession d'un enfant du siècle

7. "S'il est humiliant de passer pour être le père de sa femme, il l'est encore plus d'en paraître le fils." -- Louis-Auguste Commerson, Pensées d'un emballeur

8. "Ce que Napoléon a entrepris par l'épée, je le finirai avec la plume." -- Honoré de Balzac

9. "Je travaille autant que mes yeux le permettent." -- Marcel Proust, Correspondance

10. "Je suis content et je suis heureux, puisque je crois l'être." -- Alain René Lesage, Histoire de Gil Blas de Santillane

11. "J'aurais dû être heureux: je ne l'étais pas." -- Marcel Proust, Du côté de chez Swann

12. "L'homme le plus heureux est celui qui croit l'être." -- Louis-Auguste Commerson, Pensées d'un emballeur

13. "Il n'est pas bon d'être malheureux, mais il est bon de l'avoir été." -- Le chevalier de Méré, Maximes et Sentences

14. "On dit que la vie est courte. Elle est courte pour ceux qui sont heureux, interminable pour ceux qui ne le sont pas." -- Henry de Montherlant, Carnets

15. "Le plus sage est celui qui ne pense point l'être." -- Boileau-Despréaux, Satires

16. "Quelque rare que soit le véritable amour, il l'est encore moins que la véritable amitié." -- La Rochefoucauld, Maximes

17. "On voit qu'un ami est sûr quand notre situation ne l'est pas." -- Cicéron, De amicitia

18. "Qui cesse d'être ami ne l'a jamais été." -- Aristote

19. "Platon m'est cher mais la vérité l'est encore davantage." -- Ibid.

20. "Le coeur le plus comblé ne l'est jamais tout à fait de la manière qu'il souhaite." -- François Mauriac, Écrits intimes

21. "Dans ce monde, il faut être un peu trop bon pour l'être assez." -- Orgon, Le Jeu de l'amour et du hasard, Marivaux

22. "Je ne suis pas sincère, et je ne le suis pas même au moment où je dis que je ne le suis pas." -- Jules Renard, Journal

23. "Les hommes naissent égaux. Dès le lendemain, ils ne le sont plus." -- Ibid.

24. "Il est beau de faire des ingrats; il est infâme de l'être." -- Frédéric le Grand, Dialogue de morale à l'usage de la jeune noblesse

25. "'Je divise le monde en deux classes,' me disait-il: 'ceux qui sont pendus et ceux qui devraient l'être.'" -- Alphonse Karr, Les Guêpes

26. "Vous êtes aussi magnifiques que je le pensais." -- Maréchal De Lattre de Tassigny aux combattants français en Indochine, 1951

27. "On ne fait rien de grand sans de grands hommes, et ceux-ci le sont pour l'avoir voulu." -- Charles de Gaulle, <u>Vers l'armée de métier</u>

28. "Les grands hommes le sont quelquefois jusque dans les petites choses." -- Vauvenarques, <u>Réflexions et Maximes</u>

29. "Je suis maître de moi, comme de l'univers:
          Je le suis, je veux l'être." -- Auguste, <u>Cinna</u>, Pierre Corneille

30. "Qui que tu sois, voici ton maître:
          Il l'est, le fut, ou le doit être." -- Voltaire, inscription pour une statue de l'Amour

31. "On ne naît pas femme. On le devient." -- Simone de Beauvoir, <u>Le Deuxième Sexe</u>

32. "Les Français...enferment quelques fous dans une maison pour persuader que ceux qui sont dehors ne le sont pas." -- Montesquieu, <u>Lettres persanes</u>

33. "La France? Une nation de bourgeois qui se défendent de l'être en attaquant les autres parce qu'ils le sont." -- Pierre Daninos, <u>Les Carnets du major Thompson</u>

34. "Je ne connais que deux airs: l'un est "Yankee Doodle" et l'autre ne l'est pas."

     "I know only two tunes: one of them is "Yankee Doodle," and the other isn't." -- Ulysses S. Grant

le + infinitive

1. "Le dire est autre chose que le faire." -- Michel de Montaigne, <u>Essais</u>

2. "Le jambon fait boire, le boire désaltère, donc le jambon désaltère." -- <u>Ibid</u>.

3. "Ce n'est pas la mort que je crains, c'est le mourir." -- <u>Ibid</u>.

4. "Le naître et le mourir sont des frères jumeaux." -- Anatole France

5. "Le vivre et le couvert, que faut-il davantage?" -- Jean de La Fontaine, "Le Rat qui s'est retiré du monde"

6. "Au sortir de ce bain de jouvence qu'est le dormir, je ne sens pas trop mon âge." -- André Gide, Journal

7. "A vrai dire l'être et le paraître sont indissolublement liés puisqu'ils ne peuvent exister que par rapport l'un à l'autre." -- Henri Freyburger, L'Évolution de la disponibilité

lequel: relative

1. "Le cerveau: un appareil avec lequel nous pensons que nous pensons."

"Brain: an apparatus with which we think that we think." -- Ambrose Bierce, Le Dictionnaire du diable

2. La pastèque est le seul fruit qu'on puisse manger et boire et dans lequel on puisse se laver le visage.

3. "Je connais un personnage qui a six pieds. Il ne sait jamais sur lequel danser." -- Louis-Auguste Commerson, Pensées d'un emballeur

4. "La plaisanterie favorite de Jarry consistait à inviter des amis auxquels on servait le repas en commençant par la fin." -- Julia Hartwig, Apollinaire

5. "C'était mon étude la plus pénible et dans laquelle je n'ai jamais fait de grands progrès." -- Jean-Jacques Rousseau à propos de l'étude du latin, Les Confessions

6. "Le plus simple écolier sait maintenant des vérités pour lesquelles Archimède eût sacrifié sa vie." -- Ernest Renan, Souvenirs d'enfance et de jeunesse

7. "Les questions auxquelles on répond par oui ou par non sont rarement intéressantes." -- Julien Green, _Minuit_

8. "Il y a dans notre âme des choses auxquelles nous ne savons pas combien nous tenons." -- Marcel Proust, _Albertine disparue_

9. "Il y a deux choses auxquelles il faut se faire, sous peine de trouver la vie insupportable. Ce sont les injures du temps et les injustices des hommes." -- Chamfort, _Maximes et Pensées_

10. "La calomnie est comme la guêpe qui vous importune, et contre laquelle il ne faut faire aucun mouvement, à moins qu'on ne soit sûr de la tuer, sans quoi elle revient à la charge plus furieuse que jamais." -- _Ibid_.

11. "L'opinion publique...est une puissance invisible, mystérieuse, à laquelle rien ne résiste." -- Napoléon Ier. Cité par Las Cases, _Mémorial de Sainte-Hélène_

12. "Avec quelle orgueilleuse conviction il se place au-dessus de tous les héros auxquels il se compare!" -- Louis de Bourrienne, _Mémoires sur Napoléon..._

13. "La prospérité porte avec elle une ivresse à laquelle les hommes inférieurs ne résistent jamais. -- Honoré de Balzac, _Grandeur et décadence de César Birotteau_

14. "Les lois sont les toiles d'araignée à travers lesquelles passent les grosses mouches et où restent les petites." -- Balzac, _La Maison Nucingen_

15. "Le coeur d'une mère est un abîme au fond duquel se trouve toujours un pardon." -- Balzac, _La Femme de trente ans_

lequel: interrogative

1. Le chef de bureau -- Comment écrit-on "Mississippi"?

La sténo -- Lequel, l'état ou le fleuve?

2.   --Mickey, ta femme est au bout du fil.

     --Laquelle?
-- Plaisanterie de Mickey Rooney qui a été marié huit fois

3.   "Quand un homme et une femme sont mariés, ils ne deviennent plus qu'un; la première difficulté est de décider lequel des deux." -- H.L. Mencken

4.   "Lequel de vous sent si mauvais?" -- Pozzo, En Attendant Godot, Samuel Beckett

5.   "(Charles Baudelaire)...à un bourgeois qui lui vantait les mérites de ses deux filles: 'Et laquelle de ces deux jeunes personnes destinez-vous à la prostitution?'" -- André Breton

6.   Chaque fois qu'on demandait au père d'Ernest Hemingway, qui avait deux fils, s'il n'était pas en effet très fier de son fils, cet homme compréhensif répondait: "Duquel?"

7.   "Lequel voulez-vous que je délivre? Barabbas, ou Jésus nommé Christ?... Lequel des deux voulez-vous que je remette en liberté?" -- Nouveau Testament

l'un . . . l'autre

1.   "Aimer, ce n'est pas se regarder l'un l'autre, c'est regarder ensemble dans la même direction." -- Antoine de Saint-Exupéry, Terre des hommes

2.   "Ce que je vous commande, c'est de vous aimer les uns les autres." -- Nouveau Testament

3.   "'Aimez-vous les uns les autres,' a dit le Christ, mais il n'a pas interdit les préférences." -- Jacques Normand, Pensées de toutes les couleurs

4. "Les hommes ne se comprennent pas les uns les autres. Il y a moins de fous qu'on ne croit." -- Vauvenargues, <u>Réflexions et Maximes</u>

5. "Les chiens sibériens sont les plus rapides du monde parce que les arbres en Sibérie sont si loin les uns des autres."

"Dogs in Siberia are the fastest in the world because the trees in Siberia are so far apart." -- Jerry Jordan, <u>Parade Magazine</u>, 27 février 1966

ne . . . aucun

1. <u>Aucun Homme n'est une île</u>

<u>No Man Is An Island</u> -- Ouvrage de Thomas Merton

2. "Aucun homme n'est assez riche pour racheter son passé."

"No man is rich enough to buy back his past." -- Oscar Wilde, <u>An Ideal Husband</u>

3. "Je prends la succession du docteur Franklin. Aucun homme ne peut le remplacer."

"I succeed Dr. Franklin. No man can replace him" -- Thomas Jefferson, à la cour de France, quand on lui demanda s'il remplaçait Benjamin Franklin en tant qu'ambassadeur des États-Unis, 1785

4. "Son éternelle question d'homme harcelé: 'Quelle heure est-il?'... Aucun homme, à aucune époque, n'a jamais vécu à ce train-là." -- Paul Morand à propos de Napoléon Ier, <u>Monplaisir en histoire</u>

5. "Aucun homme ne se sent seul en mangeant des spaghetti -- ils exigent tant d'attention!"

"No man is lonely while eating spaghetti -- it requires so much attention!" -- Christopher Morley

6. "Aucune vie n'est assez courte pour que l'ennui n'y trouve sa place." -- Jules Renard, <u>Journal</u>

7. "Il n'y a aucun remède contre la naissance et la mort sinon de profiter de l'intervalle qui les sépare."

"There is no cure for birth or death save to enjoy the interval." -- George Santayana, Soliloques en Angleterre

8. "Je trouvai qu'aucun but ne valait la peine d'aucun effort." -- Benjamin Constant, Adolphe

9. "Aucun chemin de fleurs ne conduit à la gloire." -- Jean de La Fontaine, "Les Deux Aventuriers et le talisman"

10. "Aucune poussière n'affecte les yeux autant que la poudre d'or."

"No dust affects the eyes so much as gold dust." -- Marguerite Blessington

11. "Aucun copieur n'arrive à copier le nôtre." -- Slogan publicitaire, Canon NP50

12. "Aucune nation n'a jamais été ruinée par le commerce."

"No nation was ever ruined by trade." -- Benjamin Franklin, Thoughts on Commercial Subjects

13. "Je ne connais aucune nation qui mérite de survivre et fort peu d'individus."

"I know of no existing nation that deserves to live, and I know of very few individuals." -- H.L. Mencken, Prejudices

14. "Aucune race ne peut prospérer si elle n'apprend qu'il y a autant de dignité à cultiver un champ qu'à écrire un poème."

"No race can prosper until it learns that there is as much dignity in tilling a field as in writing a poem." -- Booker T. Washington, Hors de l'esclavage

15. "Aucune puissance humaine ne peut arrêter la vérité en marche." -- Émile Zola, "Lettre au Sénat"

16. "Aucun prophète n'est bien reçu dans sa patrie." -- Nouveau Testament

17. "Je n'appartiens à aucun parti politique organisé. Je suis un Démocrate."

"I belong to no organized political party. I am a Democrat." -- Will Rogers

18. "Il n'a pas un ennemi au monde et aucun de ses amis ne l'aime."

"He has not an enemy in the world; and none of his friends like him." -- Oscar Wilde à propos de George Bernard Shaw. Cité par Shaw, <u>Sixteen Self Sketches</u>

19. "Aucun de mes cinq enfants ne s'intéresse à une carrière musicale. Mais, naturellement, moi non plus. Je ne fais que battre la mesure."

"None of my children is interested in a musical career. But then, of course, neither am I. I am just marking time." -- Victor Borge

20. "Je ne suis aucun d'eux, et je suis chacun d'eux." -- Henry de Montherlant, discutant ses personnages, 1952

21. "Je connais les hommes. Je ne suis fait comme aucun de ceux que j'ai vus." -- Jean-Jacques Rousseau, <u>Confessions</u>

22. "Je ne dirai pas, comme Jean-Jacques Rousseau: 'Je ne suis fait comme aucun de ceux que j'ai vus'; j'ose croire n'être fait comme aucun de ceux qui existent.'" -- Jules Renard, <u>Journal</u>

23. <u>Aucun de nous ne reviendra</u> -- Ouvrage de Charlotte Delbo sur la vie concentrationnaire

ne . . . guère

1. "On ne comprend guère le mot <u>jeunesse</u> avant trente ans." -- Jean Dutourd, <u>L'Âme sensible</u>

2. "On ne lit guère en France; mais en revanche tout le monde écrit." -- Alphonse Karr, <u>Les Guêpes</u>

3. "Je ne pardonne guère la maladresse." --
Henry de Montherlant, <u>Carnets</u>

4. "L'homme d'action ne se conçoit guère sans
une forte dose d'égoïsme, d'orgueil, de dureté, de
ruse." -- Charles de Gaulle, <u>Le Fil de l'épée</u>

5. "Il n'y a guère au monde un plus bel excès
que celui de la gratitude." -- Jean de La Bruyère, <u>Les
Caractères</u>

6. "On ne trouve guère d'ingrats tant qu'on est
en état de faire du bien." -- La Rochefoucauld, <u>Maxi-
mes</u>

7. "Je n'ai guère d'autres tristesses que celle
que me donne un air de piano." -- Jules Renard, <u>Jour-
nal</u>

<u>ne</u> . . . <u>jamais</u>

1. On n'est jamais si bien servi que par
soi-même. -- Proverbe

2. "On n'est jamais si bien asservi que par
soi-même" -- Gilbert Cesbron, <u>Journal sans date</u>

3. Un malheur ne vient jamais seul. -- Proverbe

4. "Le bonheur ne m'ennuie jamais." -- Henry de
Montherlant, <u>Carnets</u>

5. "La grande amitié n'est jamais tranquille."
-- La marquise de Sévigné, Lettre à Madame de Grignan

6. "Dante ne reste jamais trop longtemps."

"Dante never stays too long." -- Francis
Bacon

7. "Adley Express -- un serviteur puissant qui
ne dort jamais."

"Adley Express -- a mighty servant who never
sleeps." -- Slogan publicitaire

8. "Les gens qui toussent bruyamment ne vont jamais voir le médecin -- ils vont au théâtre."

"People who cough loudly never go to the doctor -- they go to the theater." -- Kevin Goldstein-Jackson

9. "J'aime parler à un mur de briques, c'est la seule chose au monde qui ne me contredise jamais."

"I like talking to a brick wall, it is the only thing in the world which never contradicts me." -- Oscar Wilde, L'Éventail de Lady Windermere

10. Un homme n'est pas bon à tout, mais il n'est jamais propre à rien. -- Proverbe

11. "Je crois que je ne verrai jamais
Un poème aussi beau qu'un arbre."

"I think that I shall never see
A poem as lovely as a tree." -- Joyce Kilmer, "Trees"

12. "Je n'étais jamais moins seul que quand j'étais seul."

"I was never less alone than when I was by myself." -- Edward Gibbon

13. "Je n'ai jamais trouvé une compagne aussi sociable que la solitude."

"I never found the companion that was so companionable as solitude." -- Henry Thoreau, Walden

14. "Je n'ai jamais rencontré un homme que je n'aie pas aimé."

"I never met a man I didn't like." -- Will Rogers, Discours, juin 1930

15. "Je n'ai jamais rencontré un homme qui m'ait causé autant d'ennuis que moi-même."

"I have never met a man who has given me as much trouble as myself." -- D.L. Moody

16. "Je n'ai jamais rencontré un raseur."

"I never met a bore." -- James Joyce

17. "Je n'ai jamais aimé les animaux." -- Simone de Beauvoir, _Mémoires d'une jeune fille rangée_

18. _Je n'ai jamais chanté pour mon père_

   I Never Sang for My Father -- Pièce de Robert Anderson

19. _Je n'nai jamais dansé à la Maison Blanche_

   I Never Danced at the White House -- Livre d'anecdotes, facéties, etc. d'Art Buchwald

20. _Je ne vous ai jamais promis une roseraie_

   I Never Promised You a Rose Garden -- Roman de Hannah Green

21. "Je n'ai jamais vu couler de larmes sans être attendri." -- Montesquieu, _Mes Pensées_

22. "Je n'ai jamais eu d'autres ennemis que ceux de l'État et du Roi." -- Le cardinal Richelieu

23. "Je n'ai jamais cherché les applaudissements des Parisiens. Je ne suis pas un caractère d'opéra." -- Napoléon Ier, _Correspondance_

24. "M. ...me disait: 'J'ai renoncé à l'amitié de deux hommes: l'un parce qu'il ne m'a jamais parlé de lui, l'autre parce qu'il ne m'a jamais parlé de moi.'" -- Chamfort, _Caractères et Anecdotes_

25. "Shakespeare n'a jamais existé. Toutes ses pièces ont été faites par un autre homme qui s'appelait également Shakespeare." -- Alphonse Allais

26. "Un optimiste est un type qui n'a jamais eu beaucoup d'expérience."

   "An optimist is a guy who never had much experience." -- Don Marquis, "Mehitabel and Her Kittens"

27. "Qui n'a jamais espéré ne peut jamais désespérer."

"He who has never hoped can never despair." -- George Bernard Shaw

28. "Il n'a jamais relu Guerre et Paix."

"He never reread War and Peace." -- Alexandra Tolstoï à propos de son père

29. Hitler n'a jamais mis les pieds dans un hôpital militaire.

30. "Avant Alamein, nous n'avons jamais eu de victoire. Après Alamein, nous n'avons jamais eu de défaite."

"Before Alamein, we never had a victory. After Alamein, we never had a defeat." -- Winston Churchill

31. "Si vous n'avez jamais conduit de voiture italienne, vous n'avez jamais vécu la route." -- Slogan publicitaire, Fiat

32. "Il y a 900 millions d'enfants de moins de quinze ans sur la terre. Plus de la moitié d'entre eux, 500 millions...n'ont jamais goûté de lait, jamais porté de chaussures, jamais vu un médecin." -- Anna Eleanor Roosevelt

33. La mère d'Albert Camus n'avait jamais appris à lire.

34. "Richelieu n'assista jamais à une séance de l'Académie." -- Paul Morand, "Discours de réception à l'Académie française"

35. "Jamais je n'étais parfaitement content ni d'autrui ni de moi-même." -- Jean-Jacques Rousseau, Rêveries du promeneur solitaire

36. "La vieillesse, c'est quand on commence à dire: 'Jamais je ne me suis senti aussi jeune.'" -- Jules Renard, Journal

37. "Jamais les saints ne se sont tus." -- Blaise Pascal, Pensées

ne . . . nul

1. "Nul malheur n'est égal au temps que l'on a perdu." -- Michel-Ange

2. "Nul homme ne peut dire ce qu'il est." -- Albert Camus, L'Été

3. "Nul homme n'est faible par choix." -- Vauvenargues, Réflexions et Maximes

4. "Nul homme sage ne souhaita jamais être plus jeune." -- Jonathan Swift, Thoughts on Various Subjects

5. "Nul homme n'aime le travail en tant que tel."
   "No man loves labor for itself." -- Samuel Johnson

6. "Nul homme ne lit attentivement une lettre longue, si elle n'est pas une lettre d'affaires." -- Henry de Montherlant, Carnets

7. "Nulle société ne peut exister sans morale." -- Napoléon Ier, Discours, 5 juin 1800

8. "Le Français n'est bien nulle part qu'en France." -- Napoléon Ier

9. La femme et la fille de Montaigne ne tiennent nulle place dans ses Essais.

10. "Oh! l'amour d'une mère! amour que nul n'oublie!" -- Victor Hugo, "Ce Siècle avait deux ans!"

11. Nul n'est prophète en son pays. -- Proverbe

12. Nul ne crache sur sa propre tombe. -- Proverbe

13. "Nul n'aime inspirer la pitié." -- Alain

14. "Nul ne peut servir deux maîtres." -- Nouveau Testament

15. "Nul ne possède d'autre droit que celui de toujours faire son devoir." -- Auguste Comte, Système de politique positive

16. "Nul ne peut se sentir, à la fois, responsable et désespéré." -- Antoine de Saint-Exupéry,
Pilote de guerre

17. "L'homme est un apprenti, la douleur est son
maître,
        Et nul ne se connaît tant qu'il n'a pas
souffert." -- Alfred de Musset, "La Nuit d'octobre"

18. Nul n'est censé ignorer la loi.

Ignorance of the law is no excuse.

19. "Nul n'est censé ignorer la Loi. Il y a
plus de deux mille lois." -- Jules Renard

ne . . . pas

1. Pauvreté n'est pas vice. -- Proverbe

2. Pierre qui roule n'amasse pas mousse. --
Proverbe

3. La pomme ne tombe pas loin du tronc. --
Proverbe

4. Des goûts et des couleurs, il ne faut pas
discuter. -- Proverbe

5. Tout ce qui brille n'est pas or. -- Proverbe

6. "Tout ce qui brille n'est pas or.
        Tout ce qui ne brille pas non plus." --
Louis Scutenaire, Mes Inscriptions

7. "L'homme ne vit pas seulement de pain." --
Ancien Testament

8. "L'homme est malheureux parce qu'il ne sait
pas qu'il est heureux." -- Fiodor Dostoïevski, Les
Possédés

9. "Mon verre n'est pas grand mais je bois dans
mon verre." -- Alfred de Musset, "La Coupe et les
lèvres"

10. "Je n'aime pas faire les choses à demi." -- Napoléon Ier. Cité par Louis de Bourrienne, <u>Mémoires sur Napoléon...</u>

11. "Je plie et ne romps pas." -- Jean de La Fontaine, "Le chêne et le roseau"

12. "L'essentiel n'est pas de vivre mais de bien vivre." -- Platon, <u>Criton</u>

13. "La Conscience règne et ne gouverne pas." -- Paul Valéry, <u>Mauvaises Pensées et autres</u>

14. "Si la civilisation n'est pas dans le coeur de l'homme,...elle n'est nulle part." -- Georges Duhamel, <u>Civilisation</u>

15. "La bêtise n'est pas mon fort." -- Paul Valéry, Première phrase de <u>La Soirée avec Monsieur Teste</u>

16. "La raison n'est pas ce qui règle l'amour." -- Alceste, <u>Le Misanthrope</u>, Molière

17. "Une impératrice ne peut pas aller où va une particulière." -- Napoléon Ier à Joséphine

18. "Un sage compagnon n'est pas moins...qu'un frère." -- Homère, <u>Odysée</u>

19. "Je consens à mourir mais je ne veux pas m'enrhumer." -- Charles Augustin Sainte-Beuve arrivant avec un parapluie sur le lieu où il allait se battre en duel

20. "La guerre n'est pas si onéreuse que la servitude." -- Vauvenargues, <u>Réflexions et Maximes</u>

21. "Je ne suis pas gaulliste." -- Charles de Gaulle

22. "Ralph ne lit pas encore très bien." -- Le père de Ralph Waldo Emerson à propos de son fils qui n'avait pas trois ans révolus

23. "J'aime pas écrire sur les murs." -- Graffiti de mai 1968

24. Qui n'a pas vu Séville n'a pas vu de ville. -- Proverbe

25. "Je n'ai pas encore commencé à combattre."

"I have not yet begun to fight." -- John Paul Jones, 23 septembre 1779

26. "La France a perdu une bataille! Mais la France n'a pas perdu la guerre!" -- Appel du général de Gaulle, 18 juin 1940

27. "Il n'a pas fait la France, la France l'a fait." -- François-René de Chateaubriand à propos de Napoléon Ier, Mémoires d'outre-tombe

28. "Je n'ai pas appris la liberté dans Marx,... je l'ai apprise dans la misère." -- Albert Camus, Actuelles

29. "Abe Lincoln ne perdait pas son temps à regarder la télé."

"Abe Lincoln didn't waste his time watching T.V." -- Graffiti

ne . . . personne

1. La marée n'attend personne. -- Proverbe

Time and tide wait for no man.

2. "J'avais vingt ans. Je ne laisserai personne dire que c'est le plus bel âge de la vie." -- Paul Nizan, Aden Arabie

3. "L'écrivain original n'est pas celui qui n'imite personne, mais celui que personne ne peut imiter." -- François-René de Chateaubriand

4. "Je ne suis l'homme de personne." -- Charles de Gaulle

5. "L'avenir n'appartient à personne." -- Jean Cocteau, Le Potomak

6. "Les fruits sont à tous et...la terre n'est à personne." -- Jean-Jacques Rousseau, Discours sur l'origine et les fondements de l'inégalité

7. "Quand je ne pense pas à moi, c'est que je ne pense à personne." -- Jules Renard, Journal

8. "Un homme qui ne se fie à soi-même ne se fie jamais véritablement à personne." -- Le cardinal de Retz, Mémoires

9. "L'animal le plus mélancolique, c'est le lièvre, car il ne parle à personne." -- Louis-Auguste Commerson, Pensées d'un emballeur

10. "Veille, Sancho, à ne pas marcher des deux côtés à la fois et à n'éructer devant personne." -- Miguel de Cervantès, Don Quichotte

11. Personne ne sait mon nom -- Titre de la version française du roman de James Baldwin Nobody Knows My Name

12. "Personne ne connaît sa propre figure." -- Louis XIV

13. "Personne ne connaît le poids du fardeau d'autrui."

"No one knows the weight of another's burden." -- George Herbert, Jacula prudentum

14. "Personne ne peut vous faire sentir inférieur sans votre consentement."

"No one can make you feel inferior without your consent." -- Anna Eleanor Roosevelt, This Is My Story

15. "Personne ne travaille aussi dur pour l'argent que celui qui l'épouse."

"Nobody works as hard for his money as the man who marries it." -- Kin Hubbard

16. "Personne n'aime la vie comme un vieillard." -- Sophocle, Acrisius

17. "Tout le monde désire vivre longtemps mais personne ne voudrait être vieux."

"Every man desires to live long but no man
would be old." -- Jonathan Swift, Thoughts on Various
Subjects

18. "D'où vient que personne en la vie
      N'est satisfait de son état?" -- Jean de La
Fontaine, "Le Loup et le renard"

19. "Tout le monde se plaint de sa mémoire, et
personne ne se plaint de son jugement." -- La Rochefoucauld, Maximes

20. "Je ne fais pas de la guerre un métier et
personne n'est plus pacifique que moi." -- Napoléon
Ier

21. "A Maidanek personne ne pouvait rester
neutre: on était ou victime ou bourreau."

    "At Maidanek no one could be neutral: eith-
er you were victim or executioner." -- Alexander
Donat, The Holocaust Kingdom

22. "Personne n'est oublié et rien n'est oublié." -- Inscription funéraire pour les morts de la
Seconde Guerre mondiale enterrés en U.R.S.S.

23. "Quand il est mort,
      Personne n'a ri, personne n'a pleuré.
      Où il s'en est allé, ce qu'il devient
      Personne ne le sait, personne ne s'en
      soucie."

    "When he died
    Nobody laughed, nobody cried.
    Where he went, how he fares,
    Nobody knows, nobody cares." -- Inscription
funéraire, Martha's Vineyard

                    ne . . . plus

1. "Il n'aime plus cette personne qu'il aimait
il y a dix ans." -- Blaise Pascal, Pensées

2. "Bonaparte n'est plus le vrai Bonaparte, c'est une figure légendaire." -- François-René de Chateaubriand, Mémoires d'outre-tombe

3. "Tout ce qui était n'est plus; tout ce qui sera n'est pas encore." -- Alfred de Musset, La Confession d'un enfant du siècle

4. "M. ...me disait, à propos de sottises ministérielles et ridicules: 'Sans le gouvernement, on ne rirait plus en France.'" -- Chamfort, Caractères et Anecdotes

5. "On ne chante plus dans les rues de Paris. Quand j'étais enfant, on chantait, hommes et femmes." -- Julien Green, Journal

6. "Nous n'irons plus au bois, les lauriers sont coupés." -- Chanson populaire

7. Rome n'est plus dans Rome -- Pièce de Gabriel Marcel

ne . . . point

1. "Le coeur a ses raisons que la raison ne connaît point." -- Blaise Pascal, Pensées

2. "Ventre affamé n'a point d'oreilles." -- Jean de La Fontaine, "Le Milan et le rossignol"

3. "Il n'est point malaisé de tromper un trompeur." -- La Fontaine, "L'Enfouisseur et son compère"

4. "La mort ne surprend point le sage,
   Il est toujours prêt à partir." -- La Fontaine, La Mort et le mourant

5. "Qui ne craint point la mort ne craint point les menaces." -- Le comte de Gormas, Le Cid, Pierre Corneille

6. "Ne cherche point à faire un coup d'essai fatal." -- Le comte, Ibid.

7. "Va, je ne te hais point." -- Chimène, _Ibid_.

8. "Je ne l'ai point embrassé d'aujourd'hui." -- Andromaque, _Andromaque_, Jean Racine

9. "C'est aimer froidement que de n'être point jaloux." -- Climène, _Les Fâcheux_, Molière

10. "Je n'ai point la perfection angélique: si un homme me donnait un soufflet, je ne tendrais point l'autre joue." -- François-René de Chateaubriand, _Mémoires d'outre-tombe_

11. "On n'est point...un homme supérieur parce qu'on aperçoit le monde sous un jour odieux." -- Chateaubriand, _René_

12. "Je n'ai point usurpé la couronne: je l'ai trouvée dans le ruisseau et relevée." -- Napoléon Ier, _Récits de la captivité_

ne . . . que

1. Ceux qui viennent tard à table ne trouvent que des os. -- Proverbe

2. Souris qui n'a qu'un trou est bientôt prise. -- Proverbe

3. Qui n'entend qu'une cloche, n'entend qu'un son. -- Proverbe

4. Qui n'entend que moi entend tout. -- Proverbe facétieux

5. "L'homme n'est qu'un roseau, le plus faible de la création; mais c'est un roseau pensant." -- Pascal, _Pensées_

6. "Quoi que fasse le grand homme,
   Il n'est grand qu'à sa mort." -- Lefranc de Pompignan

7. "Les hommes n'ont que deux défauts...tout ce qu'ils disent et tout ce qu'ils font."

"Men have only two faults...everything they say and everything they do." -- Inscription de T shirt

8. "Les génies sont des gens insupportables. Vous n'avez qu'à demander à ma famille pour savoir combien je suis facile à vivre; donc, nul doute que je ne suis pas un génie." -- Sigmund Freud

9. "Il y a des gens qui n'ont de leur fortune que la crainte de la perdre." -- Antoine Rivarol, Fragments et pensées littéraires, politiques et philosophiques

10. "L'argent a son mérite, je ne trouve d'ennuyeux que les moyens de l'avoir." -- Alphonse Karr, Les Guêpes

11. "On ne doit emprunter de l'argent qu'aux pessimistes. Car ils n'espèrent pas être remboursés." -- Tristan Bernard

12. "Il n'y a au monde qu'égoïsme, c'est-à-dire intérêt." -- La Rochefoucauld, Maximes

13. "On ne loue d'ordinaire que pour être loué." -- Ibid.

14. "Le mal qu'on dit d'autrui ne produit que du mal." -- Boileau-Despréaux, Satires

15. "L'aigle d'une maison n'est qu'un sot dans une autre." -- Cléon, Le Méchant, Jean-Baptiste Gresset

16. "Notre vie n'est qu'une bulle de savon suspendue à un roseau." -- Henri-Frédéric Amiel, Journal intime

17. "Nous n'avons pas le temps d'être nous-mêmes. Nous n'avons que le temps d'être heureux." -- Albert Camus, Carnets

18. "Il n'y a qu'une souffrance, c'est d'être seul." -- Gabriel Marcel, Le Coeur des autres

19. "On ne voit bien qu'avec le coeur." -- Antoine de Saint-Exupéry, <u>Le Petit Prince</u>

20. "Nous ne valons quelque chose que par notre puissance d'affection." -- Gustave Flaubert, <u>Correspondance</u>

21. "On ne peut aimer parfaitement que ce qu'on a perdu pour toujours." -- Jean Rostand

22. "La maladie d'amour ne tue que ceux qui doivent mourir dans l'année." -- Marguerite de Navarre, <u>L'Heptaméron</u>

23. "L'amour n'est qu'un plaisir, l'honneur est un devoir." -- Don Rodrigue, <u>Le Cid</u>, Corneille

24. "Il n'y a que le premier pas qui coûte." -- La marquise du Deffand, Lettre à D'Alembert

25. "Du fanatisme à la barbarie il n'y a qu'un pas." -- Denis Diderot, <u>Essai sur le mérite et la vertu</u>

26. "Du sublime au ridicule, il n'y a qu'un pas." -- Propos de Napoléon Ier après la campagne de Russie, 1812

27. Lloyd George -- Vous autres Français, vous êtes trop prétentieux et, n'oubliez pas, Clemenceau, de la prétention à la stupidité il n'y a qu'un pas.

    Clemenceau -- Je le sais, le pas de Calais.

28. "Il n'y a que Monsieur Turgot et moi qui aimions le peuple." -- Louis XVI

29. "Il n'y a que Gautier, Hugo et moi qui sachions notre langue." -- Honoré de Balzac, <u>Correspondance</u>

30. "Je n'ai qu'une passion, celle de la lumière." -- Émile Zola, "Lettre à M. Félix Faure"

31. "Je disais, comme Jean Desmarets allant à l'échafaud: 'Je ne crie merci qu'à Dieu.'" -- François-René de Chateaubriand, <u>Mémoires d'outre-tombe</u>

32. "En principe, je ne crois qu'à ce que je ne comprends pas." -- Georges Courteline, <u>Messieurs les ronds-de-cuir</u>

33. "'Soyez patients! Je n'ai que huit mains!' -- La mère d'une famille d'octopus harcelée par ses petits"

"'Be patient! I have only eight hands!' -- Harried mother of a family of octopuses to her young" -- Leona Toppel

34. "La lionne n'a qu'un petit, mais c'est un lion." -- Ésope, "La Lionne et le renard"

35. En moyenne, Nice n'a que trois jours de gel par an.

36. "Le temps est un chien qui ne mord que les pauvres." -- Léon Bloy, <u>Journal</u>

37. "On ne vit qu'à Paris, et l'on végète ailleurs." -- Valère, <u>Le Méchant</u>, Jean-Baptiste Gresset

38. "L'art ne fait que des vers, le coeur seul est poète." -- André Chénier, <u>Élégies</u>

39. "Il ne vous manque qu'un peu de pauvreté pour être un grand peintre." -- Le peintre Nicolas Poussin à un grand seigneur qui lui avait demandé de porter un jugement sur ses propres tableaux. "La Jeune Tarentine"

40. "Les ruisseaux ne sont clairs que parce qu'ils ne sont pas profonds." -- Voltaire, répondant à des louanges sur la clarté de son style.

41. On ne compte que deux souverains de France qui aient atteint l'âge de soixante-dix ans: Charlemagne (71) et Louis XIV (76).

42. "Nous n'avons qu'un seul guide: la France." -- Charles de Gaulle

43. "Nous n'avons qu'une carte dans notre jeu et c'est le général de Gaulle qui la tient." -- François Mauriac, <u>Bloc-Notes</u>

44. "Le tango: on ne voit que des figures qui s'ennuient et des derrières qui s'amusent." -- Georges Clemenceau

45. "Et ceci est le bon vieux Boston,
La patrie du haricot et de la morue,
Où les Lowell parlent aux Cabot,
Et les Cabot ne parlent qu'à Dieu."

"And this is good old Boston,
The home of the bean and cod,
Where the Lowells talk to the Cabots,
And the Cabots talk only to God." -- James Collins Bossidy

46. Au début de la Révolution française, il n'y avait que sept prisonniers dans la Bastille.

47. "Le bon Dieu n'en avait que dix." -- Georges Clemenceau commentant les "Quatorze Points" de Woodrow Wilson

48. "Diable non! Je m'y suis décidé tout d'un coup! Diable! ce n'était qu'une grosse pièce d'artillerie."

"Hell no! I made up my mind just like that! Hell, it was just a big artillery piece." -- Réponse du président Harry S. Truman quand on lui demanda si la décision qu'il avait prise d'employer la bombe atomique l'avait beaucoup troublé

49. En tant que membre du Congrès, le jeune Abraham Lincoln ne gagnait que quatre dollars par jour.

50. Lors de leur mariage, Mahatma Gandhi et son épouse n'avaient respectivement que treize ans.

51. Le procureur -- Vous avez tué trois millions et demi de personnes.

Rudolf Lang (ancien commandant d'Auschwitz) -- Je vous demande pardon, je n'en ai tué que deux millions et demi.

52. "Créer, toujours créer! Dieu n'a créé que pendant six jours." -- Honoré de Balzac, Correspondance

53. "Dieu n'avait fait que l'eau, mais l'homme a fait le vin." -- Victor Hugo, "La Fête chez Thérèse"

54. Modeste, Albert Einstein maintenait qu'il n'avait eu qu'une ou deux idées pendant toute sa vie.

ne . . . rien

1. Qui ne risque rien, n'a rien. -- Proverbe

2. Qui ne dit rien consent. -- Proverbe

3. "Les vieux se répètent et les jeunes n'ont rien à dire." -- Jacques Bainville, Lectures

4. "Une vie humaine ne vaut rien, mais rien ne vaut une vie." -- André Malraux, Les Conquérants

5. "Nous apprenons de l'histoire...que nous n'apprenons rien de l'histoire." -- Friedrich Hegel

6. "Il n'y a rien qui échoue comme le succès."

"There is nothing that fails like success." -- G.K. Chesterton

7. Qui n'a pas vu Grenade n'a rien vu.

Quien no ha visto Granada no ha visto nada. -- Proverbe espagnol

8. Rien ne lave aussi blanc que Tide. -- Slogan publicitaire

9. Rien ne réussit comme le succès. -- Proverbe

10. "La modération est une chose néfaste. Rien ne réussit comme l'excès."

"Moderation is a fatal thing. Nothing succeeds like excess." -- Oscar Wilde, A Woman of No Importance

11. Rien ne réussit comme la recréation.

Nothing succeeds like recess.

12. "Rien n'est moins sûr que l'incertain." -- Pierre Dac, L'Os à moelle

13. Rien ne sert de courir, il faut partir à point. -- Proverbe

14. "Rien n'apprend comme l'expérience."

"Nothing teaches like experience." -- Paul Bunyan

15. "Rien n'est plus triste que la perte d'une illusion."

"Nothing is more sad than the death of an illusion." -- Arthur Koestler

16. "Rien ne vous arrive qui ne soit arrivé à quelqu'un d'autre."

"Nothing happens to you that hasn't happened to somebody else." -- William Feather

17. "Rien ne nous rend si grands qu'une grande douleur." -- Alfred de Musset, "La Nuit de mai"

18. Rien ne sèche plus vite que les larmes. -- Proverbe

19. "Rien ne rend meilleur le bon vieux temps qu'une mauvaise mémoire."

"Nothing makes the good old days better than a bad memory." -- Anonyme

20. "Rien ne vaut davantage qu'aujourd'hui." -- Goethe

21. "Rien ne ressemble mieux à aujourd'hui que demain." -- Jean de La Bruyère, Les Caractères

22. "Quand on gagne, rien ne blesse."

"When you win, nothing hurts." -- Joe Namath

23. "Rien n'est si contagieux que l'exemple." -- La Rochefoucauld, Maximes

24. "Rien n'a tant besoin de réformes que les habitudes d'autrui."

"Nothing so needs reforming as other
people's habits." -- Mark Twain, Pudd'nhead Wilson

25. "Rien n'est si utile que la réputation et
rien ne donne la réputation si sûrement que le
mérite." -- Vauvenargues, Réflexions et Maximes

26. "Rien n'est autant à craindre que la crainte
elle-même."

"Nothing is so much to be feared as fear."
-- Henry Thoreau, Journal

27. Amour et mort, rien n'est plus fort. --
Proverbe

28. "Rien ne dérange davantage une vie que
l'amour." -- François Mauriac

29. "Rien ne rend aimable comme de plaire." --
Alphonse Karr, Les Femmes

30. "Rien n'est éternel, pas même la reconnaissance." -- Jules Renard, Journal

31. "Rien n'est plus effrayant que l'ignorance
en action." -- Goethe, Sprüche in Prosa

32. "Rien n'est plus rare qu'un homme réellement
intelligent." -- Georges Bernanos, La Liberté pour
quoi faire?

33. "Rien ne manque à sa gloire, il manquait à
la nôtre." -- Inscription de Bernard-Joseph Saurin sur
le socle du buste de Molière qu'il venait d'achever

34. "La vérité est en marche, et rien ne
l'arrêtera." -- Émile Zola, Article dans Le Figaro,
25 novembre 1897

35. "Rien ne peut être honorable où la justice
est absente." -- Cicéron

36. "J'ai trouvé que rien ne trompe davantage un
adversaire que de lui dire la vérité." -- Otto von
Bismarck

37. "Rien n'est plus coûteux, rien n'est plus
stérile, que la vengeance."

"Nothing is more costly, nothing is more sterile, than vengeance." -- Winston Churchill

38. "Rien ne rehausse mieux l'autorité que le silence, splendeur des forts." -- Charles de Gaulle, Le Fil de l'épée

Negative combinations

1. "En Hollande il n'y a pas qu' Amsterdam." -- Slogan publicitaire, KLM (Royal Dutch Airlines)

2. "Tout n'est pas qu'une partie de plaisir en ce monde."

"Life is not all beer and skittles." -- Thomas Hughes, Tom Brown's Schooldays

3. "Ce n'est pas que le pain qui compte dans la vie d'un homme." -- Juliette Minces

4. "Il n'y a pas que M. Vinteuil qui ait des voisins aimables." -- Marcel Proust, Du côté de chez Swann

5. Ceux qui viennent tard à table ne trouvent plus que des os. -- Proverbe

6. "Je touche le fond. Je ne peux plus que remonter." -- Jules Renard, Journal

7. "Ma vie ne sera plus qu'un long sanglot." -- Marcel Proust, Le Côté de Guermantes

8. "Qui n'a plus qu'un moment à vivre, n'a plus rien à dissimuler." -- Philippe Quinault, Atys

9. "Je prends Dieu à témoin que je n'aurai plus jamais faim."

"As God is my witness, I'll never be hungry again." -- Scarlett O'Hara dans le film Gone with the Wind

10. "Cette fille ne franchira jamais plus ma porte." -- Jules Roy, Les Ames brûlantes

11. On n'est jamais si bien servi que par soi-même. -- Proverbe

12. "L'autre nuit une jeune fille a été poignardée à Central Park.... Elle avait sur elle le manuscrit d'un journal qu'elle tenait régulièrement. La dernière page de ce journal portait les mots: 'Il ne m'arrive jamais rien.'" -- Julien Green, Journal

13. "Les discussions ne convainquent jamais personne." -- Simone de Beauvoir, Les Mandarins

14. "Un bon syllogisme n'a jamais convaincu personne." -- Jean Paulhan, Entretien sur des faits divers

15. "Jamais personne, dans la conversation, ne m'a donné cette impression de force naturelle, de génie." -- Roger Martin du Gard à propos d'André Gide, "Notes sur André Gide"

16. "Je n'ai plus besoin de plaire à personne, puisque personne n'a plus besoin de moi." -- La duchesse de Choiseul, Lettre à la marquise du Deffand

17. "Personne n'a rien fait à personne."

"Nobody done nothin' to nobody." -- Attribué à Yogi Berra, après une rixe dans la boîte de nuit Copacabana à New York à laquelle quelques-uns de ses coéquipiers des Yankees avaient participé.

18. "Il n'a plus rien: tout est à lui." -- André Gide, Les Faux-Monnayeurs

19. "J'ai dit des vérités aux hommes; ils les ont mal prises; je ne dirai plus rien." -- Jean-Jacques Rousseau, Correspondance

20. "On ne fait rien dans Paris que par les femmes." -- Rousseau, Confessions

21. "Je n'ai rien à offrir que du sang, du labeur, des larmes, et de la sueur."

"I have nothing to offer but blood, toil, tears, and sweat." -- Winston Churchill, Discours du 13 mai 1940

22. "Je n'ai rien à déclarer que mon génie."

"I have nothing to declare except my genius." -- Oscar Wilde à la douane, New York, 1882

23. "Je sais que je ne suis rien que riennerie." -- Paul Claudel, Journal

24. "Le chou-fleur n'est rien qu'un chou qui a bénéficié d'études universitaires."

"Cauliflower is nothing but cabbage with a college education." -- Mark Twain, Pudd'nhead Wilson

25. "Rien ne dure que le changement."

"Nothing endures but change." -- Ludwig Boerne

26. "Rien ne dure que la vérité." -- Vauvenargues, Maximes

27. "Rien n'est beau que le vrai: le vrai seul est aimable." -- Boileau-Despréaux, Épîtres

28. "Rien n'est vrai que ce qu'on ne dit pas." -- Créon, Antigone, Jean Anouilh

29. "Dans ce monde rien n'est certain que la mort et les impôts."

"In this world nothing is certain but death and taxes." -- Benjamin Franklin

30. "Rien à faire que du travail,
    Rien à manger que de la nourriture,
    Rien à porter que des vêtements."

"Nothing to do but work,
 Nothing to eat but food,
 Nothing to wear but clothes." -- Ben King

31. "Le secret du succès n'est guère connu que de ceux qui n'ont pas réussi." -- Marcel Achard, Turlututu

ne ... ni ... ni

1. N'avoir ni feu ni lieu

   To have neither hearth nor home

2. N'être ni chair ni poisson

   To be neither fish, flesh, nor fowl

3. "L'homme n'est ni ange ni bête, et le malheur
veut que qui veut faire l'ange fait la bête." --
Blaise Pascal, Pensées

4. "Les hommes ne savent être entièrement bons
ni entièrement mauvais." -- Machiavel, Pensées

5. "L'homme n'est ni bon ni méchant; il naît
avec des instincts et des aptitudes." -- Honoré de
Balzac, Avant-propos, La Comédie humaine

6. "Les hommes ne sont ni des lions ni des
moutons, mais un composé des deux." -- Jean Dutourd,
Les Taxis de la Marne

7. "Nous serions tous parfaits, si nous n'étions
ni hommes ni femmes." -- Chamfort, Caractères et Anecdotes

8. "Les lâches ne sauraient être ni Français ni
mes amis." -- Napoléon Ier

9. "Ni l'or ni la grandeur ne nous rendent heureux." -- Jean de La Fontaine, Philémon et Baucis

10. "On n'est jamais si heureux ni si malheureux
qu'on s'imagine." -- La Rochefoucauld, Maximes

11. "La vie n'est ni longue, ni courte: elle a
des longueurs." -- Jules Renard, Journal

12. "Un véritable roi n'est ni mari ni père."
-- Nicomède, Nicomède, Pierre Corneille

13. "Je ne suis ni Athénien ni Grec mais un
citoyen du monde." -- Socrate, Cité par Plutarque,
"De Exilio"

14. "Je suis citoyen du monde; je ne sers ni l'empereur, ni le roi de France mais je suis au service de la Vérité; c'est ma seule reine." -- Pierre Bayle, Dictionnaire historique et critique

15. "Je ne suis solidaire de rien ni de personne." -- Henry de Montherlant, Carnets inédits

16. "Je n'ai ni père, ni mère, ni soeur, ni frère." -- Charles Baudelaire, "L'Étranger"

17. "Ni ma soeur ni ma mère ne me comprennent." -- Honoré de Balzac, Correspondance

18. "La famille est une cour de justice qui ne chôme ni nuit ni jour." -- Malcolm de Chazal, Sens plastique

19. "Ni le charme de Cléopâtre, ni la douceur de Saint François d'Assise, ni la poésie de Racine ne se laisserait réduire en formules." -- Anatole France

20. "Les lis de la vallée ne travaillent ni ne filent; cependant, Salomon dans toute sa gloire n'était pas vêtu comme l'un d'eux." -- Nouveau Testament

21. "Les oiseaux du ciel ne sèment ni ne moissonnent et le Père céleste les nourrit." -- Ibid.

22. "N'estime l'argent ni plus ni moins qu'il vaut: c'est un bon serviteur et un mauvais maître." -- Alexandre Dumas fils, Préface, La Dame aux camélias

23. "Ne soyez ni emprunteur, ni prêteur."

"Neither a borrower, nor a lender be." -- Polonius, Hamlet, Shakespeare

24. "Ne mange ni ail ni oignon, pour qu'on ne devine pas, à l'odeur, ta rusticité." -- Miguel de Cervantès, Don Quichotte

25. "Depuis le peu de mois que les Bourbons règnent, ils vous ont convaincus qu'ils n'ont rien oublié ni rien appris." -- Napoléon Ier, Proclamation du premier mars 1815

26. "Nous ne voulons ni un grain de sable de vos déserts, ni une pierre de vos pyramides, ni une goutte d'eau de votre canal. Nous ne voulons même pas de

votre gratitude. Tout ce que nous voulons c'est la paix."

"We don't want a grain of sand from your deserts, a stone from your pyramids, or a drop of water from your canal. We don't even want your gratitude. All we want is peace." -- Le sénateur Hubert Humphrey au président Gamal Abdel Nasser

27. "Ni les hommes d'État ni les acteurs ne se retirent à temps." -- Prosper Mérimée, _Lettres_

28. "Il n'y a ni rime ni raison dans tout ce que vous rabâchez." -- Le juge, _La Farce de Maître Pathelin_, auteur inconnu

Negation: of present infinitive

1. "Ne pas toucher aux objets exposés." -- Pancarte dans un magasin

2. "Défense de ne pas afficher." -- Graffiti de mai 1968

3. "Comment ne pas aimer Talleyrand, il est si vicieux!" -- Casimir de Montrond

4. "Voici la première fois qu'il sort pour ne pas dîner en ville." -- Observation d'Alexis Piron spectateur du cortège funèbre de Fontenelle

5. "Je reproche à Shakespeare de ne pas savoir le français." -- Jules Renard, _Journal_

6. "Beaucoup de femmes se mettent du rouge afin de ne pas rougir." -- Louis-Auguste Commerson, _Pensées d'un emballeur_

7. "On s'habitue quelquefois à ne pas avoir d'argent, jamais à n'en plus avoir." -- Élisa, _La Question d'argent_, Alexandre Dumas fils

8. "Le plus dur pour un envieux, c'est de ne pas être envié." -- Maurice Martin du Gard

9. "L'important, dans une révolution, c'est de ne pas casser trop de porcelaine." -- Henri Rochefort

173

10. "On lui a justement recommandé de ne pas faire de vagues." -- Jean Hougron, L'Anti-jeu

11. "Combien de gens meurent dans les accidents, pour ne pas lâcher leur parapluie!" -- Paul Valéry

12. "Il vaut mieux ne pas réfléchir du tout que de ne pas réfléchir assez." -- Tristan Bernard, Triplepatte

13. "Ne pas plaire à une femme si charmante lui parut le plus grand des malheurs." -- Stendhal, Le Rouge et le Noir

14. "Se consacrer au bonheur d'une femme est pour moi un rêve perpétuel, et je suis désespéré de ne pas le réaliser." -- Honoré de Balzac, Correspondance

15. "Un des plus grands malheurs de Bonaparte était de ne pas croire à l'amitié, et de ne pas éprouver le besoin d'aimer." -- Louis de Bourrienne, Mémoires sur Napoléon

16. "J'ai lu ma conférence devant 200 jeunes filles que cela ne pouvait pas ne pas ennuyer à périr et qui ont applaudi, malgré tout, avec vigueur." -- Julien Green, Journal

17. "Péguy ne peut pas ne pas voir la France dans les perspectives d'une telle fidélité." -- Jean Roussel, Charles Péguy

18. "Ah! je l'ai trop aimé pour ne le point haïr!" -- Hermione, Andromaque, Jean Racine

19. "L'enfer, Madame, c'est de ne plus aimer." -- Georges Bernanos, Le Journal d'un curé de campagne

20. "Ne rien aimer, ce n'est pas vivre." -- Fénelon, "A un homme du monde"

21. "Ne rien trouver ridicule est le signe de l'intelligence complète." -- Valery Larbaud, A.O. Barnabooth

22. "Ne rien faire est le bonheur des enfants et le malheur des vieillards." -- Victor Hugo, Tas de pierres

23. "De temps en temps, il faut se reposer de ne rien faire." -- Jean Cocteau

24. "Donner avec ostentation ce n'est pas très joli, mais ne rien donner avec discrétion ça ne vaut guère mieux." -- Pierre Dac, L'Os à moelle

25. "Ne jamais être content; tout l'art est là." -- Jules Renard, Journal

26. "On sait que Giraudoux ne répond jamais aux lettres. Moralement et physiquement il était né pour ne jamais le faire et ne pas y songer." -- André Beucler, Les Instants de Giraudoux

ne expletive: after comparative

1. "N'ayez plus de secrets que vous ne pouvez garder vous-même."

"Don't have any more secrets than you can keep yourself." -- Josh Billings

2. "La musique de Wagner est meilleure qu'elle ne semble."

"Wagner's music is better than it sounds." -- Mark Twain

3. "Les Chocolats Sara Lee sont encore plus savoureux que vous ne pouvez l'imaginer."

"Sara Lee Chocolates taste even better than you can imagine." -- Slogan publicitaire

4. "Dans l'ordre naturel comme dans l'ordre social, il ne faut pas vouloir être plus qu'on ne peut." -- Chamfort, Maximes et Pensées

5. "Un homme amoureux est un homme qui veut être plus aimable qu'il ne peut; et voilà pourquoi presque tous les amoureux sont ridicules." -- Ibid.

6. "La femme qui aime plus qu'elle n'est aimée sera nécessairement tyrannisée." -- Honoré de Balzac, Physiologie du mariage

7. "Les hommes jugent plus sévèrement les femmes qu'elles ne les jugent, eux." -- Henry de Montherlant, Carnets

8. "Les hommes ne se comprennent pas les uns les autres. Il y a moins de fous qu'on ne croit." -- Vauvenargues, Réflexions et Maximes

9. "Il y a beaucoup moins d'ingrats qu'on ne croit; car il y a bien moins de généreux qu'on ne pense." -- Charles de Saint-Évremond, A M. le maréchal de Créqui

10. "La part des sentiments désintéressés est plus grande qu'on ne croit dans la vie des hommes." -- Marcel Proust, A l'ombre des jeunes filles en fleur

11. "N'estime l'argent ni plus ni moins qu'il ne vaut: c'est un bon serviteur et un mauvais maître." -- Alexandre Dumas fils, Préface, La Dame aux camélias

12. "Aie moins que tu ne montres,
    Dis moins que tu ne sais,
    Prête moins que tu ne dois."

"Have less than thou showest,
    Speak less than thou knowest,
    Lend less than thou owest." -- Kent, King Lear, Shakespeare

13. "Nous croyons les autres plus heureux qu'ils ne sont." -- Montesquieu, Essais

14. "Les Français sont plus sages qu'ils ne paraissent et les Espagnols paraissent plus sages qu'ils ne sont."

"The French are wiser than they seem, and the Spaniards seem wiser than they are." -- Francis Bacon, Essays

15. "Les Français ont plus de foi dans l'homme qu'ils n'ont d'illusions sur les hommes." -- Paul Valéry, Regards sur le monde actuel

16. "Français! La liberté est plus en péril qu'on ne pense, et infiniment plus qu'on ne dit!" -- Georges Bernanos, Le Chemin de la croix-des-âmes, avril 1942

17. "Les rois doivent plus à leurs peuples que les peuples ne doivent à leurs rois." -- Louis XVI

18. "Le moindre valet connaît mieux son maître que le maître ne connaît le valet." -- Alain

19. "...J'aime mieux mes filles que Dieu n'aime le monde." -- Le père Goriot du roman du même nom d'Honoré de Balzac

20. "Elle réagit plus qu'elle n'agit." -- Paul Valéry à propos de la jeunesse, Cahiers

21. "Je parle français avec un fort accent mais je l'écris plus facilement que je n'écris l'anglais."

"I speak French with a bad accent, but I write it more easily than I write English." -- Ford Madox Ford, It Was the Nightingale

22. "Beaucoup de gens sont orgueilleux, mais savent mieux le cacher que je n'ai fait." -- Paul Claudel, Mémoires improvisés

n'importe ...

1. "On ne devrait jamais se fier à une femme qui révèle son âge véritable. Une femme qui ferait cela révélerait n'importe quoi."

"One should never trust a woman who tells her real age. A woman who would do that would do anything." -- Oscar Wilde, A Woman of No Importance

2. "Je donnerais n'importe quoi pour savoir jouer du tambour."

"I would give anything to play the drum." -- George Bernard Shaw, London Music

3. "A mon sens, écrire et communiquer, c'est être capable de faire croire n'importe quoi à n'importe qui." -- J.M.G. Le Clézio, Le Procès-verbal

4. "N'importe qui peut sympathiser avec les souffrances d'un ami, mais se réjouir de ses succès exige une nature très délicate."

177

"Anyone can sympathize with the sufferings of a friend, but it requires a very fine nature to sympathize with a friend's success." -- Oscar Wilde, <u>The Soul of Man Under Socialism</u>

5. "N'importe quel imbécile peut fermer l'oeil, mais qui sait ce que voit l'autruche dans le sable?" -- Samuel Beckett, <u>Murphy</u>

6. "Le gin le plus sec de la ville. Demandez à n'importe quel Martini."

"Dryest gin in town. Ask any Martini." -- Slogan publicitaire, Seagram's gin

7. "N'importe quelle paire de Palizzio vaut mieux que pas de Palizzio du tout."

"Any Palizzio is better than no Palizzio." -- Slogan publicitaire, Palizzio, Inc. (chaussures)

8. "Qu'y a-t-il dans un nom? Ce que nous appelons rose
Sous n'importe quel autre nom sentirait aussi bon."

"What's in a name? That which we call a rose
By any other name would smell as sweet." -- Juliette, <u>Roméo et Juliette</u>, Shakespeare

9. "Ce qui est beau est beau, n'importe dans quel temps, n'importe pour qui." -- Eugène Delacroix

10. "Vivre n'importe comment, mais vivre!" -- Fiodor Dostoïevski, <u>Crime et Châtiment</u>

11. "N'importe où dans le vaste monde"

"Anywhere in the wide world" -- Slogan publicitaire, Hertz Corp.

Numbers

Cardinal

1. "En amour un et un font un." -- Jean-Paul Sartre

2. Seuls deux souverains de France devinrent
septuagénaires: Charlemagne (71 ans) et Louis XIV
(76 ans).

3. Les Trois Mousquetaires -- Roman d'Alexandre
Dumas père

4. "A quatre ans je savais très bien lire." --
George Sand, Histoire de ma vie

5. Les rois de France les plus connus sont:
Louis IX (Saint Louis), François Ier, Henri IV, Louis
XIV et Louis XVI.

6. Blanche-Neige et les sept nains

    Snow White and the Seven Dwarfs -- Film de
Walt Disney

7. "Rome fut bâtie sur sept collines. San Francisco en a quarante-deux."

    "Rome was built on seven hills. San Fran-
cisco has 42." -- Slogan publicitaire

8. Les neuf symphonies de Ludwig von Beethoven

9. Georg Friedrich Händel a commencé à composer
des sonates à dix ans.

10. "Les douze tribus d'Israël" -- La Bible

11. Douze grandes avenues rayonnent de l'Arc de
triomphe de l'Étoile.

12. A treize ans Jack London travaillait quatorze heures par jour dans un cimetière d'Oakland,
Californie.

13. "Quinze ans! Roméo; l'âge de Juliette!" --
Alfred de Musset, "Rolla"

14. "Soldat à seize ans, général en chef à
vingt-cinq ans, mort à vingt-neuf ans." -- Mots gravés
sur le socle de la statue du général Hoche à Versailles

15. "La solitude effraie une âme de vingt ans."
-- Célimène, Le Misanthrope, Molière

16. Le marquis de La Fayette était général à vingt ans.

17. Napoléon Ier fut nommé général à vingt et un ans.

18. "Mithridate, qui comptait sous sa domination vingt-deux nations, haranguait chacune d'entre elles dans sa langue et appelait tous ses soldats par leur nom." -- Paul Chauchard, <u>Connaissance et maîtrise de la mémoire</u>

19. "A vingt-cinq ans, il avait épousé par amour une femme de cinquante...et qui avait des enfants du même âge que lui." -- Hippolyte Taine à propos de Samuel Johnson

20. "De vingt-six empereurs romains qui régnèrent depuis César à Maximien, seize furent assassinés." -- Niccolo Machiavel

21. La guerre de Trente Ans (1618-1648)

22. <u>La Femme de trente ans</u> -- Roman d'Honoré de Balzac

23. "Jugez du degré de civilisation de ce pays, j'y ai trouvé trente-deux religions et une seule sauce." -- Talleyrand à propos de l'Amérique

24. "Ali-Baba ou les quarante voleurs" -- Conte des <u>Mille et une nuits</u>

25. "Soldats, songez que, du haut de ces pyramides, quarante siècles vous contemplent." -- Napoléon Ier en Égypte, 22 juillet 1798

26. "Un jour, je me suis dit: 'J'ai quarante ans!' Quand je me suis réveillée de cet étonnement, j'en avais cinquante." -- Simone de Beauvoir, <u>La Force des choses</u>

27. Au cours de son existence, un chien appartenant aux religieux du Grand Saint-Bernard sauva la vie de quarante et une personnes.

28. Il faut cinquante ans pour qu'un palmier donne des dattes.

29. "Il était de ces hommes qui ont vingt-cinq ans pendant cinquante ans." -- Jean Giono, <u>Le Hussard sur le toit</u>

30. En 1941, Joe DiMaggio des New York Yankees eut au moins un coup sûr dans cinquante-six matchs consécutifs. Plusieurs années auparavant, membre de l'équipe des San Francisco Seals, il eut, à l'âge de dix-huit ans, au moins un coup sûr dans soixante et un matchs consécutifs.

31. "Les Anglais ont soixante sectes, mais une seule sauce." -- Francisco Caraccioli

32. La carrière artistique de Pablo Picasso dura soixante dix-huit ans.

33. Charles de Gaulle est mort à soixante dix-neuf ans.

34. <u>Le tour du monde en quatre-vingts jours</u> -- Roman de Jules Verne

35. Le maréchal Pétain avait quatre-vingt-quatre ans quand il devint, en juin 1940, chef du gouvernement.

36. Winston Churchill est mort à quatre-vingt-onze ans.

37. "Le génie: un pour cent d'inspiration et quatre-vingt-dix-neuf pour cent de transpiration."

"Genius is one per cent inspiration and ninety-nine per cent perspiration." -- Thomas Edison

38. "Toutes les fois que je donne une place vacante, je fais cent mécontents et un ingrat." -- Louis XIV. Cité par Voltaire dans <u>Le Siècle de Louis XIV</u>

39. "La vie est une affaire difficile, et les cent premières années sont les plus dures."

"Life's a tough proposition, and the first hundred years are the hardest." -- Wilson Mizner

40. <u>Cent un propos</u> -- Ouvrage d'Alain

41. La guerre de Cent Ans dura 115 ans.

42. En juin 1941, les Allemands attaquèrent l'Union Soviétique avec 220 divisions.

43. "On ne peut rassembler les Français que sous le coup de la peur. On ne peut pas rassembler à froid un pays qui compte 265 spécialités de fromage." -- Charles de Gaulle, Discours après les élections de 1951

44. "L'Angleterre a trois sauces et 360 religions alors que la France a trois religions et 360 sauces." -- Talleyrand

45. "Le premier avril. C'est le jour qui nous rappelle ce que nous sommes les trois cent soixante-quatre autres jours."

"April 1. This is the day upon which we are reminded of what we are the other three hundred and sixty-four." -- Mark Twain, Pudd'nhead Wilson

46. La distance entre Paris et Lyon est de 460 kilomètres.

La distance entre Paris et Bordeaux est de 557 kilomètres.

La distance entre Paris et Marseille est de 774 kilomètres.

La distance entre Paris et Perpignan est de 915 kilomètres.

La distance entre Paris et Nice est de 933 kilomètres.

47. Le numéro du New York Times du dimanche 17 octobre 1965 avait 946 pages.

48. "Mathusalem vécut 969 ans.... Vous autres garçons et filles verrez plus au cours des cinquante années à venir que Mathusalem ne vit durant toute sa vie."

"Methuselah lived to be 969 years old.... You boys and girls will see more in the next fifty years than Methuselah saw in his whole lifetime." -- Mark Twain, Discours adressé à des étudiants lors de la remise des diplômes

49. Merci mille fois.

Thanks a million.

50. "Pour le Seigneur, mille ans sont comme un jour et un jour comme mille ans." -- <u>Nouveau Testament</u>

51. Thomas Edison obtint des brevets pour plus de mille inventions.

52. "Le mille-pattes n'en a -- j'ai compté -- qu'une vingtaine." -- Jules Renard, <u>Journal</u>

53. <u>Les Mille et une nuits</u> -- Recueil de contes arabes

54. L'université de Paris fut fondée en 1253 par Robert de Sorbon.

55. "Paris devait rester 1.531 jours sous la botte." -- Jean Mistler à propos de l'occupation allemande, 1940-1944

56. "Nul n'est censé ignorer la Loi. Il y a plus de deux mille lois." -- Jules Renard

57. Lou Gehrig, premier-but des New York Yankees, participa à 2.130 matchs consécutifs.

58. <u>La Comédie humaine</u> de Balzac est peuplée de 2.472 personnages.

59. Le territoire du Luxembourg est de 2.600 kilomètres carrés.

60. Si l'on ne prend pas l'ascenseur, il faut gravir 2.710 marches pour atteindre le haut de la tour Eiffel.

61. "Trois mille vers de haine." -- Alphonse de Lamartine à propos des <u>Châtiments</u> de Victor Hugo

62. "Demain soir je paraîtrai pour la première fois devant un auditoire de Boston...quatre mille critiques."

"Tomorrow night I appear for the first time before a Boston audience -- four thousand critics." -- Mark Twain

63. <u>La Retraite des dix mille</u> -- Ouvrage historique de Xénophon

64. Le coût de la traversée aérienne historique
de Charles Lindberg de Garden City, Long Island, à
Paris se solda à 15.000 dollars.

65. <u>Vingt mille lieues sous les mers</u> -- Roman de
Jules Verne

66. Vingt mille personnes assistèrent aux funérailles de Ludwig von Beethoven.

67. Il existait en 1893 vingt-sept mille cafés à
Paris.

68. Le nombre d'otages français exécutés par les
Allemands sous l'occupation de 1940 à 1944 s'élève à
29.650.

69. Paris a environ trente mille habitants au
kilomètre carré.

70. Nous avons trente-six mille choses à faire.

We have a thousand and one things to do.

71. Environ cinquante mille personnes périrent
lors du tremblement de terre de San Francisco en 1906.

72. Le billet de 100.000 dollars est à l'effigie
du président Woodrow Wilson.

73. Le juge -- Pourquoi avez-vous volé cent
          mille dollars?

L'accusé -- J'avais faim.

74. "Peuple, il te faut couper deux cent
soixante-dix mille têtes." -- Jean-Paul Marat. Cité
par François-René de Chateaubriand, <u>Mémoires d'outre-
tombe</u>

75. "Sire, à peu près trois cent mille de moins
que vous!" -- Réponse du médecin de Frédéric le Grand
quand celui-ci lui demanda combien de personnes il
avait tuées dans sa vie

76. Il y a au moins 300.000 chiens à Paris.

77. "On dit que la masse du soleil est 355.000 fois plus grosse que notre globe. Il me semble qu'alors il doit faire 355.000 fois plus clair dans le soleil que sur la terre." -- Louis-Auguste Commerson, Pensées d'un emballeur

78. Selon le biologiste Julian Huxley, il y a plus d'un demi-million d'espèces d'insectes.

79. Déjà en 1977, 1.800.00 d'exemplaires des Paroles de Jacques Prévert avaient été vendus.

80. Il y a entre 7.500.000 et 8.000.000 de chiens en France.

81. "Je me demande comment nous allons faire pour enterrer neuf millions de cadavres." -- Val Peterson, ancien responsable de la Défense Civile des États-Unis

82. Plus de vingt millions d'exemplaires de Love Story d'Erich Segal ont été vendus.

83. "La France a, d'après l'Almanach impérial, trente-huit millions de sujets, sans compter les sujets de mécontentement." -- Henri Rochefort, La Lanterne, numéro du 1er juin 1868

84. "Parce qu'il a existé quarante millions de personnes sont mortes, la plupart d'entre elles martyrisées."

"Because he lived, 40 million people died, most of them in agony." -- Robert Payne, The Life and Death of Adolf Hitler

85. "La France est divisée en quarante-trois millions de Français." -- Pierre Daninos, Les Carnets du major Thompson, 1955

86. "Cinquante millions de Français ne peuvent pas avoir tort."

"Fifty million Frenchmen can't be wrong." -- Dicton

87. Au moins 85 millions de Chinois portent comme nom de famille: Chang.

88. La distance moyenne entre la soleil et le globe terrestre est de 92.955.829 miles.

89. "L'armée française pendant la (Grande) guerre a bu 792.000.000 de bouteilles de vin." -- Paul Claudel, Journal

90. Les experts évaluent la fortune laissée par Pablo Picasso à plus d'un milliard de dollars.

91. On fabrique plus de cent milliards de cigarettes par an à Richmond, Virginie

Ordinal

1. "J'aimerais mieux être le premier dans ce village que le second dans Rome." -- Jules César

2. "Le premier Rotarien a été le premier à appeler Jean-Baptiste 'Jack.'"

"The first Rotarian was the first man to call John the Baptist Jack." -- H.L. Mencken

3. "Que peut-il être arrivé au premier des Mohicans?"

"Whatever happened to the first of the Mohicans?" -- Tony Ricco, Parade Magazine, 13 novembre 1977

4. La première capitale des États-Unis a été New York City, la deuxième, Philadelphie.

5. Le Troisième Homme

The Third Man -- Roman de Graham Greene et film du même nom

6. Le premier jour on est un invité; le deuxième, un fardeau; le troisième, un casse-pieds.

The first day a man is a guest, the second a burden, the third a pest. -- Proverbe

186

7. "Il y a trois symptômes de la vieillesse. Le premier est la perte de mémoire, les deuxième et troisième j'ai oubliés."

"There are three symptoms of old age. One is loss of memory -- the second and third I forget." -- Joey Adams, _Parade Magazine_, 28 juin 1970

8. Être la cinquième roue du carrosse

To be largely useless

9. _Le Septième Ciel_

Seventh Heaven -- Film

10. La Grande Guerre se termina à onze heures du onzième jour du onzième mois de 1918.

11. "Cerdan met Zale KO au 11e round." -- Paul Claudel, _Journal_

12. "Le XIIIe siècle a été la plus grande ère des cathédrales. C'est lui qui les a presque toutes enfantées." -- Joris-Karl Huysmans, _La Cathédrale_

13. "Voilà le quinzième volume de _Mes Mémoires_ -- les quatorze premiers ne sont pas encore faits." -- Sacha Guitry, _Le Petit Carnet rouge_

14. _Le Dix-septième parallèle_ -- Film

15. Le dix-huitième amendement à la Constitution américaine est connu sous le nom de "Prohibition Amendment."

16. "La compagnie du vingt et unième siècle."

"The 21st century company" -- Slogan publicitaire, Gulf and Western Industries, Inc.

17. "M. Alexandre Dumas, voyant que ce n'était pas encore son tour d'être de l'Académie, a dit: 'Je demande à être le quarantième,--mais il paraît qu'on veut me faire faire quarantaine.'" -- Alphonse Karr, _Les Guêpes_

18. L'Alaska est devenu le quarante-neuvième état des États-Unis en 1958.

19. Hawaii est devenu le cinquantième état des États-Unis en 1959.

20. "Le 4 septembre prochain j'aurai atteint ma soixante-dix-huitième année: il est bien temps que je quitte ce monde qui me quitte et que je ne regrette pas." -- François-René de Chateaubriand, Avant-propos, Mémoires d'outre-tombe

21. "La pluie tombe sur le cinq-centième jour de la guerre." -- Jules Romains, Europe

Fractions

1. Napoléon Ier finit par mobiliser un quart de la jeunesse masculine française.

2. "Aimer la musique, c'est se garantir un quart de son bonheur." -- Jules Renard, Journal

3. "Les trois quarts des folies ne sont que des sottises." -- Chamfort, Maximes et Pensées

4. "Le tremblement de terre qui avait détruit les trois quarts de Lisbonne." -- Voltaire, Candide

5. "Ce qu'il y a de meilleur dans l'Art échappera toujours aux natures médiocres, c'est-à-dire aux trois quarts et demi du genre humain." -- Gustave Flaubert, Correspondance

6. "Le sommeil occupe le tiers de notre vie." -- Gérard de Nerval, Aurélia

7. "Les deux tiers de ma vie sont écoulés." -- Jean de La Bruyère, Les Caractères

8. "Quiconque n'a pas les deux tiers de son temps à soi est un esclave." -- Friedrich Nietzche

9. "La surface de la France ne suffirait pas tout à fait aux deux tiers des chemins de fer promis par les candidats." -- Alphonse Karr, Les Guêpes

10. Les trois cinquièmes du territoire français ont été occupés par les Allemands après leur victoire de juin 1940.

11. La superficie de la France n'est que les quatre cinquièmes de celle du Texas.

12. "Paris, ville d'amusements, de plaisirs, etc., où les quatre cinquièmes des habitants meurent de chagrin." -- Chamfort, Maximes et Pensées

13. "En Prusse, aux dix-huitième et dix-neuvième siècles, environ les cinq septièmes du revenu du gouvernement...étaient dépensés pour l'armée."

"In Prussia during the eighteenth and nineteenth centuries some five sevenths of the government's revenue...was spent on the army." -- William L. Shirer, The Collapse of the Third Republic

14. "Quatre-vingt-dix-neuf, quarante-quatre pour cent pur"

"99 44/100% pure" -- Slogan publicitaire, Ivory Soap

on

1. On apprend à tout âge. -- Proverbe

2. Comme on fait son lit on se couche. -- Proverbe

3. On peut très bien creuser sa fosse avec ses dents. -- Proverbe

4. On ne peut pas avoir le drap et l'argent. -- Proverbe

5. On prend plus de mouches avec du miel qu'avec du vinaigre. -- Proverbe

6. On ne fait pas d'omelette sans casser d'oeufs. -- Proverbe

7. On ne change pas de cheval en traversant un gué. -- Proverbe

8. On ne peut pas contenter tout le monde et son père. -- Proverbe

9. On connaît ses amis au besoin. -- Proverbe

10. On n'a qu'à mourir pour être loué. -- Proverbe

11. On ne va pas au ciel en carrosse. -- Proverbe

12. "On est mieux ici qu'en face." -- Écriteau sur la porte d'un bistrot en face du cimetière du Père Lachaise

13. "On entre, on crie
Et c'est la vie!
On bâille, on sort
Et c'est la mort." -- Ausone de Chancel

14. "On s'éveille, on se lève, on s'habille et l'on sort. On rentre, on dîne, on soupe, on se couche et l'on dort." -- Antoine de Piis, L'Harmonie imitative de la langue française, Chant I

15. "On ne s'ennuie pas quand on a des ennuis." -- Anatole France, Le Crime de Sylvestre Bonnard

16. "On ne vit qu'à Paris, et l'on végète ailleurs." -- Valère, Le Méchant, Jean-Baptiste Gresset

17. "Quand on a été femme à Paris, on ne peut être femme ailleurs." -- Montesquieu, Mes Pensées

18. "On peut naître vieux comme on peut mourir jeune." -- Jean Cocteau

19. "On ne voit bien qu'avec le coeur." -- Antoine de Saint-Exupéry, Le Petit Prince

20. "On désire être compris parce qu'on désire être aimé par ce qu'on aime." -- Marcel Proust, Albertine disparue

21. "On presse l'orange, et on jette l'écorce." -- Voltaire, Correspondance

22. On ne badine pas avec l'amour -- Pièce d'Alfred de Musset

190

23. "On a souvent besoin d'un coup de main -- rarement d'un coup de pied." -- Louis-Auguste Commerson, _Pensées d'un emballeur_

24. "On ne devient point cruel parce qu'on est bourreau mais on se fait bourreau parce qu'on est cruel." -- Denis Diderot, _Paradoxe sur le comédien_

25. "On devient moral dès qu'on est malheureux." -- Marcel Proust, _A l'ombre des jeunes filles en fleur_

26. "Quand on est devant Malraux, on ne se sent pas très intelligent." -- André Gide

27. "On ne peut pas contrefaire le génie." -- Vauvenargues, _Réflexions et Maximes_

28. "On reconnaît tout de suite un homme de jugement à l'usage qu'il fait du point et virgule." -- Henry de Montherlant, _Carnets_

29. "Quand on a tout, on est trop plein." -- Joseph Joubert, _Pensées_

30. "Quand il est question d'argent, on est tous de la même religion." -- Voltaire

31. "On ne peut pas distinguer le fils d'un millionnaire de celui d'un milliardaire."

"You can't tell a millionaire's son from a billionaire's.' -- Vance Packard, _Les Obsédés du standing_

32. "Ô liberté, que de crimes on commet en ton nom!" -- Dernières paroles de Jeanne Manon Roland, guillotinée le 8 novembre 1793

33. "Jusqu'à Grenoble, on me traita d'aventurier. A Grenoble je fus prince." -- Napoléon Ier à propos de son retour de l'île d'Elbe en 1815

34. "On tue un homme, on est un assassin. On tue des millions d'hommes, on est un conquérant." -- Jean Rostand, _Pensées d'un biologiste_

35. "On peut s'arrêter quand on monte, jamais quand on descend." -- Napoléon Ier

36. "On blesse l'amour-propre; on ne le tue pas." -- Henry de Montherlant, <u>Carnets</u>

37. "Quand on gagne, rien ne blesse."

"When you win, nothing hurts." -- Joe Namath, champion de football américain

38. "Nous autres, on ne pense à nous que quand il pleut." -- Le maréchal de Saxe

39. "Courage, on les aura!" -- Paroles célèbres du maréchal Pétain, 10 avril 1916

40. "On commet souvent des lâchetés au nom de la prudence." -- Le cardinal Jules Saliège, grand résistant sous l'occupation allemande

41. "On ne fait pas la guerre civile avec des gants blancs. La Terreur est sa loi, et vous le savez." -- Georges Bernanos, <u>Les Grands Cimetières sous la lune</u>

42. Devinette: On souffre pour les avoir, on souffre pour les garder et on souffre pour les perdre. (Les dents)

<u>où</u>: **replacing preposition + relative pronoun**

1. "Cette vie est un hôpital où chaque malade est possédé du désir de changer de lit." -- Charles Baudelaire, "Anywhere Out of the World"

2. "Il est impossible d'être longtemps heureux dans un monde où il y a la mort." -- Julien Green, <u>Journal</u>

3. "Paris, ville d'amusements, de plaisirs, etc., où les quatre cinquièmes des habitants meurent de chagrin." -- Chamfort, <u>Maximes et Pensées</u>

4. "Une école où les écoliers feraient la loi serait une triste école." -- Ernest Renan, <u>L'Avenir de la science</u>

5. Les deux belles soeurs de Cendrillon avaient "des miroirs où elles se voyaient depuis les pieds jusqu'à la tête." -- Charles Perrault, "Cendrillon"

6. "Lire est une forme de paresse dans la mesure où on laisse le livre penser à la place du lecteur." -- Julien Green, Journal

7. "Il faut que j'aie un tempérament herculéen pour résister aux atroces tortures où mon travail me condamne." -- Gustave Flaubert, Correspondance

8. "La charité n'est une vertu que dans la mesure où elle est un sacrifice." -- J. van den Bosch, Aphorismes du temps présent

9. "L'âge d'or était l'âge où l'or ne régnait pas." -- Le marquis de Lezay-Marnésia, "Épître à mon curé"

10. "Quarante ans est un âge terrible. Car c'est l'âge où nous devenons ce que nous sommes." -- Charles Péguy, Victor-Marie, comte Hugo

11. Dame vieillissante -- Le jour où je serai trop âgée pour plaire, je me tirerai une balle dans la tempe.

     Jean-Louis Forain -- Feu!

12. "Il y a des moments de sa vie où tout homme est respectable: son enfance et son agonie." -- Henry de Montherlant, Carnets

13. "Il y a des moments où tout réussit. Il ne faut pas s'effrayer: ça passe." -- Jules Renard, Journal

14. "On mange, on boit, on parle. Bientôt arrive l'instant où tout le monde parle à la fois et où personne n'écoute." -- Alphonse Karr, Les Guêpes

15. "L'avenir: l'époque de la vie où nos affaires prospèrent, nos amis sont fidèles et notre bonheur est assuré."

     "Future: that period of time in which our affairs prosper, our friends are true and our happiness is assured." -- Ambrose Bierce, Le Dictionnaire du diable

16. "La plus perdue de toutes les journées est celle où l'on n'a pas ri." -- Chamfort, <u>Maximes et Pensées</u>

<u>par</u>:   in distributive sense

1. Durant la période d'août 1914 à février 1917 un Français par minute était tué au combat.

2. "Celui qui ne meurt pas une fois par jour ignore la vie." -- Rémy de Gourmont, <u>Le Livre des masques</u>

3. Louis IX entendait deux messes par jour.

4. Emily Post recommandait deux bains par jour.

5. On estime qu'Edward W. Scripps, magnat du journalisme américain, fumait entre trente et quarante cigares par jour.

6. Pour survivre, un tigre doit manger entre douze et quinze livres de viande par jour.

7. Pendant sa présidence, Calvin Coolidge dormait dix heures par nuit et faisait la sieste régulièrement.

8. Les Français boivent cinquante litres d'eau minérale par personne et par an.

Partitive: with definite article

1. "Il ne suffit pas d'être Hongrois, il faut aussi avoir du talent."

"It's not enough to be Hungarian, you must have talent too." -- Alexander Korda

2. "On peut tout faire avec de la volonté; mais, d'abord, comment avoir de la volonté?" -- Jules Renard, <u>Journal</u>

3. "Avec de la prudence, on peut faire toute sorte d'imprudences." -- _Ibid_.

4. "Pour soutenir la guerre, trois choses sont nécessaires: de l'argent, de l'argent, et encore de l'argent." -- Le maréchal Théodore Trivulce à Louis XII

5. "Le tocsin qu'on va sonner n'est point un signal d'alarme; c'est la charge sur les ennemis de la patrie: pour les vaincre, il nous faut de l'audace, encore de l'audace, toujours de l'audace, et la France est sauvée." -- Danton, discours du 2 septembre 1792

6. "De l'eau, c'est bon!" -- Napoléon Ier mourant

7. "Tant qu'il y a de la vie, il y a de l'espoir." -- Marcel Proust, _Le Côté de Guermantes_

8. "Des mots! des mots! des mots!"

"Words! Words! Words!" -- Hamlet, _Hamlet_, Shakespeare

9. "On ne s'ennuie pas quand on a des ennuis." -- Anatole France, _Le Crime de Sylvestre Bonnard_

10. "Les murs ont des oreilles. Vos oreilles ont des murs." -- Graffiti, mai 1968

11. "Je n'ai rien à offrir que du sang, du labeur, des larmes et de la sueur."

"I have nothing to offer but blood, toil, tears and sweat." -- Winston Churchill, discours du 13 mai 1940

12. Devinette: Qu'est-ce qu'un livre de mathématiques a dit à l'autre? (J'ai des problèmes.)

Partitive: before adjective preceding noun in plural

1. "Ma mère-grand, que vous avez de grands bras!...de grandes jambes!...de grandes oreilles!

...de grands yeux!...de grandes dents!" -- Charles Perrault, "Le Petit Chaperon rouge"

2. La peur a de grands yeux. -- Proverbe

3. "Un peuple est grand quand il produit de grands hommes." -- Georges Duhamel, <u>Discours aux nuages</u>

4. "Il faut de plus grandes vertus pour soutenir la bonne fortune que la mauvaise." -- La Rochefoucauld, <u>Maximes</u>

5. "Les oeuvres de Delacroix sont de grands poèmes." -- Charles Baudelaire, <u>Salon de 1846</u>

6. "On ne voit jamais de mauvais artistes faire de beaux ouvrages." -- Eugène Delacroix

7. Les mauvais ouvriers ont toujours de mauvais outils. -- Proverbe

8. "De mauvais vins font parfois de bons vinaigres." -- Sacha Guitry, discutant le cas d'écrivains médiocres devenant de bons critiques

9. "Les forts font souvent de mauvais malades, tout comme les riches de mauvais pauvres." -- Jean Pélégri, <u>Les Oliviers de la justice</u>

10. On fait de bonnes soupes dans un vieux pot. -- Proverbe

11. Le paon a de belles plumes mais de vilaines pattes. -- Proverbe

Partitive: after adverbs of quantity

1. <u>Beaucoup de bruit pour rien</u> -- Titre de la version française de la pièce de Shakespeare <u>Much Ado about Nothing</u>

2. "Il y a beaucoup d'appelés mais peu d'élus." -- <u>Nouveau Testament</u>

3. "Un grand nous fait assez de bien quand il ne nous fait pas de mal." -- Figaro, <u>Le Barbier de Séville</u>, Beaumarchais

196

4. "Nous avons tous assez de force pour supporter les maux d'autrui." -- La Rochefoucauld, _Maximes_

5. "Nous n'avons pas toujours assez de force pour supporter les maux d'autrui." -- Alain, _Propos sur le bonheur_

6. "Je ne vais pas dans le monde parce que j'ai peur de n'y pas recevoir assez de compliments." -- Jules Renard, _Journal_

7. Trop de hâte gâte tout. -- Proverbe

8. Trop de cuisiniers gâtent la sauce. -- Proverbe

9. "J'ai trop d'énergie pour travailler." -- Domino, _Domino_, Marcel Achard

10. "Trop de bruit nous assourdit, trop de lumière éblouit." -- Blaise Pascal, _Pensées_

11. "Il y a trop d'écrivains et trop peu de penseurs." -- Alfred de Vigny, _Journal d'un poète_

12. "Balzac a trop de génie: il en donne à ses paysans." -- Jules Renard, _Journal_

13. "L'important, dans une révolution, c'est de ne pas casser trop de porcelaine!" -- Henri de Rochefort

14. "La ville de Washington a trop de généraux de bronze."

"Washington has too many bronze generals." -- Oscar Wilde, _In Conversation_

15. "Trop peu d'enfants, trop peu d'armes, trop peu d'alliés, voilà les causes de notre défaite." -- Le maréchal Pétain, Discours du 20 juin 1940

16. "Peu d'hommes ont été admirés par leurs domestiques." -- Michel de Montaigne, _Essais_

17. "Peu d'hommes ont autant gémi que moi, peu ont autant versé de larmes dans leur vie." -- Jean-Jacques Rousseau, _Confessions_

18. "Qu'on rencontre peu de gens dont on souhaiterait fouiller les valises!" -- André Gide, Les Caves du Vatican

19. "Très peu d'hommes gagnent à être connus." -- Jules Renard, Journal

20. "L'histoire est une galerie de tableaux où il y a peu d'originaux et beaucoup de copies." -- Alexis de Tocqueville, L'Ancien Régime et la Révolution

21. "Peu de femmes et moins d'hommes encore ont assez de caractère pour être oisifs."

"Few women and fewer men have enough character to be idle." -- E.V. Lucas

22. "Peu de gens savent être vieux." -- La Rochefoucauld, Maximes

23. "On a peu de besoins quand on est vivement touché de ceux des autres." -- G.E. Lessing, Manuel de morale

24. "Il ne vous manque qu'un un peu de pauvreté pour être un grand peintre." -- Nicolas Poussin à un grand seigneur qui lui demandait de porter un jugement sur ses propres tableaux. "La Jeune Tarentine"

25. "J'ai fait un peu de bien; c'est mon meilleur ouvrage." -- Voltaire, Épîtres

26. "La vie est vaine:
    Un peu d'amour,
    Un peu de haine...
    Et puis -- bonjour!

    La vie est brève:
    Un peu d'espoir,
    Un peu de rêve...
    Et puis -- bonsoir." -- Léon Montenaeken

27. "Peu de chose nous console parce que peu de chose nous afflige." -- Blaise Pascal, Pensées

28. "Le bonheur humain est composé de tant de pièces qu'il en manque toujours." -- Jacques Bénigne Bossuet

29. "Tant de gens échangent volontiers l'honneur contre les honneurs." -- Alphonse Karr

30. "La perte de temps au jeu: 'Oui, on perd tant de temps à mêler les cartes.'" -- Voltaire, Le Sottisier

31. Tant de bruit pour une omelette. -- Proverbe

32. "Où cette femme timide prend-elle tant de courage?" -- Stendhal, Le Rouge et le Noir

33. "Les hommes forts qui aiment ont tant d'enfance dans l'âme!" -- Honoré de Balzac, La Duchesse de Langeais

34. "Tant de mains pour transformer ce monde, et si peu de regards pour le contempler!" -- Julien Gracq, Lettrines

35. Autant de têtes, autant d'avis. -- Proverbe

36. "Autant de serviteurs, autant d'ennemis." -- Caton le Censeur

37. "Aucune race ne peut prospérer si elle n'apprend qu'il y a autant de dignité à cultiver un champ qu'à composer un poème."

     "No race can prosper till it learns that there is as much dignity in tilling a field as in writing a poem." -- Booker T. Washington, Hors de l'esclavage

38. "Il y avait encore autant de force en lui que de menace autour de lui." -- André Malraux, Le Temps du mépris

39. "La bonté d'autrui me fait autant de plaisir que la mienne." -- Joseph Joubert, Pensées

40. "Certains hommes ont autant de poignées de main à donner qu'un arbre a de feuilles." -- Julien Green, Journal

41. "Les hommes mettent dans leur voiture autant d'amour-propre que d'essence." -- Pierre Daninos, "Monsieur Voiture"

42. En 1976, le sénateur Hubert Humphrey trouvait que les idées du candidat à la présidence,

Jimmy Carter, sur la réorganisation gouvernementale avaient "autant de sex-appeal qu'un alligator mort."

43. Le mot français avec le plus d'accents est "hétérogénéité."

44. "La plus mauvaise roue fait le plus de bruit." -- Antoine Rivarol, Fragments et pensées littéraires, politiques et philosophiques

45. "Les tonneaux vides et les hommes inférieurs font toujours le plus de bruit." -- Plutarque

46. "L'orateur le plus doué est celui qui peut dire le moins de choses avec le plus de mots." -- Samuel Butler

47. "Si Montpellier est (avec Bordeaux) la ville où l'on boira le plus de vin pendant l'occupation, c'est également la ville où l'on mangera le moins de pain, le moins de viande, le moins d'oeufs." -- Henri Amoureux, Quatre Ans d'histoire de France

48. "Il y a moins de chemins de fer que de chemins à faire." -- Louis-Auguste Commerson, Pensées d'un emballeur

49. "Les hommes ne se comprennent pas les uns les autres. Il y a moins de fous qu'on ne croit." -- Vauvenargues, Réflexions et Maximes

50. "J'ai moins de talent, d'argent, de santé, de lecteurs, d'amis, mais je suis plus résigné." -- Jules Renard, Journal

51. Plus de mots, moins d'ennemis. -- Proverbe

52. "'Je veux,' répétait-il fréquemment, 'plus de tête et moins de langue.'" -- Louis de Bourrienne, Mémoires sur Napoléon...

53. "Mon seul Code...a fait plus de bien en France que la masse de toutes les lois qui m'ont précédé." -- Napoléon Ier. Cité par Las Cases, Mémorial de Sainte-Hélène

54. "Les paysans (français) mangent deux fois plus de pain que les citadins et boivent deux fois plus de vin."

"(French) peasants eat twice as much bread as city folk, drink twice as much wine." -- Eugen Weber, _Peasants into Frenchmen_

55. A la phrase de F. Scott Fitzgerald "Les très riches sont différents de vous et de moi," Ernest Hemingway répliqua en plaisantant: "Oui, ils ont plus d'argent."

When F. Scott Fitzgerald wrote, "The very rich are different from you and me," Ernest Hemingway wisecracked, "Yes, they have more money."

56. "Il y a plus de fous que de sages, et dans le sage même il y a plus de folie que de sagesse." -- Chamfort, _Maximes et Pensées_

57. "Il y a plus d'outils que d'ouvriers, et de ces derniers plus de mauvais que d'excellents." -- Jean de La Bruyère, _Les Caractères_

58. "Il y a plus de grandes fortunes que de grands talents." -- Vauvenargues, _Réflexions et Maximes_

59. Il se noie plus de gens dans les verres que dans toutes les rivières. -- Proverbe

60. "Plus de gens se suicident avec une fourchette qu'avec toute autre arme."

"More people commit suicide with a fork than with any other weapon." -- Anonyme

61. "La société est composée de deux grandes classes: ceux qui ont plus de dîners que d'appétit et ceux qui ont plus d'appétit que de dîners." -- Chamfort, _Maximes et Pensées_

62. "Il y a plus d'animaux dans Saint-Simon que dans La Fontaine, seulement ce sont des hommes." -- Henri de Régnier

63. "On apprend au milieu des fléaux qu'il y a dans les hommes plus de choses à admirer que de choses à mépriser." -- Albert Camus, _La Peste_

64. On prend plus de mouches avec du miel qu'avec du vinaigre. -- Proverbe

65. "Un jour de larmes consume plus de forces qu'un an de travail." -- Alphonse de Lamartine

66. "J'ai plus de souvenirs que si j'avais mille ans." -- Charles Baudelaire, "Spleen"

67. Lincoln est le sujet de plus de livres que Napoléon.

68. Walt Disney a gagné plus d'"Oscars" que toute autre personne.

69. "Plus de gens ont acheté Pipers qu'aucun autre avion au monde."

"More people have bought Pipers than any other plane in the world." -- Slogan publicitaire, Piper Aircraft Corp.

70. "Où seul l'avion bénéficie de plus d'attentions que vous."

"Where only the plane gets more attention than you." -- Slogan publicitaire, Iberia Air Lines of Spain

71. "Fumer plus d'un cigare à la fois c'est fumer à l'excès."

"More than one cigar at a time is excessive smoking." -- Mark Twain

72. "Un cheval ne peut pas galoper plus de trois minutes." -- Paul Claudel, <u>Journal</u>

73. Condamné à tort pour espionnage, le capitaine Alfred Dreyfus fut incarcéré dans l'île du Diable pendant plus de quatre ans.

74. Benjamin Franklin passa plus de dix ans à Paris.

75. Georges Simenon vécut aux États-Unis plus de dix ans.

76. "Tout homme de plus de quarante ans est un gredin."

"Every man over forty is a scoundrel." -- George Bernard Shaw, <u>Maximes pour révolutionnaires</u>

77. En Virginie occidentale se trouvent 115 sommets de plus de 1.300 mètres de haut.

78. Le Coca Cola est vendu dans plus de 135 pays.

79. Une balle lancée par Nolan Ryan des Astros de Houston a traversé l'espace a plus de 160 kilomètres à l'heure.

80. Plus de mille personnes périrent dans le torpillage du paquebot Lusitania en mai 1915.

81. Thomas Edison obtint des brevets pour plus de mille inventions.

82. Le jour où l'on inaugura le pont "Golden Gate" à San Francisco en 1937, plus de 200.000 personnes le traversèrent à pied.

83. Plus d'un million d'enfants juifs périrent dans les camps de concentration nazis.

84. Plus d'un million de personnes regardèrent passer le cortège funèbre de Victor Hugo.

85. Paul McCartney a composé, seul et parfois en collaboration, des chansons tellement populaires qu'on en a vendu plus d'un milliard de disques.

86. "Le peuple n'a guère d'esprit, et les grands n'ont point d'âme." -- Jean de La Bruyère, Les Caractères

87. "On ne trouve guère d'ingrats tant qu'on est en état de faire du bien." -- La Rochefoucauld, Maximes

88. "Je n'ai guère d'autres tristesses que celle que me donne un air de piano." -- Jules Renard, Journal

89. "Que de choses se disent sans ouvrir la bouche!" -- Jean-Jacques Rousseau

90. "Ô liberté! que de crimes on commet en ton nom!" -- Paroles de Jeanne Manon Roland, guillotinée le 8 novembre 1793

91. "Que peu de temps suffit pour changer toutes choses!" -- Victor Hugo, "Tristesse d'Olympio"

92. "Que de difficultés je prévois!" -- Ernest Renan, "Prière sur l'Acropole"

93. "Que de jeunes, partis Don Quichotte, sont arrivés Sancho Pança!" -- Oscar Forel, Aphorismes

94. "On n'imagine pas combien il faut d'esprit pour n'être jamais ridicule." -- Chamfort, Maximes et Pensées

Partitive: after equivalents of adverbs of quantity

1. "Il n'y a point de génie sans un grain de folie." -- Aristote

2. "Il n'y a pas de grands esprits sans un grain de folie." -- Denis Diderot, Le Neveu de Rameau

3. "L'homme d'action ne se conçoit guère sans une forte dose d'égoïsme, d'orgueil, de dureté, de ruse." -- Charles de Gaulle, Le Fil de l'épée

4. Vichy a le plus grand nombre de chambres d'hôtel de toutes les villes d'eau du monde.

5. "L'homme le plus heureux est celui qui fait le bonheur d'un plus grand nombre d'autres." -- Denis Diderot, Discours sur la poésie

6. "J'étais doué d'une sensibilité féminine. Jusqu'à quinze ans je pleurais, je versais des fleuves de larmes par amitié, par sympathie, pour une froideur de ma mère, un chagrin d'un ami." -- Alfred de Vigny, Journal

7. "Je ne suis pas de ceux qu'un quart d'heure de lecture suffit à consoler, si grand que soit leur chagrin." -- François Mauriac, Le Nouveau Bloc-Notes

8. "Dans le régime des âmes, il faut une tasse de science, un baril de prudence et un océan de patience." -- Saint François de Sales

9. Le marquis de La Fayette est enterré à Paris sous une tonne de terre transportée de Bunker Hill.

10. "Ces deux nations sont en guerre pour quelques arpents de neige vers le Canada." -- Voltaire, <u>Candide</u>

11. "On tue un homme, on est un assassin. On tue des millions d'hommes, on est un conquérant." -- Jean Rostand, <u>Pensées d'un biologiste</u>

12. "Concorde: voyagez avec le maximum d'efficacité" -- Slogan publicitaire, Air France

Partitive: in a general negation

1. Il n'y a pas de fumée sans feu. -- Proverbe

2. Il n'y a pas de roses sans épines. -- Proverbe

3. Au royaume de l'espoir, il n'y a pas d'hiver. -- Proverbe

4. Il n'y a pas d'église sans sermons ni de ménage sans querelles. -- Proverbe

5. "Il n'y a pas de soleil sans ombre." -- Albert Camus, <u>Le Mythe de Sisyphe</u>

6. "Il n'y a pas de joie sans vin." -- <u>Talmud</u>

7. Il n'y a pas de mal.

No harm done.

8. "Il n'y a pas d'efforts inutiles, Sisyphe se faisait les muscles." -- Roger Caillois, <u>Circonstancielles</u>

9. "Il n'y a pas de grandeur où il n'y a pas de vérité." -- G.E. Lessing, <u>Dramaturgie</u>

10. "Il n'y a pas de vérités moyennes." -- Georges Bernanos, <u>Journal d'un curé de campagne</u>

11. "Il n'y a pas de frontière entre le paraître et l'être." -- Albert Camus, <u>Le Mythe de Sisyphe</u>

12. "Pour un valet il n'y a pas de grand homme parce qu'un valet a sa propre conception de la grandeur." -- Léon Tolstoï, Guerre et Paix

13. "Il n'y a pas d'homme cultivé; il n'y a que des hommes qui se cultivent." -- Le maréchal Ferdinand Foch

14. "Il n'y a pas d'amour plus sincère que l'amour de la nourriture."

"There is no love sincerer than the love of food." -- George Bernard Shaw

15. "Quand il n'y a pas de grives, on mange des grues." -- Armand Silvestre

16. "Il y a de la fausse modestie, mais il n'y a pas de faux orgueil." -- Jules Renard, Journal

17. "Il n'y a pas d'enfants-problèmes, il n'y a que des enfants avec des problèmes."

"There are no problem children, there are only children with problems." -- Anonyme

18. "Il n'y a pas de chef-d'oeuvre inconnu." -- Bernard Grasset

19. "Où il n'y a pas d'humour, il n'y a pas d'humanité; où il n'y a pas d'humour, il y a le camp de concentration." -- Eugène Ionesco, Notes et contre-notes

20. "Il n'y a pas de plus cruelle tyrannie que celle que l'on exerce à l'ombre des lois." -- Montesquieu, Considérations sur la grandeur et la décadence des Romains

21. "Montrez-moi un pays où il n'y a pas de grèves et je vous montrerai un pays où il n'y a pas de liberté."

"Show me a country where there are no strikes and I'll show you that country in which there is no liberty." -- Samuel Gompers

22. "Il y a de bons métiers; il n'y en a pas de délicieux." -- Auguste Detoeuf

23. Il n'est pas de sot métier. -- Proverbe

24. "Il n'y a point de génie sans un grain de folie." -- Sénèque, De Tranquillitate Animi

25. "Sans la liberté de blâmer, il n'est point d'éloge flatteur." -- Beaumarchais, Préface, Le Mariage de Figaro

26. "Il n'y a jamais eu de bonne guerre ni de mauvaise paix."

"There was never a good war or a bad peace." -- Benjamin Franklin, Lettre à Josiah Quincy

27. "Il n'y a jamais encore eu de philosophe qui ait pu supporter avec patience une rage de dents."

"There was never yet philosopher
    That can endure the toothache patiently." -- Leonato, Beaucoup de bruit pour rien, Shakespeare

28. "Il n'y a jamais eu d'homme étranglé par sa femme pour lui avoir dit qu'il l'aimait." -- Jean-Pierre Florian, Le Bon Père

29. Claude -- Quand je me suis assis pour jouer du piano, tout le monde a ri.

Claudine -- Pourquoi?

Claude   -- Il n'y avait pas de tabouret.

30. La nécessité n'a pas de loi. -- Proverbe

31. L'argent n'a pas d'odeur. -- Proverbe

32. "La science n'a pas de patrie." -- Louis Pasteur, Discours, 14 novembre 1888

33. "Le marchand n'a pas de patrie."

"The merchant has no country." -- Thomas Jefferson

34. "Les grands artistes n'ont pas de patrie." -- L'orfèvre, Lorenzaccio, Alfred de Musset

35. "Les prolétaires n'ont pas de patrie." -- Karl Marx

36. "Le coeur n'a pas de rides." -- La marquise de Sévigné, Correspondance

37. "Le génie n'a pas de sexe." -- Germaine de Staël

38. "N'étant pas un génie, il n'avait pas d'ennemis."

"Not being a genius, he had no enemies." -- Oscar Wilde, <u>Lord Arthur Savile's Crime</u>

39. "La règle d'or, c'est qu'il n'y a pas de règles d'or." -- George Bernard Shaw, <u>Maximes et Pensées</u>

40. La fameuse statue Vénus de Milo n'a pas de bras.

41. <u>Un Linceul n'a pas de poches</u> -- Titre de la version française du roman policier de Horace McCoy <u>A Shroud Has No Pockets</u>

42. "Mieux vaut un sale temps que pas de temps du tout." -- Eugène Labiche

43. "Un grand nous fait assez de bien quand il ne nous fait pas de mal." -- Figaro, <u>Le Barbier de Séville</u>, Beaumarchais

44. "Le bourgeois ne ferait pas de mal à un lion." -- Léon Paul Fargue, <u>Sous la lampe</u>

45. "Archimède n'avait pas de principes."

"Archimedes had no principles." -- Graffiti

46. "Mon fils, ne fixons pas de limites à la bonté de Dieu." -- Le pape Léon XIII, très âgé, à un admirateur qui lui souhaitait de vivre cent ans

47. "Je ne veux pas d'argent. Ce sont seulement les gens qui paient leurs factures qui en veulent et je ne paie jamais les miennes."

"I don't want money. It is only people who pay their bills who want that, and I never pay mine." -- Oscar Wilde, <u>Le Portrait de Dorian Gray</u>

48. "Le divin Dali n'a pas d'égal." -- Salvador Dali, <u>Entretiens avec Alain Bosquet</u>

49. "Celui qui tombe amoureux de lui-même n'aura pas de rivaux."

"He that falls in love with himself will have no rivals." -- Benjamin Franklin, <u>L'Almanach du pauvre Richard</u>

50. "Le soleil lui-même n'a-t-il pas de taches?" -- Napoléon Ier

51. "Quiconque n'a pas de caractère n'est pas un homme: c'est une chose." -- Chamfort, <u>Maximes et Pensées</u>

52. L'homme maître de soi n'aura pas d'autre maître. -- Proverbe

53. "Un bon arbre ne peut porter de mauvais fruits, pas plus qu'un mauvais arbre n'en peut porter de bons." -- <u>Nouveau Testament</u>

54. "Renard qui dort n'attrape pas de volaille."

"The sleeping fox catches no poultry." -- Benjamin Franklin, <u>L'Almanach du pauvre Richard</u>

55. "Mme Une Telle s'est levée et a dit: 'Nous sommes en guerre. Pas de dessert.'" -- Julien Green, <u>Journal</u>

56. On ne fait pas d'omelette sans casser d'oeufs. -- Proverbe

57. Pas de chance -- Nom d'un cheval de course américaine

58. Pas de nouvelles, bonnes nouvelles. -- Proverbe

59. Point d'argent, point de Suisse. -- Proverbe

60. "Ventre affamé n'a point d'oreilles." -- Jean de La Fontaine, "Le Milan et le rossignol"

61. "Le glaive de la justice n'a point de fourreau." -- Joseph de Maistre, <u>Les Soirées de Saint-Pétersbourg</u>

62. "Sans la liberté de blâmer, il n'est point d'éloge flatteur." -- Beaumarchais, Préface, <u>Le Mariage de Figaro</u>

63. "Exempt de tout fanatisme, je n'ai point d'idole." -- Alfred de Vigny, _Journal d'un poète_

64. _Plus de parades_

No More Parades -- Roman de Ford Madox Ford

65. "Plus d'électricité, plus de gaz, plus d'eau." -- André Gide, _Journal_

66. "80 ans! Plus d'yeux, plus d'oreilles, plus de dents, plus de jambes, plus de souffle! Et c'est étonnant...comme on arrive à s'en passer." -- Paul Claudel, _Journal_

67. "J'affirme avoir entendu, entre un malade et son médecin, le bref et éloquent dialogue dont je rapporte ci-dessous les termes:

-- Plus de tabac!

-- Je ne fume jamais.

-- Plus d'alcool!

-- Je n'en ai jamais pris.

-- Plus de vin!

-- Je ne bois que de l'eau.

-- Aimez-vous les pommes de terre frites?

-- Beaucoup, docteur.

-- N'en mangez plus." -- Georges Courteline

68. "Je n'ai jamais eu de mère." -- Honoré de Balzac, se plaignant du peu d'affection de la sienne

69. "Si vous n'avez jamais conduit de voiture italienne, vous n'avez jamais vraiment vécu la route." -- Slogan publicitaire, Fiat

Passive voice

1. "La vie est faite de marbre et de boue."

"Life is made up of marble and mud." --
Nathaniel Hawthorne

2. La vie est ainsi faite.

Such is life.

3. Les jeux sont faits.

The chips are down.

4. "Nous ne sommes pas faits l'un pour l'autre." -- Lamentation commune

5. "Si une chose mérite d'être faite, elle mérite d'être mal faite."

"If a thing is worth doing, it is worth doing badly." -- G.K. Chesterton, What's Wrong with the World

6. "Le soc de la charrue n'est pas fait pour le compromis." -- Henri Michaux, Poteaux d'angle

7. "Je trouve que la musique est faite pour les gens les moins intelligents du monde." -- Salvador Dali, Entretiens avec Alain Bosquet

8. "Adieu paniers, vendanges sont faites." -- François Rabelais, Gargantua

9. "Les colonies sont faites pour être perdues." -- Alvaro, Le Maître de Santiago, Henry de Montherlant

10. Quand le vin est tiré, il faut le boire. -- Proverbe

11. "Le chemin de la ruine est toujours bien entretenu."

"The road to ruin is always kept in good repair." -- Josh Billings

12. "A la longue le sabre est toujours vaincu par l'esprit." -- Napoléon Ier

13. "Le boulet qui me tuera n'est pas encore fondu." -- Mot attribué à Napoléon Ier, 1814

14. "Une célébrité est une personne qui est con-

nue de nombreuses personnes qu'elle est heureuse de ne pas connaître."

"A celebrity is one who is known to many persons he is glad he doesn't know." -- H.L. Mencken, Chrestomathy

15. "Un homme de qualité n'est pas menacé par une femme d'égalité."

"A man of quality is not threatened by a woman of equality." -- Inscription de T shirt

16. "Tirez le rideau, la farce est jouée." -- François Rabelais sur son lit de mort

17. "L'intelligence est caractérisée par une incompréhension naturelle de la vie." -- Henri Bergson, L'Évolution créatrice

18. "Qui n'est pas envié n'est pas enviable." -- Eschyle, Agamemnon

19. "Nous ne sommes pas amusée."

"We are not amused." -- Propos habituel de la reine Victoria, ennemie jurée de la frivolité

20. Devinette: Où les rois d'Angleterre sont-ils couronnés? (Sur la tête)

21. Les Lauriers sont coupés -- Roman d'Édouard Dujardin

22. "Les vieillards meurent parce qu'ils ne sont plus aimés." -- Henry de Montherlant, Carnets

23. "Les rapports sur ma mort sont grandement exagérés."

"The reports of my death are greatly exaggerated." -- Mark Twain

24. "Je serai le plus heureux des hommes dans tous les lieux où je serai entouré de mes bons amis." -- Charles X

25. "Le comte Altamira me racontait que, la veille de sa mort, Danton disait avec sa grosse voix: 'C'est singulier, le verbe guillotiner ne peut pas se conjuguer dans tous les temps; on peut bien dire: Je

serai guillotiné, tu seras guillotiné, mais on ne dit pas: J'ai été guillotiné!'" -- Stendhal, Le Rouge et le Noir

26. "Quiconque s'élèvera sera abaissé et quiconque s'abaissera sera élevé." -- Nouveau Testament

27. "La femme qui aime plus qu'elle n'est aimée sera nécessairement tyrannisée." -- Honoré de Balzac, Physiologie du mariage

28. "La littérature est l'art d'écrire quelque chose qui sera lue deux fois."

"Literature is the art of writing something that will be read twice." -- Cyril Connoly

29. "Si les Bourbons reviennent, vous serez pendu." -- Napoléon Ier à son archichancelier. Cité par Louis de Bourrienne, Mémoires sur Napoléon...

30. Chacun son métier, les vaches seront bien gardées. -- Proverbe

31. Balzac était obsédé par la gloire et l'argent.

32. "Joséphine était aimée de tout le monde." -- Louis de Bourrienne, Mémoires sur Napoléon...

33. Durant la période d'août 1914 à février 1917, un Français par minute était tué au combat.

34. "Presque tout ce qui est grand a été fait par des jeunes."

"Almost everything that is great has been done by youth." -- Benjamin Disraeli

35. Paris n'a pas été bâti en un jour. -- Proverbe

36. Marie-Antoinette a été enfermée à la Conciergerie avant de mourir sur l'échafaud.

37. Moscou a été brûlé quatre fois, le plus récemment par ses propres habitants, en 1812, quand les Français y sont entrés.

38. "La bataille de Waterloo à été gagnée sur les terrains de jeu d'Eton." -- Le duc de Wellington

39. "L'armée française a été vaincue parce qu'elle n'a pas fait de politique." -- Le général Giap, chef de l'armée du Viêt-Minh

40. L'Angleterre n'a pas été envahie depuis 1066.

41. "Aucune nation n'a jamais été ruinée par le commerce."

"No nation was ever ruined by trade." -- Benjamin Franklin, "Thoughts on Commercial Subjects"

42. "Postmaster Jim" Farley, brillant organisateur des victorieuses campagnes électorales de Franklin D. Roosevelt, n'a jamais été invité à passer la nuit à la Maison Blanche.

43. "Ne parlez pas d'affection gaspillée, l'affection n'a jamais été gaspillée."

"Talk not of wasted affection, affection was never wasted." -- Henry Wadsworth Longfellow

44. "La seconde Renaissance italienne a été créée en Amérique. Nous l'appelons Firenze."

"The second Italian renaissance was created in America. We call it Firenze." -- Slogan publicitaire, Firenze sterling silver service, Wallace Silversmiths

45. Devinette: Qui est né avant son père? (Caïn. La Bible nous dit qu'Adam n'a pas été engendré mais qu'il a été créé du néant.)

46. "Les biens de ce monde ont été créés pour tous." -- Le pape Paul VI

47. "Peu d'hommes ont été admirés par leurs domestiques." -- Michel de Montaigne, Essais

48. Plus de vingt millions d'exemplaires de Love Story d'Erich Segal ont été vendus.

49. "Il a laissé la France moins grande qu'elle ne lui avait été confiée, moins grande que ne l'a laissée Louis XIV." -- Louis de Bourrienne, Mémoires sur Napoléon...

50. Selon François Mauriac, la quatrième république française "avait été mangée par des termites." -- Mémoires politiques

51. Le président Charles de Gaulle faisait savoir qu'il n'avait pas été élu "pour inaugurer les chrysanthèmes."

52. Le sandwich fut inventé par le cuisinier du comte (Earl) de Sandwich.

53. Le cinéma fut inventé par les frères Auguste et Louis Lumière.

54. Croyant que tout avait déjà été inventé, Herbert Hoover proposa en 1922 l'élimination du bureau américain des brevets (U.S. Patents Office).

55. La pénicilline fut découverte par Alexander Fleming.

56. Edmond Rostand fut élu à l'Académie française à l'âge de trente-trois ans.

57. Daniel fut jeté dans la fosse aux lions.

58. Jules César fut assassiné par Brutus.

59. En 1805, le corps de l'amiral Nelson fut ramené de Trafalgar en Angleterre dans un tonneau d'eau-de-vie.

60. La célèbre espionne Mata Hari fut exécutée le 13 octobre 1917.

61. Le père de Vladimir Nabokov fut assassiné dans la salle de concert philharmonique de Berlin.

62. Pearl Harbor fut bombardé par les Japonais le 7 décembre 1941.

63. "La France fut faite à coups d'épée." -- Charles de Gaulle, La France

64. Charles de Gaulle fut enterré dans un très simple cercueil de bois fabriqué par un charpentier de village.

65. Wolfgang Amadeus Mozart fut enterré dans une fosse commune.

66. La brasserie Weihenstephan à Freising, République fédérale d'Allemagne, fut fondée en 1040.

67. "Des vingt-six empereurs romains qui régnèrent depuis César à Maximien, seize furent assassinés." -- Niccolo Machiavel

68. Les cendres de Jeanne d'Arc, brûlée vive à Rouen en 1431, furent jetées dans la Seine.

69. Presque trente mille otages furent fusillés en France sous l'occupation allemande (1940-1944).

70. Aleksandr Pouchkine et Mikhail Lermontov furent tous les deux tués dans un duel au pistolet.

penser à - penser de

1. "L'homme est un animal qui a la faculté de penser quelquefois à la mort." -- Jules Renard, Journal

2. "Quand je ne pense pas à moi, c'est que je ne pense à personne." -- Ibid.

3. "Vous ne direz jamais autant de mal de moi que j'en penserais de vous, si je pensais à vous." -- Ibid.

4. Définition de l'égoïste par Eugène Labiche: "C'est un homme qui ne pense pas à moi."

5. "On est plus heureux dans la solitude que dans le monde. Cela ne viendrait-il pas de ce que dans la solitude on pense aux choses, et que dans le monde on est forcé de penser aux hommes?" -- Chamfort, Maximes et Pensées

6. "Nous autres, on ne pense à nous que quand il pleut." -- Le maréchal de Saxe

7. "Un intellectuel est le genre d'homme qui pense à Picasso en regardant une saucisse."

"A highbrow is the kind of person who looks at a sausage and thinks of Picasso." -- A.P. Herbert

8. "Parler en public. Il n'est pas nécessaire de penser ce qu'on dit, mais il faut penser à ce qu'on dit: c'est plus difficile." -- Jules Renard, Journal

9. "Il n'y a qu'une classe dans la communauté qui pense plus à l'argent que les riches, c'est celle des pauvres. Les pauvres ne peuvent penser à rien d'autre."

"There is only one class in the community that thinks more about money than the rich, and that is the poor. The poor can think of nothing else." -- Oscar Wilde, The Soul of Man under Socialism

10. Voisin de table de Rivarol -- Que pensez-vous de mon livre?

Rivarol -- Je suis comme vous, je ne pense pas.

11. "Tout homme est stupéfait par ce que les autres pensent de lui." -- André Maurois

plus . . . plus, etc.

1. Plus on est de fous, plus on rit. -- Proverbe

2. Plus l'arbre est haut, plus dure sera la chute. -- Proverbe

3. Plus on boit, plus on a soif. -- Proverbe

4. "Plus on en mange, plus on en veut."

"The more you eat, the more you want." -- Slogan publicitaire, Cracker Jacks

5. "Plus il s'approche de vous...plus il vous trouve belle!"

"The closer he gets...the better you look!" -- Slogan publicitaire, Nice'n Easy hair color, Clairol

6. "L'amour est comme les maladies épidémiques: plus on le craint, plus on y est exposé." -- Chamfort, Maximes et Pensées

7. "Plus la vie est exaltante et plus absurde est l'idée de la perdre." -- Albert Camus, Le Mythe de Sisyphe

8. "Plus je vis, plus la vie devient belle."

"The longer I live, the more beautiful life becomes." -- Frank Lloyd Wright

9. "Plus on vit, plus on a besoin de Samsonite."

"The more living you do, the more you need Samsonite." -- Slogan publicitaire, Samsonite (meubles)

10. "Plus on aime, plus on souffre." -- Henri-Frédéric Amiel, Journal intime

11. "Plus je connais les hommes, plus j'aime mon chien."

"The more I know men, the better I like my dog." -- Inscription de T shirt

12. "Plus il se sentait séparé des hommes, plus il aimait les animaux." -- André Malraux, L'Espoir

13. "Plus je vieillis, plus je me méfie de l'adage selon lequel la vieillesse apporte la sagesse."

"The older I grow, the more I mistrust the familiar doctrine that age brings wisdom." -- H.L. Mencken, Préjudices

14. "Plus ça change, plus c'est la même chose." -- Alphonse Karr, Les Guêpes

15. "Plus on a d'esprit, plus on est mécontent de ce qu'on a." -- Jean Le Rond d'Alembert

16. "Plus il claironnait son honneur, plus nous comptions rapidement nos cuillers."

"The louder he talked of his honor, the faster we counted our spoons." -- Ralph Waldo Emerson, Conduct of Life

17. "Plus la saison est triste, plus elle est en rapport avec moi." -- François-René de Chateaubriand, Mémoires d'outre-tombe

18. "Plus il y a d'assistants, plus la joute est vive." -- Denis Diderot, _Jacques le fataliste_

19. "Plus Wagner est légendaire, plus je le trouve humain." -- Marcel Proust, _Correspondance_

20. "On connaît le célèbre proverbe nazi qui dit que plus un mensonge est incroyable et plus il sera cru." -- Jean-François Steiner

21. "Plus le trouble est grand, plus il faut gouverner." -- Charles de Gaulle, _Mémoires de guerre_

22. "Plus on est placé haut, plus on doit se montrer humble." -- Cicéron

23. "Plus on lit au sujet de la politique, plus on doit avouer que chaque parti est pire que l'autre." -- Will Rogers

24. "Plus une vache est heureuse, mieux son lait est équilibré." -- Slogan publicitaire, Camembert Bridel

25. "Plus on travaille, mieux on travaille, et plus on veut travailler." -- Charles Baudelaire

26. Plus le coeur est noble, moins le cou est raide. -- Proverbe

27. "Plus on juge, moins on aime." -- Honoré de Balzac, _Physiologie du mariage_

29. "Il n'est pas vrai (ce qu'a dit Rousseau après Plutarque) que plus on pense, moins on sent, mais il est vrai que plus on juge, moins on aime." -- Chamfort, _Maximes et Pensées_

30. "Plus on aime, moins on aime aimer; plus on mange, plus on aime manger." -- Alain Laubreaux

31. "Plus je vois les hommes, moins je les aime." -- Arthur Schopenhauer

32. "Plus j'ai vu le monde, moins j'ai pu me faire à son ton." -- Jean-Jacques Rousseau, _Confessions_

33. Plus l'oiseau est vieux, moins il veut se défaire de son plumage. -- Proverbe

34. Devinette: Plus je le regarde, moins je le vois. (Le soleil)

35. Devinette: Plus on court après moi, moins on peut m'attraper. (L'ombre)

36. "La culture c'est comme la confiture: moins on en a, plus on l'étale." -- Graffiti de mai 1968

37. Moins tu auras de besoins, plus tu auras de liberté. -- Proverbe

38. "Moins il gagnait d'argent, plus il buvait d'eau-de-vie." -- Anatole France, Crainquebille

Pronouns: possessive

1. "Ces deux mots fatals: le Mien et le Tien." -- Miguel de Cervantès, Don Quichotte

2. "Le mien vaut mieux que le nôtre."

"Mine is better than ours." -- Benjamin Franklin, L'Almanach du pauvre Richard

3. "'Le moi est haïssable,' dites-vous. 'Pas le mien.'" -- André Gide, Journal

4. "La bonté d'autrui me fait autant de plaisir que la mienne." -- Joseph Joubert, Pensées

5. "La patience humaine a des bornes, et la mienne est à bout." -- Marcel Proust, Du côté de chez Swann

6. "Presque tous les écrivains que je connais aiment leur enfance, je déteste la mienne." -- André Malraux, Antimémoires

7. "Ton premier coup d'épée égale tous les miens." -- Don Diègue, Le Cid, Pierre Corneille

8. "Je ne veux pas d'argent. Ce sont seulement les gens qui paient leurs factures qui en veulent, et je ne paie jamais les miennes."

"I don't want money. It is only people who pay their bills who want that, and I never pay mine." -- Oscar Wilde, Le Portrait de Dorian Gray

9. -- A ta santé, Lucienne.

-- A la tienne, Lucien.

10. "Au revoir, monde fier de toi! Je rentre chez moi,
            Tu n'es pas mon ami; je ne suis pas le tien."

"Good-bye proud world! I'm going home;
            Thou art not my friend; I am not thine." -- Ralph Waldo Emerson, Good-bye

11. "Nous ne pouvons que jouer nos rôles. Chacun le sien..." -- Cauchon, L'Alouette, Jean Anouilh

12. A chacun le sien. -- Proverbe

13. "La filiation n'est qu'une question de date. Si j'étais venu au monde une vingtaine d'années avant mon père, peut-être aurais-je été le sien." -- Louis-Auguste Commerson, Pensées d'un emballeur

14. "En parlant, on ne change jamais l'opinion des autres. On change quelquefois la sienne." -- Alfred Capus

15. "Tout homme a deux pays, le sien et puis la France!" -- Henri de Bornier, La Fille de Roland

16. "Nous envions le bonheur des autres, les autres envient le nôtre." -- Publilius Syrus, Sentences

17. Quand on a demandé à un Indien comment les Indiens appelaient l'Amérique avant l'arrivée des blancs, il a répondu calmement: "la nôtre."

18. "Rien ne manque à sa gloire, il manquait à la nôtre." -- Inscription de Bernard-Joseph Saurin sur le socle d'un buste de Molière qu'il venait de terminer

19. "Aucun copieur n'arrive à copier le nôtre."
-- Slogan publicitaire, Canon NP50

20. "Avec une femme comme la vôtre, vous pouvez vous absenter, elle serait capable d'être à la tête d'une régence." -- Napoléon Ier au maréchal Murat

21. "Il y a trois opinions dont je tiendrai le plus grand compte: la vôtre, la mienne -- et la bonne." -- Frédéric de Villani, Ministre de Hongrie à Paris

22. "Ce qu'il y a de plus doux au monde, c'est une tête d'enfant appuyée contre la vôtre." -- Paul Claudel, Journal

23. "Les Tiens, les miens, et les nôtres"

"Yours, Mine, and Ours" -- Film. Un veuf (Henry Fonda), père de dix enfants, épouse une veuve (Lucille Ball), mère de huit.

24. "Tu fais pour elle ce que tu n'aurais fait pour aucun des tiens." -- André Gide, La Symphonie pastorale

25. Un des nôtres -- Titre de la version française du roman de Willa Cather One of Ours

26. Facio -- Oui ou non, es-tu des nôtres?

Fantasio -- Je suis des vôtres, si vous êtes des miens. -- Alfred de Musset, Fantasio

27. "Conduisez prudemment: la vie que vous sauvez peut être la vôtre."

"Drive carefully; the life you save may be your own." -- Panneau sur l'autoroute

que: interrogative

1. "Que sais-je?" -- Devise de Michel de Montaigne

2. "Que puis-je savoir? Que dois-je faire? Que m'est-il permis d'espérer?" -- Emmanuel Kant

3. "Il est tellement riche que quand il voit la Père Noël il lui demande: 'Que puis-je faire pour vous?'"

"He's so rich that when he sees Santa Claus he asks him, 'What can I do for you?'" -- Anonyme

4. "Que se passe-t-il? Neuf heures du soir et il y a encore de la lumière chez lui." -- Jules Renard à propos d'un ver luisant, Histoires naturelles

5. Martine -- Que préférez-vous: une chemise pleine de puces ou sept trous dans la tête?

   Martin -- Sept trous dans la tête, bien entendu, ceux que j'ai déjà.

6. "Pour gagner un homme, la première chose à savoir est: 'Qu'aime-t-il?'" -- Charles Augustin Sainte-Beuve

7. "Que m'importe ce qui n'importe qu'à moi?" -- André Malraux, Antimémoires

8. "Que diable allait-il faire dans cette galère?" -- Géronte, Les Fourberies de Scapin, Molière

9. "Que serait un beau pommier qui ne donnerait pas de pommes?" -- Julien Green, Journal

10. "Que peut-il être arrivé au premier des Mohicans?"

"Whatever happened to the first of the Mohicans?" -- Tony Ricco, Parade Magazine, 13 novembre 1977

11. "Qu'ai-je été, que suis-je?" -- Stendhal, Vie de Henry Brulard

12. "Qu'ai-je fait pour exister?" -- Denis Diderot, Lettre sur les aveugles

13. "--Qu'as-tu fait, ô toi que voilà
        Pleurant sans cesse,
     Dis, qu'as-tu fait, toi que voilà,
        De ta jeunesse?" -- Paul Verlaine,
"Complainte"

14. "Caïn, Caïn, qu'as-tu fait de ton frère?" --
Ancien Testament

15. "Qu'avez-vous fait pour tant de biens? Vous
vous êtes donné la peine de naître, et rien de plus."
-- Figaro, Le Mariage de Figaro, Beaumarchais

16. "Qu'êtes-vous allés voir dans le désert?
Un roseau secoué par le vent? Qu'êtes-vous donc allés
voir? Un homme aux vêtements somptueux?" -- Nouveau
Testament

que: relative

1. "La vie est un travail qu'il faut faire debout." -- Alain, Propos d'un Normand

2. "Le bonheur est une fleur qu'il ne faut pas
cueillir." -- André Maurois, Mémoires

3. "L'expérience est le nom que chacun donne à
ses erreurs."

"Experience is the name everyone gives to
their mistakes." -- Oscar Wilde, L'Éventail de Lady
Windermere

4. "Chacun a les émotions qu'il mérite." --
André Suarès, Goethe, le grand Européen

5. "Je n'ai jamais rencontré un homme que je
n'aie pas aimé."

"I never met a man I didn't like." -- Will
Rogers, Discours, juin 1930

6. "Il n'aime plus cette personne qu'il aimait
il y a dix ans." -- Pascal, Pensées

7. "Nous aimons toujours ceux qui nous admirent
et n'aimons pas toujours ceux que nous admirons." --
La Rochefoucauld, Maximes

8. "Nous pardonnons souvent à ceux qui nous
ennuient mais nous ne pouvons pardonner à ceux que
nous ennuyons." -- Ibid.

9. "Le mal qu'on dit d'autrui ne produit que du mal." -- Boileau-Despréaux, <u>Satires</u>

10. "Le mal que font les hommes vit après eux;
    Le bien est souvent enterré avec leurs cendres."

    "The evil that men do lives after them;
    The good is oft interred with their bones."
-- Antoine, <u>Jules César</u>, Shakespeare

11. "Notre envie dure plus longtemps que le bonheur de ceux que nous envions."
-- Alphonse Karr, <u>Les Guêpes</u>

12. "Je suis un écrivain que, seul, le goût de la perfection empêche d'être grand." -- Jules Renard, <u>Journal</u>

13. "Le peu que je sais, c'est à mon ignorance que je le dois." -- Sacha Guitry, <u>Toutes Réflexions faites</u>

14. "Toute nation a le gouvernement qu'elle mérite." -- Joseph de Maistre, <u>Lettres et opuscules inédits</u>

que: exclamatory

1. "Que la vie est quotidienne!" -- Épitaphe de Jules Laforgue

2. "Que ma vie est peineuse!" -- <u>La Chanson de Roland</u>, auteur inconnu

3. "Ah! que la vie est dure à surmonter!" -- Georges Bernanos, <u>Correspondance</u>

4. "Oh! que la vie est longue aux longs jours de l'été,
    Et que le temps y pèse à mon coeur attristé!" -- Charles Augustin Sainte-Beuve, "A Madame V.H."

5. "Que vivre est difficile, ô mon coeur fatigué!" -- Henri-Frédéric Amiel, <u>Journal intime</u>

6. "Que de difficultés...je prévois!" -- Ernest Renan, "Prière sur l'Acropole"

7. "Que peu de temps suffit pour changer toutes choses!" -- Victor Hugo, "Tristesse d'Olympio"

8. "Qu'on est malheureux quand on ne peut pas tout faire soi-même!" -- Napoléon Ier. Cité par Las Cases, _Mémorial de Sainte-Hélène_

9. "Qu'ils sont pauvres, ceux qui n'ont pas de patience!" -- Iago, _Othello_, Shakespeare

10. "Ô que trois ou quatre fois heureux sont ceux qui plantent choux!" -- François Rabelais, _Le Quart Livre_

11. "Que ne ferais-je plutôt que de lire un contrat et d'aller secouant ces paperasses poudreuses!" -- Michel de Montaigne, _Essais_

12. "Que ces vains ornements, que ces voiles me pèsent!" -- Phèdre, _Phèdre_, Jean Racine

13. "Mon Dieu, que c'est ennuyeux de s'habiller, de sortir quand on aimerait tant rester chez soi!" -- Marcel Proust, _Le Côté de Guermantes_

14. "Que l'homme est petit quand le théâtre est grand!" -- Jacques Prévert, _La Pluie et le beau temps_

15. "Dieu! que le son du cor est triste au fond des bois!" -- Alfred de Vigny, "Le Cor"

16. "Que j'ai honte de nous, débiles que nous sommes!" -- Alfred de Vigny, "La Mort du loup"

17. "Ah! que j'écrirais de belles choses dans un journal qui n'aurait pas un lecteur!" -- Jules Renard, _Journal_

18. "On vient de me voler.
    Que je plains ton malheur!
    ... Tous mes vers manuscrits!
    Que je plains le voleur!" -- Lebrun-Pindare

19. "Mon Dieu! Que les gens d'esprit sont bêtes!" -- Suzanne, _Le Mariage de Figaro_, Beaumarchais

20. "'Dieu!' soupire à part soi la plaintive Chimène, 'Qu'il est joli garçon l'assassin de Papa!'" -- Georges Fourest, La Négresse blonde

21. "Ah! Qu'un premier amour a d'empire sur nous!" -- Valère, Le Méchant, Jean-Baptiste Gresset

22. "Dans un grenier qu'on est bien à vingt ans!" Pierre Jean de Béranger, "Le Grenier"

23. "Dieu, que tu étais jolie ce soir au téléphone!" -- Sacha Guitry, Elles et toi

24. "Que j'abhorre Buonaparte de l'avoir sacrifée à l'Autriche!" -- Stendhal à propos de la cession de Venise à l'Autriche par le traité de Campo-Formio en 1797, Rome, Naples, et Florence

25. "Qu'il est dur de haïr ceux qu'on voudrait aimer!" -- Séide, Mahomet le prophète, Voltaire

26. "Qu'un ami véritable est une douce chose!" -- Jean de La Fontaine, "Les Deux Amis"

27. "Swanee, que je t'aime! que je t'aime!
   Chère vieille Swanee."

   "Swanee, how I love you! how I love you!
   My dear old Swanee." -- Paroles de la chanson "Swanee," popularisée par Al Jolson

28. "Que vous devez être fatiguée!" -- Alexandre Ier de Russie à son épouse. Ses dernières paroles

29. "A tous les coeurs bien nés que la patrie est chère!" -- Tancrède, Tancrède, Voltaire

30. "Qu'il est affreux de mourir ainsi de la main des Français!" -- Le duc d'Enghien, 1804

31. "Ah! que c'est beau!" -- Honoré de Balzac s'arrêtant un instant au milieu de la lecture qu'il faisait d'un de ses romans à un auditoire lors d'une soirée littéraire

32. "Ma mère-grand, que vous avez de grands bras!... Que vous avez de grandes jambes!... Que vous avez de grands yeux!... Que vous avez de grandes dents!" -- Le petit chaperon rouge, "Le Petit Chaperon rouge," Charles Perrault

quel: interrogative

1. "Je suis né ainsi. Quelle est votre excuse?"

"I was born this way, what's your excuse?" -- Graffiti

2. Le juge -- Quelle est l'accusation portée contre cet homme?

Le procureur -- La bigamie, Votre Honneur: il a trois épouses.

Le juge -- La bigamie, mon oeil! Imbécile! C'est la trigonométrie!

3. Le médecin -- Il faut que vous mangiez beaucoup de fruits et surtout la peau des fruits car elle est pleine de vitamines. Quel est votre fruit favori?

Le patient (déprimé) -- La noix de coco.

4. "Quelle était la couleur des cochons du temps d'Homère?" -- Question posée à Jean Guitton à l'oral du baccalauréat

5. "Je ne sais même pas dans quelle rue se trouve le Canada."

"I don't even know what street Canada is on." -- Al Capone

6. "Rester fidèle à soi! A quel soi?"

"True to oneself! Which self?" -- Katherine Mansfield

7. "Quelle est la réponse?" (Silence) "Dans ce cas-là, quelle est la question?"

"What is the answer?" (Silence) "In that case, what is the question?" -- Paroles prononcées par Gertrude Stein sur son lit de mort

8. "Quel crime avons-nous fait pour mériter de naître?" -- Alphonse de Lamartine, "Le Désespoir"

9. Quand on demanda à Socrate quelle était sa patrie, il répondit sans hésitation, "Ma patrie est le monde."

10. "Son éternelle question d'homme harcelé: 'Quelle heure est-il?'" -- Paul Morand à propos de Napoléon Ier, Monplaisir en histoire

11. "Quel gouvernement est le meilleur? Celui qui nous apprend à nous gouverner nous-mêmes." -- Goethe, Aphorismes

12. "Sait-on bien juste à quel point il faut peu de talent pour réussir?" -- Jules Barbey d'Aurevilly, Disjecta Membra

13. "Quel homme vécut jamais une réussite achevée?" -- Charles de Gaulle, Mémoires de guerre

14. "Quel est le criminel ici et quelles sont ces méthodes qui consistent à salir les témoins de l'accusation pour minimiser des témoignages qui n'en demeurent pas moins écrasants!" -- Albert Camus, L'Étranger

15. Devinette: Devant quelle personne le roi ôte-t-il sa couronne? (Le coiffeur)

16. Devinette: A quelle question ne peut-on jamais répondre "Oui"? (Es-tu endormi?)

17. Devinette: Quelles armes meurtrières peut-on employer sans permis? (La plume et la langue)

quel: exclamatory

1. "Quel grand artiste périt avec moi!" -- Dernières paroles de Néron

2. "Grand Dieu! Quel génie j'avais quand j'ai écrit ce livre!"

"Good God! What a genius I had when I wrote that book!" -- Jonathan Swift à propos de son ouvrage satirique A Tale of a Tub

3. "Ah! quel talent je vais avoir demain!" -- Hector Berlioz, _Mémoires_

4. "Quel roman, pourtant, que ma vie!" -- Napoléon Ier

5. "Quel beau métier que d'être un homme sur la terre!" -- Maxime Gorki, _La Naissance de l'homme_

6. "Quelle atroce invention que celle du bourgeois, n'est-ce pas? Pourquoi est-il sur la terre, et qu'y fait-il, le misérable?" -- Gustave Flaubert, _Correspondance_

7. "Quel homme eût été Balzac s'il eût su écrire!" -- _Ibid_.

8. "Quelle affreuse petite comédie que la gloire littéraire! C'est la plus décevante." -- Julien Green, _Journal_

9. "Oh, quel beau matin!
      Oh, quelle belle journée!"

   "Oh, what a beautiful mornin'!
      Oh, what a beautiful day!" -- Paroles d'une chanson de la comédie musicale _Oklahoma_

10. "La jeunesse est une chose merveilleuse. Quel crime de la laisser gaspiller par des enfants!" -- George Bernard Shaw

11. "Quelle rigolade que la politesse!" -- Henry de Montherlant, _Le Songe_

12. "Quelle époque! Quelles moeurs!"

   "O tempora! O mores!" -- Cicéron, _Catilinaires_

13. "Quelle chimère est-ce donc que l'homme? Quelle nouveauté, quel monstre, quel chaos, quel sujet de contradiction, quel prodige!" -- Blaise Pascal, _Pensées_

qu'est-ce que: direct object

1. "J'ai toujours entendu mes parents murmurer: 'Qu'est-ce que les gens diraient?'" -- Georges Simenon, Le Meurtre d'un étudiant

2. Le professeur -- Qu'est-ce que Paul Revere a dit à la fin de sa fameuse chevauchée?

   L'élève   -- Ho!

   Teacher: "What did Paul Revere say at the end of his famous ride?"

   Pupil: "Whoa!"

3. Devinette: Qu'est-ce que tous les hommes, toutes les femmes et tous les enfants font en même temps? (Ils vieillissent)

4. Devinette: Qui me nomme me rompt. Qu'est-ce que cela peut être? (Le silence)

qu'est-ce que: preceding definitions and explanations

1. "Qu'est-ce que l'homme?... Qu'est-ce qu'une vie humaine?" -- Jean Rostand, "Ce que je crois"

2. "Qu'est-ce que l'homme dans la nature? Un néant à l'égard de l'infini, un tout à l'égard du néant, un milieu entre rien et tout." -- Blaise Pascal, Pensées

3. "Qu'est-ce qu'un bourgeois?...C'est quelqu'un qui a des réserves." -- André Siegfried, Tableau des partis en France

4. "Qu'est-ce qu'un collaborateur?" -- Essai de Jean-Paul Sartre

5. "Qu'est-ce qu'un expert? Un expert est un homme qui a cessé de penser. Il sait!"

231

"What is an expert? An expert is a man who has stopped thinking. He knows!" -- Frank Lloyd Wright

6. "Qu'est-ce que la vie? Une frénésie.
Qu'est-ce que la vie? Une illusion,
Une ombre, une fiction."

"¿Qué es la vida? Un frenesí.
¿Qué es la vida? Una ilusión,
Una sombra, una ficción." -- Pedro Calderón de la Barca, La Vida es Sueño

7. "Qu'est-ce que la guillotine? Une chiquenaude sur le col!" -- Adrien Lamourette, condamné à mort en 1794

8. "Qu'est-ce que 'longtemps' pour une vie d'homme?" -- Cicéron, De la vieillesse

9. "Qu'est-ce que mille ans, puisqu'un seul moment les efface?" -- Jacques-Bénigne Bossuet, "Sermon sur la mort"

10. "Qu'est-ce que cette terre?" -- Titre d'un poème de Victor Hugo

11. "Pilate lui dit, 'Qu'est-ce que la vérité?'" -- Nouveau Testament

12. "Qu'est-ce que le trône? Un morceau de bois recouvert d'un morceau de velours." -- Napoléon Ier. Cité par Las Cases, Mémorial de Sainte-Hélène

13. "Qu'est-ce que le gouvernement? Rien, s'il n'a pas l'opinion." -- Napoléon Ier, Correspondance

14. Qu'est-ce que la littérature? -- Essai de Jean-Paul Sartre

15. "Qu'est-ce qu'une mauvaise herbe? Une plante dont on n'a pas encore découvert les vertus."

"What is a weed? A plant whose virtues have not yet been discovered." -- Ralph Waldo Emerson, Letters and Social Aims

qu'est-ce-qui

1. "Qu'est-ce qui s'efface de l'univers quand périt un individu?" -- Jean Rostand, "Ce que je crois"

2. "Qu'est-ce qui restera debout si la liberté tombe?"

    "What stands if Freedom fall?" -- Rudyard Kipling

3. "Et qu'est-ce qui est aussi rare qu'une journée de juin?"

    "And what is so rare as a day in June?" -- James Russell Lowell, "The Vision of Sir Launfal"

4. "La laque Protéine 21. Qu'est-ce qui pourrait être plus naturel?"

    "Protein 21 Hair Spray. What could be more natural?" -- Slogan publicitaire

5. Devinette: Qu'est-ce qui va à Paris sans s'arrêter? (La route)

6. Devinette: Qu'est-ce qui fait le tour de l'église sans y entrer? (Les murs)

7. Devinette: Qu'est-ce qui n'était pas hier, qui est aujourd'hui et ne sera pas demain? (Aujourd'hui)

qui: without expressed antecedent

1. Qui peu endure, peu dure. -- Proverbe

2. Qui vivra verra. -- Proverbe

3. Rira bien qui rira le dernier. -- Proverbe

4. Qui n'entend qu'une cloche n'entend qu'un son. -- Proverbe

5. Qui paie commande. -- Proverbe

6. "Qui oblige s'oblige." -- Nestor Roqueplan, Nouvelles à la main

7. Qui vole un oeuf vole un boeuf. -- Proverbe

8. Qui sème le vent récolte la tempête. -- Proverbe

9. Qui se ressemble s'assemble. -- Proverbe

10. Qui a la jaunisse voit tout en jaune. -- Proverbe

11. Qui aime bien châtie bien. -- Proverbe

12. "Qui aime bien chatouille bien." -- Charles Morellet, Calembredaines

13. Qui trop embrasse mal étreint. -- Proverbe

14. "Qui serre toujours serre mal." -- Alain, Minerve ou De la sagesse

15. "Qui veut être riche en un an, au bout de six mois est pendu." -- Cervantès, Les Nouvelles exemplaires

16. "Qui veut noyer son chien l'accuse de la rage." -- Martine, Les Femmes savantes, Molière

17. Qui ne dit mot consent. -- Proverbe

18. A qui sait comprendre, peu de mots suffisent. -- Proverbe

19. "Qui n'est pas envié n'est pas enviable." -- Eschyle, Agamemnon

20. Tout vient à point à qui sait attendre. -- Proverbe

21. Qui ne boit après salade est en danger d'être malade. -- Proverbe

22. "Qui ne connaît pas les langues étrangères ne sait rien de sa propre langue." -- Goethe, Maximes et Réflexions

23. "Qui n'a pas vécu dans les années voisines de 1789 ne sait pas ce que c'est que le plaisir de vivre." -- Talleyrand

24. "Qui me rend visite me fait honneur. Qui ne me rend pas visite me fait plaisir." -- Henry de Montherlant, <u>Carnets</u>

25. "Qui s'affecte d'un insulte, s'infecte." -- Jean Cocteau, <u>Journal d'un inconnu</u>

qui: interrogative

1. Qui a écrit l'"Élégie" de Gray? -- Plaisanterie de mauvais goût

2. Qui est enterré dans la tombe de Grant? -- Plaisanterie de mauvais goût

3. <u>Qui a peur de Virginia Woolf?</u> -- Titre de la version française de la pièce d'Edward Albee <u>Who's Afraid of Virginia Woolf?</u>

4. "Qui ne sait que je ne suis pas un hommme à demi-mesures?" -- Napoléon Ier. Cité par Las Cases, <u>Mémorial de Sainte-Hélène</u>

5. "La fin justifie les moyens: Cela est possible. Mais qui justifiera la fin?" -- Albert Camus, <u>L'Homme révolté</u>

6. "N'importe quel imbécile peut fermer l'oeil, mais qui sait ce que voit l'autruche dans le sable?" -- Samuel Beckett, <u>Murphy</u>

7. "Qui suis-je? Où vais-je? Et combien est-ce que ceci me coûtera?" -- Patient à son psychiatre

8. Dis-moi qui tu hantes et je te dirai qui tu es. -- Proverbe

9. "Dis-moi qui tu hantes et je te dirai qui tu hais." -- Victor Hugo

10. "Dis-moi qui t'admire et qui t'aime, et je te dirai qui tu es." -- Charles Augustin Sainte-Beuve, <u>Causeries du lundi</u>

11. "Franchement, j'essaie depuis si longtemps de vous avoir que j'ai oublié qui vous êtes et pourquoi je téléphone."

"Frankly, I have been trying to reach you for so long that I have forgotten who you are and why I'm telephoning." -- Anonyme

qui: relative

1. "L'homme est un animal qui fabrique des outils."

"Man is a tool-making animal." -- Anonyme

2. "L'homme est le seul animal qui rougisse. Ou qui en ait besoin."

"Man is the only animal that blushes. Or needs to." -- Mark Twain, Following the Equator

3. "L'homme qui meurt riche meurt disgracié."

"The man who dies rich, dies disgraced." -- Andrew Carnegie, L'Évangile de la richesse

4. "Un professeur d'université: quelqu'un qui parle dans le sommeil des autres."

"College professor--someone who speaks in other people's sleep." -- Bergen Evans

5. "Un peintre, c'est un homme qui porte un béret." -- Jules Renard, Journal

6. "Père qui paye la dot" -- Tableau de Jean-Baptiste Greuze

7. "Un optimiste est un type qui n'a jamais eu beaucoup d'expérience."

"An optimist is a guy who never had much experience." -- Don Marquis, "Mehitabel and Her Kittens"

8. "Voici papa qui arrive avec un rhume pour tous."

"Here comes Daddy with a cold for everybody." -- Slogan publicitaire, Contac

236

9. "Le vieux proverbe 'qui aime bien châtie bien' doit être retourné. Il faut dire, 'aime bien qui est bien châtié.'" -- Alphonse Karr, _Les Guêpes_

10. "J'aime qui m'aime." -- Devise d'Alexandre Dumas père

11. "Nous aimons toujours ceux qui nous admirent et n'aimons pas toujours ceux que nous admirons." -- La Rochefoucauld, _Maximes_

12. "Le temps, qui fortifie les amitiés, affaiblit l'amour." -- Jean de La Bruyère, _Les Caractères_

13. "Le travail est le fléau des classes qui boivent."

"Work is the curse of the drinking classes." -- Oscar Wilde, _In Conversation_

14. _La Maison du Chat-qui-pelote_ -- Roman d'Honoré de Balzac

15. Ne réveillez pas le chat qui dort. -- Proverbe

16. "La bière qui a rendu Milwaukee célèbre"

"The beer that made Milwaukee famous" -- Slogan publicitaire, Schlitz

17. "La mode est une fille à qui sa mère veut survivre." -- Léon-Paul Fargue, _Sous la lampe_

18. _Pour qui sonne le glas_ -- Titre de la version française du roman d'Ernest Hemingway _For Whom the Bell Tolls_

quiconque

1. "Quiconque se bat contre sa patrie est un enfant qui veut tuer sa mère." -- Napoléon Ier

2. "Quiconque se sert de l'épée périra par l'épée." -- _Nouveau Testament_

3. "Quiconque s'élèvera sera abaissé et quiconque s'abaissera sera élevé." -- _Ibid_.

4. "Quiconque, le pouvant, ne nourrit pas son frère qui a faim est un meurtrier." -- Félicité Robert de Lamennais

5. "Quiconque n'a pas les deux tiers de son temps à soi est un esclave." -- Friedrich Nietzsche

6. "Quiconque n'a pas de caractère n'est pas un homme; c'est une chose." -- Chamfort, _Maximes et Pensées_

7. "Quiconque pense se coucher avant minuit est un coquin."

"Whoever thinks of going to bed before twelve o'clock is a scoundrel." -- Samuel Johnson

8. "Quiconque aima jamais porte une cicatrice." -- Alfred de Musset, "Lettre à M. de Lamartine"

9. "Quiconque rougit est déjà coupable; la vraie innocence n'a honte de rien." -- Jean-Jacques Rousseau, _Émile ou de l'éducation_

10. "Quiconque prime en quelque chose est sûr d'être recherché." -- Rousseau, _Confessions_

11. "J'appelle bourgeois quiconque pense bassement." -- Gustave Flaubert. Cité par Guy de Maupassant, _Étude sur Gustave Flaubert_

12. "Quiconque a bien lu le chef-d'oeuvre de Cervantès sait déjà beaucoup sur l'Espagne." -- Maurice Legendre, _Portrait de l'Espagne_

quoi: interrogative

1. _Au nom de quoi?_ -- Ouvrage de sciences politiques d'Alfred Grosser

2. _La Liberté pour quoi faire?_ -- Recueil de conférences de Georges Bernanos

3. Le sermon durait depuis au moins une demi-heure quand le prêtre demanda: "Mes amis, quoi d'autre puis-je dire?"

Une voix au fond de l'église: "Ainsi soit-il."

4. "Je n'aime pas propager les cancans, mais quoi d'autre peut-on en faire?"

"I don't like to repeat gossip, but what else can you do with it?" -- Anonyme

5. "A quoi sert de demander l'âge d'une femme que l'on peut voir?" -- Alphonse Karr, Les Femmes

6. "'A quoi peut servir un livre sans images ni dialogues?' se demandait Alice."

"'What is the use of a book,' thought Alice, 'without pictures or conversation?'" -- Lewis Carroll, Alice au pays des merveilles

7. "J'ai quelque chose à dire mais je ne sais pas quoi." -- Graffiti de mai 1968

8. "Mais sait-on jamais à quoi rêvent les jeunes filles?" -- Alphonse Daudet

9. "Je ne sais pas à quoi peuvent passer le temps ici les gens qui ne s'occupent pas d'art." -- Gustave Flaubert, Correspondance

10. "Dis-moi de quoi tu ris, et je te dirai qui tu es." -- Marcel Pagnol

quoi: relative

1. "Les chiffres que je vous cite ne viennent pas de moi. Ce sont les chiffres de quelqu'un qui sait de quoi il parle."

"The figures I'm quoting to you aren't my own. They are the figures of someone who knows what he is talking about." -- Anonyme

2. "En cachant aux autres nos défauts, nous tâchons de nous les cacher à nous-mêmes, et c'est à quoi nous réussissons le mieux." -- Pierre Nicole

3. "Nous savons assez mal de quoi nous sommes capables." -- Paul Valéry

4. "Il n'y a rien pour quoi l'homme soit moins fait que le bonheur et dont il se lasse aussi vite." -- Dona Prouhèze, Le Soulier de satin, Paul Claudel

5. "Il faut vivre comme on pense, sans quoi l'on finira par penser comme on a vécu." -- Paul Bourget, Le Démon de midi

6. "Le pays est beau, la récolte superbe, et nous trouvons partout de quoi vivre." -- Napoléon Ier en Russie, 26 juillet 1812

Reflexive: in idiomatic expressions

1. "Je ne me souviens pas de ce que j'étais avant de naître." -- Napoléon Ier

2. "Un diplomate est un homme qui se souvient toujours de l'anniversaire d'une femme mais ne se souvient jamais de l'âge qu'elle a."

"A diplomat is a man who always remembers a woman's birthday but never remembers her age." -- Robert Frost

3. "Un homme qui ne se fie pas à soi-même ne se fie jamais véritablement à personne." -- Le cardinal de Retz, Mémoires

4. "Une qualité à laquelle vous pouvez vous fier."

"Quality you can trust." -- Slogan publicitaire, Crown Petroleum Co.

5. "Les femmes se défient trop des hommes en général et pas assez en particulier." -- Gustave Flaubert, Correspondance

6. "Je me sers d'animaux pour instruire les hommes." -- Épître dédicatoire, <u>Fables</u>, Jean de La Fontaine

7. "Quiconque se sert de l'épée périra par l'épée." -- <u>Nouveau Testament</u>

8. "Tout homme bien portant peut se passer de manger pendant deux jours -- de poésie, jamais." -- Charles Baudelaire, <u>L'Art romantique</u>

9. "Je suis riche des biens dont je sais me passer." -- Louis Vigée, "Épître à Ducis sur les avantages de la médiocrité"

10. "Des malheurs évités le bonheur se compose." -- Alphonse Karr, <u>Les Guêpes</u>

11. "La raison se compose de vérités qu'il faut dire et de vérités qu'il faut taire." -- Rivarol, <u>Fragments et pensées politiques</u>

Reflexive: to express reciprocal action

1. "Aimer, ce n'est pas se regarder l'un l'autre, c'est regarder ensemble dans la même direction." -- Antoine de Saint-Exupéry, <u>Terre des hommes</u>

2. Ils s'entendent comme chien et chat. -- Proverbe

3. Ils s'entendent comme larrons en foire. -- Proverbe

They are as thick as thieves.

4. Les loups ne se mangent pas entre eux. -- Proverbe

There is honor among thieves.

5. "C'est une erreur commune de prendre pour des amis deux personnes qui se tutoient." -- Jules Renard, <u>Journal</u>

6. "L'Est est l'Est, l'Ouest est l'Ouest et jamais ils ne se rencontreront."

"East is East, and West is West, and ne'er the twain shall meet." -- Rudyard Kipling, "The Ballad of East and West"

7. "Toutes les familles heureuses se ressemblent; chaque famille malheureuse est malheureuse à sa manière." -- Léon Tolstoï, <u>Anna Karénine</u>

8. "Ce que je vous commande, c'est de vous aimer les uns les autres." -- <u>Nouveau Testament</u>

Reflexive: to replace passive voice

1. "Le prix s'oublie, la qualité reste." -- Slogan publicitaire

2. Paris ne s'est pas fait en un jour. -- Proverbe

3. "Le temps perdu ne se retrouve jamais."

"Lost time is never found again." -- Benjamin Franklin, <u>L'Almanach du pauvre Richard</u>

4. Rien ne se donne si libéralement que les conseils. -- Proverbe

5. Le soupir d'une jolie fille s'entend plus loin que le rugissement d'un lion. -- Proverbe

6. "Le sens commun ne s'enseigne pas." -- Quintilien

7. "Tout s'apprend, même la vertu." -- Joseph Joubert, <u>Pensées</u>

8. "La vraie noblesse s'acquiert en vivant, et non pas en naissant." -- Guillaume Bouchet, <u>Les Serrées</u>

9. "La culture ne s'hérite pas; elle se conquiert." -- André Malraux, <u>Oraisons funèbres</u>

10. "Rien de grand ne se fait sans chimères." -- Ernest Renan, L'Avenir de la science

11. "Le salut se fera par des grands hommes." -- Ibid.

12. "La gloire ne se donne qu'à ceux qui la sollicitent." -- Anatole France, Les Opinions de M. Jérôme Coignard

13. "La vie n'est pas raffinée. La vie ne se prend pas avec des gants." -- Romain Rolland, Jean-Christophe

14. "Les mariages se font dans les cieux." -- Léon Tolstoï, Guerre et Paix

15. "Le bonheur se conjugue au conditionnel, parfois au passé, rarement au présent." -- Decoly, Impertinences et autres pensées

16. "La dimension d'une âme peut se mesurer à sa souffrance." -- Gustave Flaubert, Correspondance

17. "Le soleil ni la mort ne se peuvent regarder fixement." -- La Rochefoucauld, Maximes

18. "Mes chers amis, je m'en vais ou je m'en vas, car l'un et l'autre se dit ou se disent." -- Nicolas Beauzée, grammairien bien connu, sur son lit de mort

19. "L'Évangile est un livre qui ne se fermera jamais et qui s'écrit tous les jours dans le coeur des contemplatifs." -- Julien Green, Journal

Reflexive: when subject acts upon itself

1. "Je me lève, comme tout le monde, le matin, mais c'est le soir que je m'éveille." -- Paul Léautaud, Passe-temps

2. "Il se tient à sa place, se couche comme les poules, se lève aussi matin que les coqs." -- Gaston, Le Gendre de M. Poirier, Émile Augier et Jules Sandeau

3. Le Soleil se lève aussi -- Titre de la version française du roman d'Ernest Hemingway The Sun Also Rises

4. "Le soleil se lève avant moi, mais je me couche après lui: nous sommes quittes." -- Jules Renard, Journal

5. "Le soleil se couchera sans mon aide." -- Talmud

6. "Longtemps, je me suis couché de bonne heure." -- Première phrase d'A la recherche du temps perdu de Marcel Proust

7. "Dieu aide ceux qui s'aident eux-mêmes." -- Benjamin Franklin, L'Almanach du pauvre Richard

8. "Celui qui sait se vaincre dans la victoire est deux fois vainqueur." -- Publilius Syrus, Sentences

9. "Qui s'exalte ne monte pas haut." -- Lao-Tseu

10. Le cygne se tait toute sa vie pour bien chanter une seule fois. -- Proverbe

11. "Tous les hommes s'aiment." -- Plaute, Captivi

12. "Dans les grandes choses, les hommes se montrent comme il convient de se montrer; dans les petites, ils se montrent comme ils sont." -- Chamfort, Maximes et Pensées

13. "Les vertus se perdent dans l'intérêt comme les fleuves se perdent dans la mer." -- La Rochefoucauld, Maximes

14. "Je me suis détesté, je me suis adoré et nous avons vieilli ensemble." -- Paul Valéry, La Soirée avec Monsieur Teste

15. "Les vieux se répètent et les jeunes n'ont rien à dire." -- Jacques Bainville, Lectures

16. "Il est plus facile de se vieillir que de se rajeunir." -- Jules Renard

17. "Dans ces grandes crises, le coeur se brise ou se bronze." -- Honoré de Balzac, <u>La Maison du Chat-qui-pelote</u>

18. "Quand Paris se sent morveux, c'est la France tout entière qui se mouche." -- Marcel Aymé, <u>Silhouette du scandale</u>

19. "Avec Aspirine vous vous sentirez vite mieux." -- Slogan publicitaire

20. "La table est le seul endroit où l'on ne s'ennuie jamais pendant la première heure." -- Anthelme de Brillat-Savarin, <u>Physiologie du goût</u>

21. "Sans moi, je me serais fort ennuyé." -- Alexandre Dumas père à propos d'un dîner chez un ministre auquel il avait été convié

22. "On s'ennuierait moins si l'on ne trouvait pas si ennuyeux de s'ennuyer." -- Paul Claudel, <u>Journal</u>

23. "On ne s'ennuie pas quand on a des ennuis." -- Anatole France, <u>Le Crime de Sylvestre Bonnard</u>

24. "Le tango: on ne voit que des figures qui s'ennuient et des derrières qui s'amusent." -- Georges Clemenceau

25. "La mode, c'est ce qui se démode." -- Coco Chanel

26. "Le charme d'un pays où les écoliers se comportent en adultes, et les adultes, en écoliers."

"The fascination of a country where schoolboys behave like grown-ups and grown-ups like schoolboys." -- Arthur Koestler à propos de l'Angleterre

27. Le marquis de La Fayette s'est marié à quatorze ans avec Adrienne de Noailles.

28. "Dieu se reposa le septième jour après avoir achevé tous ses ouvrages." -- <u>Ancien Testament</u>

rendre + predicate adjective (to make)

1. "Le mur murant Paris rend Paris murmurant." --Épigramme contre le mur des fermiers généraux, 1784

2. La peur rend le loup plus grand qu'il n'est. -- Proverbe

3. "La nécessité rend braves même les timides." -- Salluste

4. "Rien ne nous rend si grands qu'une grande douleur." -- Alfred de Musset, "La Nuit de mai"

5. "Rien ne rend aimable comme de plaire." -- Alphonse Karr, Les Femmes

6. "L'amour rend souvent ambitieux." -- Honoré de Balzac, Pierrette

7. "On n'aime que les femmes qu'on rend heureuses." -- Frédéric, Auprès de ma blonde, Marcel Achard

8. "Tout comprendre rend très indulgent." -- Germaine de Staël, Corinne

9. "Ni l'or ni la grandeur ne nous rendent heureux." -- Jean de La Fontaine, "Philémon et Baucis"

10. "Et pour nous rendre heureux, perdons les misérables." -- Narcisse, Britannicus, Jean Racine

11. "Quant au bonheur, il n'a presque qu'une seule utilité, rendre le malheur possible." -- Marcel Proust, Le Temps retrouvé

12. "La plupart des hommes emploient la première partie de leur vie à rendre l'autre misérable." -- Jean de La Bruyère, Les Caractères

13. "Te mesurer à moi! qui t'a rendu si vain...?" -- Le comte de Gormas, Le Cid, Pierre Corneille

14. "Les grands succès rendent modeste, s'ils ne rendent sot." -- Alain

15. "Tout pouvoir sans contrôle rend fou." -- Alain, Politique

16. "La meilleure façon de rendre bons les enfants c'est de les rendre heureux."

"The best way to make children good is to make them happy." -- Oscar Wilde

17. "Rendez-vous nécessaire à quelqu'un."

"Make yourself necessary to somebody." -- Ralph Waldo Emerson, The Conduct of Life

18. "Ceux qui rendent impossible une révolution pacifique rendront inévitable une révolution violente."

"Those who make peaceful revolution impossible will make violent revolution inevitable." -- Le président John F. Kennedy

19. "Quand quelqu'un fait quelque chose de bien, applaudissez-le! Vous rendrez deux personnes heureuses."

"When someone does something good, applaud! You'll make two people happy." -- Samuel Goldwyn

20. "Quand un acteur est mauvais, l'applaudissement le rend pire." -- Jules Renard, Journal

21. "Une femme dit à son psychiatre: 'Le téléphone me rend folle. Il ne sonne jamais!'"

"A woman told her psychiatrist: 'The telephone drives me crazy. It never rings!'" -- Henny Youngman

22. "La bière qui a rendu Milwaukee célèbre."

"The beer that made Milwaukee famous." -- Slogan publicitaire, Schlitz

23. "La bière qui a rendu Milwaukee jaloux."

"The beer that made Milwaukee jealous." -- Slogan publicitaire pour une bière non identifiée. Cité par Dave Garroway, Good Housekeeping, février 1957

savoir

1. Savoir tout, c'est ne savoir rien. --
Proverbe

2. "Savoir qu'on sait ce que l'on sait et qu'on
ne sait pas ce que l'on ne sait pas, voilà le vrai
savoir." -- Confucius

3. "Que sais-je?" -- Devise de Michel de Montaigne

4. "La seule chose que je sais, c'est que je ne
sais rien." -- Socrate. Cité par Platon, Phèdre

5. "Le peu que je sais, c'est à mon ignorance
que je le dois." -- Sacha Guitry, Toutes Réflexions
faites

6. "Je suis un idéaliste. Je ne sais pas où je
vais mais je suis en route."

   "I am an idealist. I don't know where I'm
going but I'm on my way." -- Carl Sandburg

7. "Je ne sais même pas dans quelle rue se
trouve le Canada."

   "I don't even know what street Canada is
on." -- Al Capone

8. -- Que fais-tu, Roméo?

    -- J'écris une lettre d'amour à ma fiancée.

    -- Mais tu ne sais pas écrire!

    -- Peu importe, ma fiancée ne sait pas lire!

9. "C'est un trésor scellé que sa tête, et je ne
sais s'il a un coeur." -- Madame Teste à propos de son
mari, La Soirée avec Monsieur Teste, Paul Valéry

10. "Ce qu'il sait, il le sait bien, mais il ne
sait rien." -- Jules Renard, Journal

11. "Un homme qui sait rire...n'est jamais vraiment malheureux." -- H.L. Mencken, Minority Report

12. "L'oiseau en cage ne sait pas qu'il ne sait
pas voler." -- Jules Renard, Journal

13. "Pour l'homme qui sait voir, il n'y a pas de temps perdu." -- Alfred de Vigny, Journal d'un poète

14. "Un homme qui sait quatre langues vaut quatre hommes." -- Germaine de Staël

15. "Nous autres, civilisations, nous savons maintenant que nous sommes mortelles." -- Paul Valéry, Variété

16. "Savez-vous planter les choux?" -- Chanson populaire

17. "Un homme qui suit un enterrement demande à un autre monsieur:
    'Savez-vous qui est mort?' -- 'Je ne sais pas. Je crois que c'est celui qui est dans la première voiture.'" -- Jules Renard, Journal

18. "Peu de gens savent être vieux." -- La Rochefoucauld, Maximes

19. Les vieux oublient, les jeunes ne savent pas. -- Proverbe

20. "Les hommes ne savent être ni entièrement bons ni entièrement mauvais." -- Machiavel

21. "Il n'y a que deux sortes de gens vraiment fascinants: ceux qui savent absolument tout et ceux qui ne savent absolument rien." -- Oscar Wilde, Le Portrait de Dorian Gray

22. "Ah! si je savais dire comme je sais penser!" -- Denis Diderot

23. "A quatre ans je savais très bien lire." -- George Sand, Histoire de ma vie

24. A sept ans, Émile Zola ne savait pas encore son alphabet.

25. Ben Gourion, président de l'état d'Israël, savait la Bible par coeur.

26. "Il savait, il savait, il savait toujours, car c'était un homme fort intelligent."

    "He knew, he knew, he always knew, because he was a creature of brains." -- Gamaliel Bradford à propos de Woodrow Wilson

27. <u>Ce que savait Maisie</u> -- Titre de la version française du roman de Henry James <u>What Maisie Knew</u>

28. "Napoléon (le grand) a su remuer le monde, mais il n'a jamais su remuer une salade." -- Louis-Auguste Commerson, <u>Pensées d'un emballeur</u>

29. "Qui ne sait se borner ne sut jamais écrire." -- Boileau-Despréaux, <u>L'Art poétique</u>

<u>si</u>: in exclamatory and optative phrases

1. Si jeunesse savait, si vieillesse pouvait! -- Proverbe

2. "Si vous saviez comme je me sens bon quand je suis tout seul, comme j'ai toujours de bonne relations avec moi!" -- Jules Renard, <u>Journal</u>

3. "Français, ô Français, si vous saviez ce que le monde attend de vous." -- Georges Bernanos, <u>Français si vous saviez</u>

4. "Si seulement on pouvait être tout à fait pour, ou tout à fait contre!" -- Simone de Beauvoir, <u>Les Mandarins</u>

5. "Si je pouvais seulement sortir de ma peau pendant une heure ou deux! Si je pouvais être ce monsieur qui passe." -- Fantasio, <u>Fantasio</u>, Alfred de Musset

6. "Ah! si vous connaissiez cet être-là autant que je le connais!" -- Marcel Proust, <u>Du côté de chez Swann</u>

7. "Oh! si seulement j'étais en Angleterre
       Maintenant qu'avril est là."

   "Oh, to be in England
       Now that April's there." -- Robert Browning, "Home-Thoughts from Abroad"

8. "Ah! si vous aviez une Peugeot." -- Slogan publicitaire

9. "Si j'avais brûlé Vienne!" -- Napoléon Ier

10. "Et si on brûlait la Sorbonne?" -- Graffiti de mai 1968

11. "Combien disent: 'Si pourtant les choses avaient tourné autrement!'" -- Alain

12. "Si, au lieu de gagner beaucoup d'argent pour vivre, nous tâchions de vivre avec peu d'argent?" -- Jules Renard, Journal

13. "Un jour que l'on ne s'entendait pas dans une dispute à l'Académie, M. de Mairan dit: 'Messieurs, si nous ne parlions que quatre à la fois?'" -- Chamfort, Caractères et Anecdotes

si: tense sequence in hypothetical sentences

present-future

1. "Comment diable parvenez-vous à faire un café aussi infect? Si je le bois, je n'aurai pas à me raser d'ici quatre jours car il empêchera ma barbe de pousser."

"How the devil can you make such lousy coffee? If I drink this, I won't have to shave for four days. It'll stop all growth." -- Duncan Hines à un garçon de restaurant en Italie

2. "Je verrai ce que mon avocat dira et, s'il dit oui, j'en trouverai un autre."

"I'll see what my lawyer says, and if he says yes, I'll get another lawyer." -- Réponse de W.C. Fields à un ami qui cherchait à lui emprunter un dollar

3. La maîtresse d'école -- Jeannot, si tu n'apprends pas à écrire ton nom, quand tu deviendras grand, tu seras obligé de payer tout en argent comptant.

4. "Contrairement à ce qui est dit dans le Sermon sur la Montagne, si tu as soif de justice, tu auras toujours soif." -- Jules Renard, Journal

5. "Si ma théorie de la relativité est juste, l'Allemagne me revendiquera comme Allemand et la France déclarera que je suis citoyen du monde. Si ma théorie est fausse, la France dira que je suis un Juif." -- Albert Einstein, Discours en Sorbonne

6. "Si on ouvre mon corps plus tard, on trouvera gravé sur mon coeur -- Princeton!"

"If they cut me open afterward, they'll find engraved on my heart -- Princeton!" -- Woodrow Wilson, sur son lit de mort

7. Si votre coeur est une rose, votre bouche dira des mots parfumés. -- Proverbe

8. "Si ce livre est ennuyeux, au bout de deux ans il enveloppera le beurre chez l'épicier." -- Stendhal à propos de son De l'amour

9. "Laissez-les! Ce sont des aveugles qui conduisent des aveugles. Si un aveugle en conduit un autre, ils tomberont tous deux dans la fosse." -- Nouveau Testament

10. Si l'argent n'est pas ton serviteur, il sera ton maître.

If money be not thy servant, it will be thy master. -- Proverbe

11. "Si vous vous faites un dieu de l'argent, il vous tourmentera comme le diable."

"If you make money your god, it will plague you like the devil." -- Henry Fielding

12. "Si vous achetez ce qui est superflu, vous vendrez bientôt ce qui est nécessaire." -- Benjamin Franklin

13. "Si vous avez confiance en vous-même, vous inspirerez confiance aux autres." -- Goethe, Faust

14. "Mariez-vous. Si vous tombez sur une bonne épouse, vous serez heureux; et si vous tombez sur une mauvaise, vous deviendrez philosophe, ce qui est excellent pour l'homme." -- Socrate

15. "Si vous faites penser aux gens qu'ils pensent, ils vous aimeront; mais si vous les faites vraiment penser, ils vous détesteront."

"If you make people think that they're
thinking, they'll love you; but if you really make
them think, they'll hate you." -- Don Marquis,
The Sun Dial

16. "Si vous aimez la vie -- vous aimerez la
France." -- Slogan publicitaire

17. "Si vous en prenez soin, votre corps durera
toute votre vie." -- Anonyme

18. "N'oubliez donc pas, mes amis, que si vous
n'assistez pas aux funérailles de vos amis, ils ne
viendront pas aux vôtres."

"Just remember, folks, if you won't go to
your friends' funerals, they won't come to yours." --
Red Buttons, Parade Magazine, 3 avril 1977

imperfect-conditional

1. "Si j'avais à revivre, je serais cordonnier."

"If I were to live my life over, I would be a
shoemaker." -- John Adams

2. "Si j'avais à revivre, je vivrais comme j'ai
vécu; ni je ne plains le passé, ni je ne crains l'avenir." -- Michel de Montaigne, Essais

3. "Si la vie avait une seconde édition, comme
j'en corrigerais les épreuves!"

"If life had a second edition, how I would
correct the proofs!" -- John Clare, Lettre à un ami

4. "Si je recommençais ma vie, je la voudrais
telle quelle. J'ouvrirais seulement un peu plus
l'oeil." -- Jules Renard, Journal

5. "Si j'avais à recommencer ma vie, avec le
droit d'y faire des ratures, je n'y changerais rien."
-- Ernest Renan

6. "Si je n'étais pas Alexandre, je voudrais
être Diogène." -- Alexandre le Grand. Cité par Plutarque, Vies parallèles

7. "Si je devais choisir une autre vie, je choisirais la mienne." -- André Malraux, Les Noyers d'Altenburg

8. "Si je recommençais ma carrière, je ferais tout ce que j'ai fait." -- Fontenelle, Dialogue des morts

9. "Si Botticelli vivait aujourd'hui, il travaillerait pour Vogue."

"If Botticelli were alive today, he'd be working for Vogue." -- Peter Ustinov

10. "Si j'étais oiseau, je ne coucherais que dans les nuages." -- Jules Renard, Journal

11. "Où irais-je si je pouvais aller, que serais-je si je pouvais être, que dirais-je si j'avais une voix?" -- Samuel Beckett, L'Innommable

12. "Si je pouvais tomber raide mort tout de suite, je serais le plus heureux des vivants."

"If I could drop dead right now, I'd be the happiest man alive." -- Attribué à Samuel Goldwyn

13. "Les hommes seraient plus heureux si on leur parlait moins de bonheur." -- Jacques Chardonne

14. "Si je devenais adulte, je serais ennuyeux."

"If I grew up, I'd be boring." -- Ilie Nastasie

15. "Je fumerais moins, si je cherchais moins à moins fumer." -- André Gide, Journal

16. "Si je n'avais pas d'argent, je n'aurais pas de dettes." -- Fantasio, Fantasio, Alfred de Musset

17. "Je conviendrais bien volontiers que les femmes sont nos égales -- si cela pouvait les dissuader de se prétendre nos égales." -- Sacha Guitry, Toutes Réflexions faites

18. "Imaginez-vous combien les hommes seraient lâches s'ils étaient obligés de donner naissance à des enfants. Les femmes sont une espèce tout à fait supérieure."

"Think what cowards men would be if they had to bear children. Women are an altogether superior species." -- George Bernard Shaw

19. "Que dirions-nous si les hommes changeaient de longueur de pantalons tous les ans?"

"What would we say if men changed the length of their trousers every year?" -- Lady Astor

20. "Nous serions tous parfaits si nous n'étions ni hommes ni femmes." -- Chamfort, Caractères et Anecdotes

21. "Si l'homme était parfait, il serait Dieu." -- Voltaire, Lettres philosophiques

22. "Si nous n'avions point de défauts, nous ne prendrions pas tant de plaisir à en remarquer dans les autres." -- La Rochefoucauld, Maximes

23. "Si nous connaissions les autres comme nous-mêmes, leurs actions les plus condamnables nous paraîtraient mériter l'indulgence." -- André Maurois

24. "S'il fallait tolérer aux autres ce qu'on se permet à soi-même, la vie ne serait plus tenable." -- Georges Courteline, La Philosophie de Georges Courteline

25. "Si ceux qui disent du mal de moi savaient exactement ce que je pense d'eux, ils en diraient bien davantage." -- Sacha Guitry, Toutes Réflexions faites

26. "Nous aurions souvent honte de nos plus belles actions si le monde voyait tous les motifs qui les produisent." -- La Rochefoucauld, Maximes

27. "Si les hommes étaient des anges, aucun gouvernement ne serait nécessaire."

"If men were angels, no government would be necessary." -- James Madison

28. "S'il n'y avait pas de mauvaises gens, il n'y aurait pas de bons avocats."

"If there were no bad people, there would be no good lawyers." -- Charles Dickens

29. "Si Judas vivait, il serait ministre d'État." -- Barbey d'Aurevilly, <u>Pensées détachées</u>

30. "Si les enfants devenaient ce qu'en attendent ceux qui leur ont donné la vie, il n'y aurait que des dieux sur la terre." -- A. Poincelot, <u>Études de l'homme</u>

31. "Si tout ici-bas était excellent, il n'y aurait rien d'excellent." -- Denis Diderot, <u>Le Neveu de Rameau</u>

32. "Où serait le mérite si les héros n'avaient jamais peur?" -- Alphonse Daudet, <u>Tartarin de Tarascon</u>

33. "Si l'amour ne causait que des peines
Les oiseaux amoureux ne chanteraient pas tant." -- Philippe Quinault, <u>Armide</u>

34. "Si tu m'aimais, et si je t'aimais, comme je t'aimerais!" -- Paul Géraldy, <u>Toi et moi</u>

35. Bartholo -- Puisque la paix est faite, mignonne, donne-moi ta main. Si tu pouvais m'aimer, ah! comme tu serais heureuse!

Rosine, baissant les yeux -- Si vous pouviez me plaire, ah! comme je vous aimerais! -- Beaumarchais, <u>Le Barbier de Séville</u>

36. "Si jamais je revenais à la vie, j'aimerais encore à l'employer à vous aimer, mais il y a peu de temps." -- Julie de Lespinasse, Lettre au marquis de Condorcet

37. "Si l'abeille vivait seule, elle ne ferait pas tant de miel." -- Miguel de Cervantès, <u>Don Quichotte</u>

38. "Le mariage vous enseigne la patience, la retenue, la soumission et beaucoup d'autres vertus dont vous n'auriez pas besoin si vous restiez célibataire."

"Marriage teaches you forbearance, self-restraint, meekness and a great many other qualities which you wouldn't need if you stayed single." -- Anonyme

39. Lady Astor -- Si vous étiez mon mari, je
mettrais du poison dans
votre café.

Winston Churchill -- Si vous étiez ma femme,
je le boirais sans
aucun doute.

40. Un homme riche -- Jeune homme, aimeriez-vous
autant ma fille si elle
n'avait pas d'argent?

Le soupirant -- Mais bien sûr.

L'homme riche -- Ca suffit! Je ne veux
pas d'idiots dans ma
famille.

41. "Si je n'étais roi, je me mettrais en colère." -- Louis XIV au duc de Lauzun qui lui avait parlé
insolemment

42. "Si je vous ordonnais de vous jeter dans la
mer, vous devriez y sauter la tête la première." --
Louis XIV au comte de Guiche

43. "Aujourd'hui, si la mort n'existait pas, il
faudrait l'inventer." -- Jean-Baptiste Milhaud à propos de Louis XVI, 19 janvier 1793

44. "Si j'étais le maître de la France, je voudrais faire de Paris non seulement la plus belle ville
qui existât...mais aussi la plus belle ville qui puisse exister." -- Napoléon Ier, 1797

45. "S'il vivait encore, je le ferais prince."
-- Napoléon Ier à propos de Pierre Corneille. Cité
par Las Cases, Mémorial de Sainte-Hélène

46. "Si Sainte-Hélène était la France, je me
plairais sur cet affreux rocher." -- Napoléon Ier,
1819

47. "Si j'étais Dieu le père et si j'avais deux
fils, je ferais l'aîné Dieu, le second roi de France."
-- Don Carlos, Hernani, Victor Hugo

48. "Olivier et Roland, que n'êtes-vous ici!
Si vous étiez vivants, vous prendriez
Narbonne." -- Victor Hugo, "Aymerillot"

49. "Si quand cet homme vous parle, son derrière recevait un coup de pied, sa figure ne vous en dirait rien." -- Le maréchal Murat à propos de Talleyrand

50. "Si Gladstone tombait dans la Tamise, ce serait un malheur, mais si quelqu'un l'en tirait, cela serait, je suppose, une calamité."

"If Gladstone fell into the Thames, that would be a misfortune and if anybody pulled him out, that, I suppose, would be a calamity." -- Benjamin Disraeli

51. "Si les locomotives étaient conduites comme l'État, le machiniste aurait une femme sur les genoux." -- Alain, Politique

52. "Si Machiavel écrivait de nos jours un roman, ce serait La Chartreuse." -- Honoré de Balzac

53. "S'il n'y avait pas de Pologne, il n'y aurait pas de Polonais." -- Père Ubu, Ubu roi, Alfred Jarry

54. "J'ai toujours pensé que, si nous venions au monde à l'âge de cinquante ans, nous aurions beaucoup plus d'expérience." -- Louis-Auguste Commerson, Pensées d'un emballeur

55. "Si vous deviez suivre les conseils des dix personnes les plus brillantes que vous connaissiez, qui seraient les neuf autres?"

"If you were to take the advice of the ten most brilliant people you know, who would be the other nine?" -- Mauvaise plaisanterie

56. "Si l'on donnait du café aux vaches, on trairait du café au lait." -- Pierre Dac

57. "La culture est ce que votre boucher aurait s'il était chirurgien."

"Culture is what your butcher would have if he were a surgeon." -- Mary Pettibone Poole

58. Le professeur -- Si je voyais un homme en train de battre un âne avec un gros bâton et que je le forçais à cesser, de quelle vertu ferais-je preuve?

Une voix au fond de la salle -- D'amour
fraternel.

59. "S'il fallait tenir compte des services
rendus à la science, la grenouille occuperait la
première place." -- Claude Bernard, Introduction à
l'étude de la médecine expérimentale

60. "Les querelles ne dureraient pas longtemps
si le tort n'était que d'un côté." -- La Rochefoucauld, Maximes

61. "Si un homme pouvait satisfaire la moitié de
ses désirs, il doublerait ses peines."

"If a man could have half his wishes, he
would double his troubles." -- Benjamin Franklin,
L'Almanach du pauvre Richard

62. "Si l'on savait combien je dois peiner pour
acquérir la maîtrise de mon art, elle ne semblerait
pas du tout merveilleuse." -- Michel-Ange

63. "Ne me dites pas que ce problème est difficile. S'il n'était pas difficile, ce ne serait pas
un problème." -- Le maréchal Ferdinand Foch

64. "Si je la haïssais, je ne la fuirais pas."
-- Hippolyte, Phèdre, Jean Racine

65. "Je le ferais encore si j'avais à le
faire." -- Don Rodrigue, Le Cid, Pierre Corneille

66. "Si j'avais à le refaire, je le ferais, mon
ami Fernando."

"If I had to do it again, I would, my friend
Fernando." -- Paroles d'une chanson populaire

67. La marraine de Cendrillon l'avait avertie
que si elle demeurait au bal passé minuit, son carrosse redeviendrait citrouille.

68. "Si chacun de mes livres était payé comme
ceux de Walter Scott, je m'en tirerais." -- Honoré de
Balzac, Correspondance

69. "Si de tous les hommes les uns mouraient,
les autres non, ce serait une désolante affliction que
de mourir." -- Jean de la Bruyère, Les Caractères

70. "Si Bianchon était là, il me sauverait." -- Honoré de Balzac sur son lit de mort, à propos du médecin de la Comédie humaine

71. "Si René n'existait pas, je ne l'écrirais plus; s'il m'était possible de le détruire, je le détruirais." -- François-René de Chateaubriand, Mémoires d'outre-tombe

72. Devinette: Quel est l'animal qui pourrait écrire s'il savait faire usage de ce qu'il porte? (L'oie)

pluperfect-conditional perfect

1. "Si j'avais eu les jambes un peu plus longues, je n'aurais jamais fait de peinture." -- Henri de Toulouse-Lautrec

2. "Si j'avais appris à jouer du violon, je n'aurais rien fait d'autre."

"Had I learned to fiddle, I should have done nothing else." -- Samuel Johnson

3. "Si j'avais régné paisiblement, j'aurais été oublié et à peine se serait-on souvenu que j'avais existé. Mais je suis sûr que l'on parlera longtemps de moi." -- Louis XVI en prison

4. "Ah! si j'avais pu gouverner la France pendant quarante ans, j'en aurais fait le plus bel empire qui eût jamais existé!" -- Napoléon Ier

5. "Si je n'étais pas né Perón, j'aurais aimé être Perón." -- Juan Perón.

6. "Si quelqu'un m'avait dit que je serais un jour pape, j'aurais étudié d'avantage." -- Le pape Jean-Paul Ier

7. "Il me semblait que la terre n'aurait pas été habitable si je n'avais eu personne à admirer." -- Simone de Beauvoir, Mémoires d'une jeune fille rangée

8. "Une mère a toujours des droits à notre respect. Si ma mère n'avait pas eu d'enfants,

peut-être aurais-je eu moins de respect pour elle." --
Louis-Auguste Commerson, Pensées d'un emballeur

9. "La filiation n'est qu'une question de date.
Si j'étais venu au monde une vingtaine d'années avant
mon père, peut-être aurais-je été le sien." -- Ibid.

10. "Si Job avait planté des fleurs sur son
fumier,
        Il aurait eu les fleurs les plus belles du
monde." -- Edmond Rostand, Les Musardises

11. "Les Romains n'auraient jamais trouvé le
temps de conquérir le monde s'ils avaient d'abord été
obligés d'apprendre le latin." -- Heinrich Heine

12. "Si Napoléon avait eu les chemins de fer, il
aurait été invincible." -- Gustave Flaubert, Correspondance

13. On dit de Winston Churchill que s'il était
mort avant 1939, sa vie n'aurait été qu'une suite
d'échecs.

14. Averill Harriman croyait que Lyndon Johnson
aurait été le plus grand président américain si la
guerre du Viêt-Nam n'avait pas eu lieu.

15. "Raphaël aurait été un grand peintre même
s'il était né sans mains." -- G.E. Lessing

16. "Il y a des gens qui n'auraient jamais été
amoureux s'ils n'avaient jamais entendu parler de
l'amour." -- La Rochefoucauld, Maximes

17. "Si l'amour avait pu le sauver, il ne serait
pas mort."

        "If love could have saved him, he would not
have died." -- Inscription funéraire

18. "Si tu étais venue au bal,...tu ne t'y serais pas ennuyée." -- Charles Perrault, "Cendrillon"

19. "Ah! si vous m'aviez vue quarante ans plus
tôt,...vous auriez pu dire que le Seigneur avait fait
un chef-d'oeuvre de ma personne." -- Mélanie de Pour-
talès à l'abbé Mugniez qui l'avait complimentée sur sa
beauté

Subjunctive: after impersonal expressions denoting subjectivity

1. Le médecin -- Il faut que vous mangiez beaucoup de fruits et surtout la peau des fruits car elle est pleine de vitamines. Quel est votre fruit favori?

   Le patient (déprimé) -- La noix de coco.

2. "Je suis leur chef; donc, il faut que je les suive." -- Édouard Herriot

3. "Il ne suffit pas de posséder la vérité, il faut que la vérité nous possède." -- Maurice Maeterlinck

4. "Il faut que le romancier soit Dieu le Père." -- Julien Green <u>Journal</u>

5. "Il faut qu'un empereur meure debout." -- L'empereur Vespasien

6. "Je m'en vais enfin de ce monde, où il faut que le coeur se brise ou se bronze." -- Chamfort sur son lit de mort

7. "Moi, il a fallu que j'attende l'âge de trente-deux ans pour que mon père me donne son premier coup de pied au derrière." -- César, <u>Marius</u>, Marcel Pagnol

8. "Il n'est pas important que je vive, mais il est important que je fasse mon devoir." -- Frédéric le Grand, Lettre au marquis d'Argens

9. "Mon père, s'il n'est pas possible que cette coupe s'éloigne sans que je la boive, que ta volonté soit faite." -- <u>Nouveau Testament</u>

10. "Il est temps que je fasse ce que j'ai tant prêché aux autres." -- Le célèbre prédicateur Louis Bourdaloue sur son lit de mort

11. "Il est temps que je m'en aille, car je commence à voir les choses telles qu'elles sont." -- Fontenelle

12. "Il est temps que la révolution finisse et qu'on vive tranquille en Europe." -- Napoléon Ier

13. "Il est singulier qu'on ne puisse rien faire sans que les journaux servent d'espions." -- Napoléon Ier

14. "Il est très rare qu'un homme puisse supporter...sa condition d'homme." -- André Malraux, <u>La Condition humaine</u>

15. "La tulipe est une fleur sans âme; mais il semble que la rose et le lis en aient une." -- Joseph Joubert, <u>Pensées</u>

16. <u>Dommage qu'elle soit putain</u> -- Titre de la version française de la pièce de John Ford <u>'Tis Pity She's a Whore</u>

17. "Dommage que tous les gens qui savent gouverner le pays soient occupés à conduire des taxis et à couper les cheveux."

"Too bad all the people who know how to run the country are busy driving taxicabs and cutting hair." -- George Burns

18. "C'est un brave garçon. Dommage qu'il ait tué son père." -- Napoléon Ier à propos du tsar Alexandre Ier

Subjunctive: after <u>quelque</u> ... <u>que</u>, <u>qui</u> ... <u>que</u>, etc.

1. "Quelque bien qu'on dise de nous, on ne nous apprend rien de nouveau." -- La Rochefoucauld, <u>Maximes</u>

2. "A table, quelque appétit que vous ayez, songez que vous n'êtes jamais le dernier à vous servir." -- Sacha Guitry, <u>Le Petit Carnet rouge</u>

3. "Quelque talent qu'il ait pour le latin, ce n'est qu'après tout un paysan souvent grossier et manquant de tact." -- Stendhal, <u>Le Rouge et le Noir</u>

4. "Nous défendrons notre île, quelque puisse en être le prix."

"We shall defend our island, whatever the cost may be." -- Winston Churchill, Discours du 4 juin 1940

5. "Il est étonnant avec quelle facilité j'oublie le mal passé, quelque récent qu'il puisse être." -- Jean-Jacques Rousseau, <u>Confessions</u>

6. "Le dernier acte est sanglant, quelque belle que soit la comédie en tout le reste." -- Blaise Pascal, <u>Pensées</u>

7. "Quelque vain que cela soit, j'aimerais évaluer mon juste poids sur la terre." -- Paul Guimard

8. "Un penseur d'antiquité, Sophocle je crois, a dit: 'Quelles que soient les choses admirables qu'il y ait dans le monde, rien n'est plus admirable que l'homme." -- Henry de Montherlant, <u>Les Nouvelles Littéraires</u>, 17-23 septembre 1973

9. "Un pays doit apprendre qu'il ne faut jamais se donner à un homme, quel que soit cet homme et quelles que soient les circonstances." -- Adolph Thiers. Cité par Louis Rougier, <u>De Gaulle contre de Gaulle</u>

10. "Pour grands que soient les rois, ils sont ce que nous sommes;
        Ils peuvent se tromper comme les autres hommes." -- Le comte de Gormas, <u>Le Cid</u>, Corneille

11. "Si grande que soit la bête, le moment vient toujours où ce sont les chiens qui gagnent." -- François Mauriac, <u>Le Nouveau Bloc-Notes</u>

12. "Je ne suis pas de ceux qu'un quart d'heure de lecture suffit à consoler, si grand que soit leur chagrin." -- <u>Ibid</u>.

13. "Quoi que fasse mon maître, il a toujours raison." -- Tristan, <u>Louis XI</u>, Casimir Delavigne

14. "Quoi que fasse le grand homme,
        Il n'est grand qu'à sa mort." -- Lefranc de Pompignan

15. "Quoi que vous soyez, vous n'êtes pas ce que vous devriez être." -- Saint Augustin, <u>Sermons</u>

16. "Je ne m'intéresse à quoi que ce soit qui intéresse les autres." -- François-René de Chateaubriand, <u>Mémoires d'outre-tombe</u>

17. "Une grande douleur, quoi qu'on en dise, est un grand repos." -- Alfred de Musset, <u>La Confession d'un enfant du siècle</u>

18. "On peut, à la rigueur, vivre sans amour, quoi que dise la chanson." -- Frédéric O'Brady, <u>Propos pertinents et impertinents</u>

19. "Il est difficile de prévoir quoi que ce soit, mais surtout l'avenir." -- Storm Petersen. Cité par Pierre Daninos, <u>Daninoscope</u>

20. "Qui que tu sois, voici ton maître:
        Il l'est, le fut, ou le doit être." -- Voltaire, inscription pour une statue de l'Amour

21. "Je m'aime trop moi-même pour pouvoir haïr qui que ce soit." -- Jean-Jacques Rousseau, <u>Les Rêveries du promeneur solitaire</u>

22. "Oui, je juge sévèrement mes amis, mais je les aime mieux que qui que ce soit au monde." -- Benjamin Constant, <u>Journal intime</u>

23. "Mais où que nous cherchions refuge, nous ne sortions jamais de cette ombre étouffante que la Gestapo étendait sur nos têtes." -- François Mauriac, <u>Mémoires politiques</u>

24. "Bonsoir, madame Calabash, où que vous soyez."

    "Goodnight, Mrs. Calabash, wherever you are." -- Paroles avec lesquelles Jimmy Durante terminait ses numéros comiques

25. "L'argent n'a pas d'odeur d'où qu'il vienne." -- Juvénal, <u>Satires</u>

26. "Où que vous regardiez...vous voyez Budd."

    "Wherever you look...you see Budd." -- Slogan publicitaire, Budd Co.

Subjunctive: after verbs expressing
emotions and sentiments

1. "C'est ce que je voulais t'entendre dire; heureux que nous soyons du même avis." -- André Gide, La Symphonie pastorale

2. "Je suis heureux qu'il ait compris cela de lui-même." -- Ibid.

3. "Ce qui me chagrinait d'avantage, c'est qu'Amélie eût osé dire cela devant Gertrude." -- Ibid.

4. "Craignant que Gertrude ne s'étiolât à demeurer auprès du feu sans cesse, comme une vieille, j'avais commencé de la faire sortir." -- Ibid.

5. "Je crains...que le monde entier ne soit pas si beau que vous me l'avez fait croire, pasteur." -- Ibid.

6. "L'optimiste proclame que nous vivons dans le meilleur des mondes possibles et le pessimiste craint que ce ne soit vrai." -- James B. Cabell, The Silver Stallion

7. "Je suis las qu'on me plaigne." -- Oreste, Andromaque, Jean Racine

8. "Ils étaient las de la course, et de ce qu'elle eût été vaine." -- André Gide, "Le Retour de l'enfant prodigue"

9. "Je suis bien aise que la force vous revienne un peu, et que ma visite vous fasse du bien." -- Béralde, Le Malade imaginaire, Molière

10. "Mon bonheur! est que tu sois heureuse; ma joie que tu sois gaie; mon plaisir, que tu en aies." -- Napoléon Ier, Lettre à Joséphine

11. "Je ne me fâche point qu'on me contredise... je cherche qu'on m'éclaire." -- Napoléon Ier. Cité par Las Cases, Mémorial de Sainte-Hélène

12. "Ah! quel malheur que je n'aie pu gagner l'Amérique!" -- Ibid.

13. "Il serait bon que cet homme ne fût jamais né." -- Georges Bernanos à propos d'Anatole France, Essais et écrits de combat

14. "Ma seule inquiétude est que la lumière ne soit pas faite tout entière et tout de suite." -- Émile Zola, "Lettre à la France"

Subjunctive: after verbs expressing volition

1. "Je veux que chaque laboureur puisse mettre la poule au pot le dimanche." -- Henri IV

2. "Je veux que le titre de Français soit le plus beau, le plus désirable sur la terre." -- Napoléon Ier. Cité par Las Cases, Mémorial de Saint-Hélène

3. "Je veux que ma poésie puisse être lue par une jeune fille de quatorze ans." -- Le comte de Lautréamont, Exergue, Poésies

4. "Mon verre est petit, mais je ne veux pas que vous buviez dedans." -- Jules Renard, Journal

5. "Raseur: un individu qui parle quand on veut qu'il écoute."

"Bore: a person who talks when you want him to listen." -- Ambrose Bierce, Le Dictionnaire du diable

6. "Voulez-vous qu'on croie du bien de vous? N'en dites pas." -- Blaise Pascal, Pensées

7. "Je désire vivement qu'il ne vienne pas d'Anglais, parce que notre conversation manquerait d'animation." -- Eugène, L'Anglais tel qu'on le parle, Tristan Bernard

8. "Aucun homme ne consentirait à être une femme, mais tous souhaitent qu'il y ait des femmes." -- Simone de Beauvoir, Le Deuxième Sexe

9. "Souhaitons que l'esprit soit sain dans un corps sain." -- Juvénal, Satires

10. "Nous souhaitons que Pinto soit la meilleure petite voiture du monde."

"We want Pinto to be the best little car in the world." -- Slogan publicitaire, Ford Motor Co.

11. "Chevrolet souhaite qu'Impala soit la meilleure voiture que vous ayez jamais eue."

"Chevrolet wants Impala to be the best car you've ever had." -- Slogan publicitaire, General Motors Corp.

12. "Peuple, je meurs innocent. Je pardonne aux auteurs de ma mort et je prie Dieu que mon bonheur puisse cimenter le bonheur des Français." -- Louis XVI sur l'échafaud

13. "Bonaparte voulait que dans Paris toutes les rues nouvelles eussent quarante pieds de large avec des trottoirs." -- Louis de Bourrienne, Mémoires sur Napoléon...

14. "Il voulait que je l'éveillasse tous les jours à sept heures du matin." -- Ibid.

15. "Je voudrais que cet instant durât toujours." -- Jean-Jacques Rousseau, Rêveries du promeneur solitaire

16. "Ne faites pas aux autres ce que vous voudriez qu'ils vous fassent. Leurs goûts peuvent différer des vôtres."

"Do not do unto others as you would they should do unto you. Their tastes may not be the same." -- Georges Bernard Shaw

17. "L'homme sait que le monde n'est pas à l'échelle humaine et il voudrait qu'il le fût." -- André Malraux, Les Noyers d'Altenburg

18. "M. Singlin enseignait à Pascal que la plus grande charité envers les morts, c'est de faire ce qu'ils souhaiteraient que nous fassions s'ils étaient encore au monde." -- François Mauriac, Mémoires politiques

Subjunctive: in independent clauses

1. Vive le roi!

2. "Donc, nous chantons: 'Vive le Roi,
    Vivent la Dame et le Valet,
    Vivent le dix et l'as,
    Et vive aussi le jeu de cartes!'"

    "And so we sing, 'Long live the King;
    Long live the Queen and Jack;
    Long live the ten-spot and the Ace,
    And also the pack.'" -- Eugene Field

3. Vive la France!

4. "Vive le Québec libre!" -- Le président
Charles de Gaulle à Montréal, 24 juillet 1967

5. Vive Machin Chose!

6. Vivent les Untel!

7. Vivent Violette, Marguerite et Rose!

8. Vive la mariée!

    Long Live the bride!

9. "Vive Vivaldi!" -- Graffiti

10. "Vive Tartarin! vive le tueur de lions!" --
Alphonse Daudet, <u>Tartarin de Tarascon</u>

11. "Vive Papa!" -- Slogan des enfants de Pierre
Poujade pendant une campagne électorale de leur père

12. "Vivent les ennemis qui nous haïssent!" --
Romain Rolland

13. "Vivent mes ennemis! Eux du moins ne
peuvent pas me trahir." -- Malatesta, <u>Malatesta</u>, Henry
de Montherlant

14. "Vive le travail! Chacun le sien. Travailler, c'est vivre!" -- Sacha Guitry, <u>Le Petit Carnet
rouge</u>

15. "Vive la vie!" -- E.E. Cummings

16. "Vive l'immortalité!" -- Maurice Maeterlinck en expirant

17. "Vive la mort!"

"Viva la muerte!" -- Cri de guerre employé pendant la guerre civile espagnole

18. Vivent les vacances!

19. A Dieu ne plaise!

God forbid!

20. "A Dieu ne plaise que je vous déplaise, monsieur le baron." -- Maître Blazius, On ne badine pas avec l'amour, Alfred de Musset

21. Le ciel soit loué!

22. "Lettre de Martins: l'opération a réussi. Dieu soit loué!" -- André Gide, La Symphonie pastorale

23. "Devant la cuisine anglaise, il n'y a qu'un seul mot: soit!" -- Paul Claudel, Journal

24. Honni soit qui mal y pense! -- Devise de l'ordre de la Jarretière, en Angleterre

25. "Puissiez-vous vivre tous les jours de votre vie."
"May you live all the days of your life." -- Jonathan Swift

26. "Puisse mon sang cimenter votre bonheur!" -- Louis XVI sur l'échafaud, 21 janvier 1793

27. "Comprenne qui voudra" -- Poème de Paul Éluard

28. "Votre volonté soit faite et non la mienne." -- Fénelon

29. "La paix soit avec vous!" -- Nouveau Testament

30. "Bénie soit la main qui m'offre des étrennes." -- Formule de remerciement employée parfois par les mendiants

31. "Béni soit celui qui inventa le sommeil!" --
Miguel de Cervantès, Don Quichotte

32. "Béni soit celui qui a préservé du désespoir
un coeur d'enfant!" -- Georges Bernanos, Le Journal
d'un curé de campagne

33. Bénis soient les yeux qui te voient!

Benditos sean los ojos que te ven!

34. "Bénis soient ceux qui n'ont pas de talent!"

"Blessed are those who have no talent!" --
Ralph Waldo Emerson, Essays

35. Que chacun balaie devant sa porte. -- Proverbe

36. Que George le fasse.

37. "Que chacun fasse...le métier qu'il sait
faire." -- Aristophane, Les Guêpes

38. Que le meilleur gagne!

May the best man win!

39. "Que Dieu vous garde de sacrifier le présent
à l'avenir!" -- Anton Tchekhov, Le Conseiller privé

40. Que ma joie demeure -- Roman de Jean Giono

41. "Qui se sent morveux, qu'il se mouche." --
La Flèche, L'Avare, Molière

42. "S'ils n'ont pas de pain, qu'ils mangent de
la brioche." -- La reine Marie-Antoinette

43. "Qu'un sang impur abreuve nos sillons." --
Paroles de "La Marseillaise"

44. Que Dieu vous aide!

45. "Que Dieu ait pitié de nous!" -- Georges
Bernanos, Français, si vous saviez...

46. "Dieu dit: 'Que la lumière soit' et la
lumière fut." -- Ancien Testament

47. "Que celui d'entre vous qui est sans péché lui jette la première pierre." -- <u>Nouveau Testament</u>

48. "Qu'on me laisse tranquille, je n'ai pas peur." -- Paul Claudel sur son lit de mort

49. "Qu'il repose en paix." -- Inscription funéraire

50. "Que la terre te soit légère." -- Inscription funéraire

51. "Que la terre leur soit légère! Ils ont aimé." -- Alfred de Musset, <u>La Coupe et les lèvres</u>

Subjunctive: in relative clauses when antecedent is indefinite

1. "Existe-t-il au monde un homme qui sache bien comment il est et ce qu'il fait quand il dort?" -- Honoré de Balzac, <u>Physiologie du mariage</u>

2. "Nous ne savons pas quoi faire de cette courte vie, et pourtant nous en désirons une autre qui soit éternelle." -- Anatole France. Cité par Pierre Daninos, <u>Daninoscope</u>

3. "Les Français désirent une armée allemande qui soit à la fois plus grande que l'armée russe et plus petite que l'armée française." -- Alfred Grosser

4. "Le père de Diderot espérait pour son fils une profession lucrative qui fasse honneur à sa famille." -- Paul Guth, <u>Histoire de la littérature française</u>

5. "Aux vertus qu'on exige dans un domestique, Votre Excellence connaît-elle beaucoup de maîtres qui fussent dignes d'être valets?" -- Figaro, <u>Le Barbier de Séville</u>, Beaumarchais

6. "Jamais je ne retrouverais cette chose divine: un être avec qui je pusse causer de tout, à qui je pusse me confier." -- Marcel Proust, <u>Albertine disparue</u>

Subjunctive: in restrictive relative clauses

1. "Il n'y a rien qui aille aussi vite que le temps." -- Ovide

2. "Il n'y a que le temps qui ne perde pas son temps." -- Jules Renard, Journal

3. "Il n'y a rien qui échoue comme le succès."

"There is nothing that fails like success."
-- G.K. Chesterton

4. "Il n'y a point d'homme qui ait assez d'esprit pour n'être jamais ennuyeux." -- Vauvenargues, Réflexions et Maximes

5. "Il n'y a pas un homme qui ait le droit de mépriser les hommes." -- Alfred de Vigny, Journal d'un poète

6. "Il n'y a rien pour quoi l'homme soit moins fait que le bonheur et dont il se lasse aussi vite." -- Doña Prouhèze, Le Soulier de satin, Paul Claudel

7. "Il n'est pas de douleur que le sommeil ne sache vaincre." -- Honoré de Balzac, Le Cousin Pons

8. "Il n'y a que Gautier, Hugo et moi qui sachions notre langue." -- Balzac, Correspondance

9. "Il n'y a pas de grande oeuvre qui soit dogmatique." -- Roland Barthes, Mythologies

10. Il n'y a que Satan qui ait perdu tout espoir. -- Proverbe

11. "Je crois qu'on peut affirmer qu'il n'est point un Français que je n'aie remué." -- Napoléon Ier. Cité par Las Cases, Mémorial de Sainte-Hélène

12. "Il n'est pas de génie qui n'ait eu son grain de folie." -- Sénèque, Ad Lucilium

13. Rien n'est dit qui n'ait été dit. -- Proverbe

14. "Il n'y a pas eu en France une seule grande chose, bonne ou mauvaise en politique, en littérature, en art, qui n'ait été inspirée par une femme." -- Alphonse Karr, Les Guêpes

15. "A tous les âges de ma vie, il n'y a pas de supplice que je n'eusse préféré à l'horreur d'avoir à rougir devant une créature vivante." -- François-René de Chateaubriand, Mémoires d'outre-tombe

Subjunctive: with conditional perfect function

1. "Si Chimène se plaint qu'il a tué son père,
        Il ne l'eût jamais fait si je l'eusse pu
        faire." -- Don Diègue, Le Cid, Pierre
Corneille

2. "Chimène -- 'Rodrigue, qui l'eût cru?'"

   "Don Rodrigue -- 'Chimène, qui l'eût dit?'"
-- Le Cid, Pierre Corneille

3. "Oenone, qui l'eût cru? J'avais une rivale."
-- Phèdre, Phèdre, Jean Racine

4. "Les royalistes répètent le mot du flagorneur La Chaise: 'Dieu fit Napoléon et se reposa' -- et on ajoute: 'Dieu eût mieux fait de se reposer un peu plus tôt.'" -- André Castelot, Bonaparte

5. "Un fils de Joséphine m'eût été nécessaire, et m'eût rendu heureux." -- Napoléon Ier. Cité par Las Cases, Mémorial de Sainte-Hélène

6. "Si j'eusse été en Amérique, volontiers j'eusse été un Washington et j'y eusse eu un peu de mérite." -- Ibid.

7. "Qu'eût valu une vie pour laquelle il n'eût pas accepté de mourir?" -- André Malraux, La Condition humaine

8. "Vient-il à l'esprit de personne de se demander: 'Qu'eût fait le Christ, que n'eût-il fait, si on l'eût laissé vivre?'" -- André Gide, Journal

9. "A tous les âges de ma vie, il n'y a pas de
supplice que je n'eusse préféré à l'horreur d'avoir à
rougir devant une créature vivante." -- François-René
de Chateaubriand, Mémoires d'outre-tombe

10. "Un seul de ses regards m'eût fait voler au
bout de la terre; quel désert ne m'eût suffi avec
elle!" -- Ibid.

11. "On eût dit qu'elle était née fleur, et que
son parfum était la gaieté." -- Alfred de Musset, Confession d'un enfant du siècle

12. "Heureuse, elle eût été ravissante: le
bonheur est la poésie des femmes, comme la toilette
en est le fard." -- Honoré de Balzac, Le Père Goriot

13. "Quel homme eût été Balzac s'il eût su écrire, mais il ne lui a manqué que cela." -- Gustave
Flaubert, Correspondance

14. "Le plus simple écolier sait maintenant des
vérités pour lesquelles Archimède eût sacrifié sa
vie." -- Ernest Renan, Préface, Souvenirs d'enfance et
de jeunesse

Subjunctive: with subordinating conjunctions

1. "Il n'est jamais permis de faire le mal pour
qu'il en sorte du bien." -- Max Olivier-Lecamp

2. "Pour que Dieu nous réponde, adressons-nous à
lui." -- Alfred de Musset, "L'Espoir en Dieu"

3. "Tu ne me feras pas croire qu'on vous paie
uniquement pour que vous vous tourniez les pouces." --
Georges Courteline, Messieurs les ronds-de-cuir

4. "Pourquoi achète-t-on des chiens? Pour
qu'ils fassent du bruit en aboyant, et pour qu'on
fasse du bruit en leur commandant de ne plus aboyer." -- Henry de Montherlant, Carnets

5. "Il vous suffira de dire: 'J'étais à la bataille d'Austerlitz pour que l'on vous réponde: Voilà un brave!'" -- Napoléon Ier à la Grande Armée, 3 décembre 1805

6. "Pour que vécût la France, il fallait que revînt le roi." -- Charles Maurras, Au signe de Flore

7. "Il est bon de suivre sa pente, pourvu que ce soit en montant." -- André Gide, Les Faux-Monnayeurs

8. "Je permets à chacun de penser à sa manière, pourvu qu'on me laisse penser à la mienne." -- Denis Diderot

9. "Que m'importe ce qu'on écrit à mon sujet pourvu que ce ne soit pas vrai."

"I don't care what is written about me provided that it isn't true." -- Katherine Hepburn

10. "Nous aimons qu'un homme exprime crûment son avis à condition que nous le partagions." -- Mark Twain

11. Ne dites pas oui avant que je ne finisse de parler

Don't Say Yes Until I Finish Talking -- Biographie de Darryl F. Zanuck par Mel Gussow

12. "Avant son mariage, un homme restera éveillé toute la nuit en pensant à ce que vous avez dit. Après le mariage, il s'endormira avant que vous ne finissiez de le dire."

"Before marriage, a man will lie awake all night thinking of something you said. After marriage, he'll fall asleep before you finish saying it." -- Helen Rowland

13. "Je prétends bien épouser Rosine avant qu'elle apprenne seulement que ce comte existe." -- Bartholo, Le Barbier de Séville, Beaumarchais

14. "Ne tirez pas avant que vous ne voyiez le blanc de leurs yeux."

"Don't fire until you see the whites of their eyes." -- Le général Israel Putman, à la bataille de Bunker Hill

15. "Vous serez de retour chez vous avant que les feuilles ne tombent des arbres." -- Le Kaiser Guillaume aux troupes allemandes, 1er août 1914

16. Ne comptez pas vos poussins avant qu'ils ne soient éclos. -- Proverbe

17. "Beaucoup d'eau coulera sous les ponts avant que je ne reboive avec vous du vin de la vigne." -- Georges Bernanos

18. "Avant que le coq ait chanté, tu m'auras renié trois fois." -- <u>Nouveau Testament</u>

19. "La vue de la petite madeleine ne m'avait rien rappelé avant que je n'y eusse goûté." -- Marcel Proust, <u>Du côté de chez Swann</u>

20. "Il tient jusqu'à ce que vous l'enleviez."

"Stays on until you take it off." -- Slogan publicitaire, Coty 24 Hour lipstick

21. "La diplomatie est l'art de dire 'Gentil chienchien!' jusqu'à ce qu'on puisse trouver une pierre."

"Diplomacy is the art of saying 'Nice doggie!' till you can find a rock." -- Wynn Catlin

22. "Je pourrais danser avec toi jusqu'à ce que les vaches rentrent. Réflexion faite, je pourrais danser avec les vaches jusqu'à ce que tu rentres."

"I could dance with you till the cows come home. Come to think of it, I could dance with the cows till you come home." -- Groucho Marx, en dansant avec une femme séduisante

23. "Repose en paix -- jusqu'à ce que nous nous revoyions."

"Rest in peace -- until we meet again." -- Inscription funéraire, Middlebury, Vermont

24. "L'homme qui possède une nouvelle idée est un excentrique jusqu'à ce que son idée porte ses fruits."

"The man with a new idea is a crank until the idea succeeds." -- Mark Twain, <u>Following the Equator</u>

25. "L'esprit humain est un chaos jusqu'à ce qu'il ait une passion dominante."

"The mind of a man is a chaos till it has some ruling passion." -- Ralph Waldo Emerson, "Atheism and Ignorance"

26. "Je verrai cet instant jusqu'à ce que je meure." -- Victor Hugo, "A Villequier"

27. Un tribunal devrait toujours présumer qu'un homme est innocent jusqu'à ce qu'il soit reconnu coupable.

28. "Il y a des gens qui parlent, qui parlent... jusqu'à ce qu'ils aient enfin trouvé quelque chose à dire." -- Sacha Guitry. Cité par F. Choisel, <u>Sacha Guitry intime</u>

29. Lulu -- Crois-tu aux rêves?

Loulou -- J'y croyais jusqu'à ce que j'en aie épousé un.

30. "Je préfère la musique de Wagner à toute autre. Elle est si bruyante qu'on peut causer tout le temps sans que personne vous entende." -- Oscar Wilde, <u>Le Portrait de Dorian Gray</u>

31. "L'amour est invisible. Il entre et s'en va...sans que personne ne lui demande compte de ses actes." -- Miguel de Cervantès, <u>Don Quichotte</u>

32. "Mon père, s'il n'est pas possible que cette coupe s'éloigne sans que je la boive, que ta volonté soit faite." -- <u>Nouveau Testament</u>

33. "On tordrait aujourd'hui mon coeur comme une éponge, sans qu'une goutte de haine ou même de fiel en tombât sur aucun nom vivant." -- Alphonse de Lamartine

34. "Combien d'hommes admirables, et qui avaient de très beaux génies, sont morts sans qu'on en ait parlé?" -- Jean de La Bruyère, <u>Les Caractères</u>

35. "Par ma foi! il y a plus de quarante ans que je dis de la prose sans que je n'en susse rien." -- M. Jourdain, Le Bourgeois Gentilhomme, Molière

36. "Je crois à la ponctualité, quoiqu'elle me rende souvent solitaire." -- E.V. Lucas. Cité par Pierre Daninos, Daninoscope

37. "Le coureur de marathon ne s'arrête pas bien qu'il soit à bout de souffle." -- François Mauriac, Mémoires politiques

38. "Danton, bien qu'il fût humain, n'était point sentimental." -- Jean Jaurès

39. "Aucun homme n'est heureux à moins qu'il ne croie l'être." -- Publilius Syrus, Sentences

40. "Efforçons nous de vivre de telle sorte que, quand nous ne serons plus, le croque-mort lui-même ait des regrets."

"Let us endeavor so to live that when we come to die even the undertaker will be sorry." -- Mark Twain, Pudd'nhead Wilson

Subjunctive: with superlative, with seul, etc.

1. "Une révolution est un des plus grands maux dont le ciel puisse affliger la terre." -- Napoléon Ier. Cité par Las Cases, Mémorial de Sainte-Hélène

2. "L'oeuvre de Balzac est le plus grand magasin de documents que nous ayons." -- Hippolyte Taine

3. "Vous serez reconnu un jour comme le plus grand de tous, le plus vraiment romancier que nous ayons." -- André Gide à Georges Simenon

4. "Je suis le meilleur joueur de base-ball que j'aie jamais vu."

"I'm the best ballplayer I ever saw." -- Willie Mays

5. "Je suis le plus grand historien qui ait jamais vécu."

"I am the greatest historian that ever lived." -- Edward Gibbon

6. "Le plus grand homme qui ait paru depuis César." -- Stendhal à propos de Napoléon Ier, Mélanges de littérature

7. "Calvin Coolidge--le plus grand homme qui ait été originaire de Plymouth Corner, Vermont."

"Calvin Coolidge--the greatest man who ever came out of Plymouth Corner, Vermont." -- Clarence Darrow

8. "Don Juan...le plus grand scélérat que la terre ait jamais porté." -- Sganarelle, Don Juan ou le Festin de Pierre, Molière

9. "Les quatre plus grands romanciers que le monde ait jamais connus: Balzac, Dickens, Tolstoï et Dostoïevski."

"The four greatest novelists the world has ever known, Balzac, Dickens, Tolstoy and Dostoyevsky." -- W. Somerset Maugham

10. On prétend qu'Anatole France, lauréat du prix Nobel de littérature, avait le plus petit cerveau humain qu'on ait jamais mesuré. -- Guinness Book of World Records

11. "Thomas Jefferson, Benjamin Franklin et le comte Rumford sont les trois plus grands cerveaux que l'Amérique ait produits."

"Thomas Jefferson, Benjamin Franklin and Count Rumford are the three greatest minds that America has produced." -- Franklin D. Roosevelt

12. "'Soyez vous-même' est le plus mauvais conseil que l'on puisse donner à certains."

"'Be Yourself' is the worst advice you can give to some people." -- Tom Masson

13. "L'ennui est un des maux les moins graves qu'on ait à supporter." -- Marcel Proust

14. "Un enfant endormi est bien le plus beau, le plus tendre et le plus plaisant spectacle qui puisse s'offrir à des yeux humains." -- Styn Streuvels, Poucette

15. "'Savoir, c'est pouvoir' est le plus beau mot qu'on ait dit." -- Ernest Renan, Dialogues et fragments philosophiques

16. "Beyle vient de publier, à mon sens, le plus beau livre qui ait paru depuis cinquante ans. Cela s'appelle la Chartreuse de Parme." -- Honoré de Balzac, Correspondance

17. "Cesser de fumer, c'est la chose la plus facile que j'aie jamais faite. Je suis bien placé pour le savoir. Je l'ai fait mille fois."

"To cease smoking is the easiest thing I ever did. I ought to know. I did it a thousand times." -- Mark Twain

18. "L'hiver le plus froid que j'aie jamais passé était un été à Duluth."

"The coldest winter I ever spent was a summer in Duluth." -- Ibid.

19. "Le moins que l'on puisse demander à une sculpture, c'est qu'elle ne bouge pas." -- Salvador Dali, Les Cocus de l'art moderne

20. "Henry James était l'une des vieilles dames les plus aimables que j'aie jamais rencontrées."

"Henry James was one of the nicest old ladies I ever met." -- William Faulkner

21. "Vous êtes l'homme le plus obstiné que j'aie jamais connu."

"You are the most stubborn man I have ever known." -- Le président Dwight Eisenhower au président Charles de Gaulle

22. "Il a créé la plus forte administration civile que la France ait connue." -- André Malraux à propos de Napoléon Ier, Antimémoires

23. "Le moraliste le plus pénétrant qui ait jamais été, dans aucune littérature." -- François Mauriac à propos de Marcel Proust, <u>Écrits intimes</u>

24. "La plus noble conquête que l'homme ait jamais faite." -- Buffon à propos du cheval, <u>Histoire des mammifères</u>

25. "Le monument le plus prodigieux que l'homme se soit élevé à soi-même." -- Jean-Paul Sartre à propos de la ville de New York, <u>Situations</u>

26. "La guerre de Spartacus était la plus légitime qui ait jamais été entreprise." -- Montesquieu, <u>Mes Pensées</u>

27. "Faust, la plus sombre figure humaine qui eût jamais representé le mal et le malheur." -- Alfred de Musset, <u>La Confession d'un enfant du siècle</u>

29. "L'homme est le seul animal qui fasse du feu, ce qui lui a donné l'empire du monde." -- Antoine Rivarol, <u>Fragments et pensées littéraires, politiques et philosophiques</u>

30. "L'homme est le seul animal qui rougisse. Ou qui en ait besoin."

"Man is the only animal that blushes. Or needs to." -- Mark Twain, <u>Following the Equator</u>

31. "Il (Voltaire) est le seul écrivain qui ait donné son nom à un fauteuil." -- Paul Guth, <u>Histoire de la littérature française</u>

32. "Balzac est peut-être le seul qui ait eu le droit de mal écrire." -- Jules Renard, <u>Journal</u>

33. Québec est la seule ville de l'Amérique du Nord qui soit entourée d'une muraille.

34. Thierville dans l'Eure est le seul village de France qui n'ait pas eu de morts à la guerre depuis 1870.

35. "L'affection du peuple est la seule ressource qu'un prince puisse trouver dans l'adversité." -- Niccolo Machiavel, <u>Le Prince</u>

36. "En amour, tout est vrai, tout est faux, et c'est la seule chose sur laquelle on ne puisse pas dire une absurdité." -- Chamfort, Maximes et Pensées

37. "La seule chose que nous ayons à craindre est la crainte elle-même."

"The only thing we have to fear is fear itself." -- Franklin D. Roosevelt, Discours du 4 mars 1933

38. "J'aime parler à un mur de briques, c'est la seule chose au monde qui ne me contredise jamais."

"I like talking to a brick wall, it's the only thing in the world that never contradicts me." -- Oscar Wilde, L'Éventail de Lady Windermere

39. La pastèque est le seul fruit qu'on puisse manger et boire et dans lequel on puisse se laver le visage.

40. Il est peut-être excessif de prétendre que la lionne est le seul animal dont le lion ait peur.

41. "Vieillir est ennuyeux, mais c'est le seul moyen que l'on ait trouvé de vivre longtemps." -- Charles Augustin Sainte-Beuve

42. "Ci-gît...à la seule place qu'il n'ait jamais demandée." -- Inscription funéraire facétieuse

43. "C'est le seul endroit de Paris d'où je ne puisse pas voir cette horreur." -- Réponse d'un habitué à qui l'on avait demandé pourquoi il aimait tant dîner au restaurant de la Tour Eiffel

44. Riquet -- Penses-tu que Lulu me croira si je lui dis qu'elle est la seule fille que j'aie jamais aimée?

Robin -- Oui, si tu es le premier menteur qu'elle ait jamais rencontré.

45. "Le théâtre est le premier sérum que l'homme ait inventé pour se protéger de la maladie de l'angoisse." -- Jean-Louis Barrault, Nouvelles Réflexions sur le théâtre

46. "Le dernier mot intelligible qu'il ait prononcé sera simplement: 'L'usine.'" -- Robert Aron à propos de Louis Renault

Subjunctive: with verbs and expressions denoting doubt

1. "Je doute que les Panthères noires puissent être jugées impartialement dans notre pays." -- Kingman Brewster

2. "Je doute fort que Carmen fût de race pure." -- Prosper Mérimée, Carmen

3. "Je puis douter de tout mais je ne puis pas douter qu'à tout le moins, moi qui doute, je sois un être qui pense." -- René Descartes, Discours de la méthode

4. "Il n'est pas certain que tout soit incertain." -- Blaise Pascal, Pensées

5. "La récompense des grands hommes, c'est que, longtemps après leur mort, on n'est pas sûr qu'ils soient morts." -- Jules Renard

6. "S'il ne croit plus qu'il puisse sauver ses frères, l'homme est perdu." -- Maxence Van der Meersch, Corps et Âmes

7. "Je ne crois pas que personne dans nos lettres ait poussé plus loin que François Mauriac cette intime et profonde insatisfaction de soi-même." -- Jean-Marie Domenach, "Adieu à François Mauriac," Esprit, octobre 1970

8. A la question "Pensez-vous que le génie soit héréditaire?" James Whistler répondit: "Je ne saurais vous le dire. Le ciel ne m'a pas donné de progéniture."

Superlative: of adjectives

1. La bonne vie est le meilleur sermon. -- Proverbe

2. L'appétit est le meilleur cuisinier. -- Proverbe

3. "La faim n'est pas seulement le meilleur cuisinier mais aussi le meilleur médecin."

"Hunger is not only the best cook, but also the best physician." -- Peter Altenberg

4. "La faim est la meilleure sauce." -- Cicéron, De Finibus

5. "Le meilleur homme pour le poste est une femme."

"The best man for the job is a woman." -- Inscription de T shirt

6. Le diamant est le meilleur ami de la jeune fille.

Diamonds are a girl's best friend. -- Proverbe

7. "L'incinérateur est le meilleur ami de l'écrivain."

"The incinerator is the writer's best friend." -- Thornton Wilder

8. "Le meilleur joueur du monde ne peut jouer qu'avec les cartes qu'il a." -- François Mauriac, Le Nouveau Bloc-Notes

9. "La comtesse de Boufflers disait au prince de Conti qu'il était le meilleur des tyrans." -- Chamfort, Caractères et Anecdotes

10. Le Meilleur des ennemis

The Best of Enemies -- Film de guerre

11. "Le meilleur moyen pour apprendre à se connaître, c'est de chercher à comprendre autrui." -- André Gide, Journal

12. "J'ai des goûts des plus simples. Je suis toujours satisfait du meilleur."

"I have the simplest tastes. I am always satisfied with the best." -- Oscar Wilde, In Conversation

13. "Air France. Le meilleur de la France vers le monde." -- Slogan publicitaire

14. "La raison du plus fort est toujours la meilleure" -- Jean de la Fontaine, "Le Loup et l'agneau"

15. "Le meilleur antigel depuis le vison (Zerex)"

"The best anti-freeze since mink (Zerex)" -- Slogan publicitaire, E.I. du Pont de Nemours and Co.

16. Le chasseur -- Êtes-vous sûr que nous ne nous soyons pas égarés? Vous avez prétendu être le meilleur guide du Maine.

Le guide -- Je le suis, mais je pense qu'à présent nous sommes au Canada.

17. Les meilleurs compagnons sont les meilleurs livres.

The best companions are the best books. -- Proverbe

18. Les meilleurs poissons nagent près du fond. -- Proverbe

19. "Les meilleurs médecins du monde sont le docteur Diète, le docteur Tranquille, et le docteur Joyeux."

"The best doctors in the world are Doctor Diet, Doctor Quiet, and Dr. Merryman." -- Jonathan Swift, <u>Conversation polie</u>

20. Suivant l'avis du tsar Nicolas Ier, les meilleurs généraux russes s'appelaient Janvier et Février.

21. <u>Les Meilleurs et les plus brillants</u>

<u>The Best and the Brightest</u> -- Livre de David Halberstam sur la guerre au Viêt-Nam

22. "J'ai été le plus jeune gouverneur du Minnesota, et bien des gens ont dit que j'en ai été un des

meilleurs. Maintenant j'essaie de devenir le plus
vieux président--et l'un des meilleurs."

"I was the youngest governor of Minnesota,
and many said I was one of the best. Now I'm trying
to be the oldest president--and one of the best." --
Harold Stassen qui, à l'âge de soixante et onze ans,
annonçait pour la septième fois sa candidature à la
présidence des États-Unis

23. "Parler en public est une des meilleures
choses que je déteste."

"Public speaking is one of the best things
I hate." -- Attribué à Yogi Berra

24. "Entre vingt-huit et trente ans." -- Réponse
de l'actrice Anna Magnani à un journaliste qui lui
demandait quelles avaient été les dix meilleures années de sa vie

25. "Les meilleurs souvenirs sont ceux que l'on
a oubliés." -- Alfred Capus, Notes et Pensées

26. "La langue est la meilleure et la pire des
choses." -- Ésope

27. "Le pire est l'ennemi du mal." -- Claude
Aveline, Avec toi-même, etc.

28. "Le pire des défauts est de les ignorer." --
Publilius Syrus, Sentences

29. "La pire de toutes les mésalliances est
celle du coeur." -- Chamfort, Maximes et Pensées

30. "C'est bien la pire peine
     De ne savoir pourquoi,
     Sans amour et sans haine,
     Mon coeur a tant de peine." -- Paul Ver-
laine, "Ariette oubliée"

31. "L'incertitude est le pire de tous les maux,
jusqu'au moment où la réalité nous fait regretter
l'incertitude." -- Alphonse Karr, Les Guêpes

32. "Courage! le pire n'est pas encore arrivé."

"Cheer up, the worst is yet to come." --
Philander C. Johnson

33. "C'est rasant. Oui, mais le pire est d'être rasé avec un rasoir qui coupe mal." -- Paul Claudel, _Journal_

34. "Le pire diable chasse le moindre." -- Marguerite de Navarre, _L'Heptaméron_

35. "Les mauvaises lois sont la pire sorte de tyrannie."

"Bad laws are the worst sort of tyranny." -- Edmund Burke

36. "La pire des démocraties est préférable à la meilleure des dictatures." -- Ruy Barbosa, _Lettres_

37. "Le plus grand des maux et le pire des crimes, c'est la pauvreté."

"The greatest of evils and the worst of crimes is poverty." -- George Bernard Shaw, Préface, _La Commandante Barbara_

38. La plus mauvaise roue du char fait toujours le plus grand bruit. -- Proverbe

39. "Franklin's Restaurant--la plus mauvaise tarte aux pommes du monde"

"Franklin's Restaurant--World's Worst Apple Pie" -- Enseigne à Statesboro, Georgia

40. "Le moindre valet connaît mieux son maître que le maître ne connaît le valet." -- Alain

41. "La Fourmi n'est pas prêteuse;
       C'est là son moindre défaut." -- Jean de La Fontaine, "La Cigale et la fourmi"

42. "Le moindre titre lui tournait la tête." -- Georges Hourdin à propos d'Honoré de Balzac, _Balzac, romancier des passions_

43. "L'homme le plus riche est celui dont les plaisirs sont les moins coûteux."

"The man is the richest whose pleasures are the cheapest." -- Henry Thoreau, _Journal_

44. "Le plus riche des hommes, c'est l'économe, le plus pauvre, c'est l'avare." -- Chamfort, "Produits de la civilisation perfectionnée"

45. "Le moins coûteux de tous les vices, c'est l'ingratitude." -- Louis-Auguste Commerson, Pensées d'un emballeur

46. "Nos actes les plus sincères sont aussi les moins calculés." -- André Gide, Si le grain ne meurt

47. "Je trouve que la musique est faite pour les gens les moins intelligents du monde." -- Salvador Dali, Entretiens avec Alain

48. Le moins instruit des présidents américains était Andrew Johnson. Il n'avait jamais fréquenté d'école.

49. "L'absence est le plus grand des maux." -- Jean de la Fontaine, "Les Deux Pigeons"

50. "Les plus grandes âmes sont capables des plus grands vices aussi bien que des plus grandes vertus." -- René Descartes, Discours de la méthode

51. "Les plus grands coeurs, hélas! ont les plus grandes peines." -- Théophile Gautier, "Ribeira"

52. Jean-Baptiste Pigalle et son élève, Jean-Antoine Houdon, sont les plus grands sculpteurs français du dix-huitième siècle.

53. "Malraux, le plus grand de nous tous." -- Romain Gary, La Promesse de l'aube

54. "Dans le grand drame, il fut le plus grand." -- Télégramme de condoléances du président de Gaulle à la reine d'Angleterre à l'occasion de la mort de Winston Churchill, 25 janvier 1965

55. Un journaliste à Alexander Graham Bell -- Vous êtes le plus grand inventeur du monde.

Bell -- Mais non, mon ami, je ne le suis pas. Je n'ai jamais été journaliste.

Newspaperman to Alexander Graham Bell: "You're the greatest inventor in the world."

Bell: "Oh no, my friend, I'm not. I've never been a reporter."

56. "Calvin Coolidge -- le plus grand homme qui ait été originaire de Plymouth Corner, Vermont."

"Calvin Coolidge -- the greatest man who ever came out of Plymouth Corner, Vermont." -- Clarence Darrow

57. "Je suis le plus grand boxeur, le plus grand de l'année, de la décennie, du siècle, de tous les temps."

"I am the greatest fighter, the greatest of the year, of the decade, of the century, of all time." -- Muhammad Ali, 1975

58. "Je suis le plus grand historien qui ait jamais vécu."

"I am the greatest historian that ever lived." -- Edward Gibbon

59. "Cette lettre n'est pas pour moi. Je ne suis pas le plus grand poète de l'Italie, je suis le plus grand poète de l'univers." -- Gabriele d'Annunzio, recevant une lettre adressée "Au plus grand poète de l'Italie"

60. "L'amour-propre est le plus grand de tous les flatteurs." -- La Rochefoucauld, <u>Maximes</u>

61. "Le plus grand homme de l'histoire était le plus pauvre."

"The greatest man in history was the poorest." -- Ralph Waldo Emerson

62. <u>La Plus Grande Histoire jamais contée</u>

<u>The Greatest Story Ever Told</u> -- Film biblique

63. "Depuis dix ans, la France est incapable de dire si elle est la plus grande des petites nations ou la plus petite des grandes nations." -- Jean-Marie Domenach citant David Schoenbrun

64. "La plus grande étendue de territoire non exploitée est sous le chapeau de l'homme."

"The greatest area of undeveloped territory is under people's hats." -- Anonyme

65. "Le plus grand menteur du monde est 'on dit.'"

"The biggest liar in the world is They Say." -- Douglas Malloch

66. L'animal le plus grand est la girafe.

67. L'animal le plus grand et le plus gros est la baleine bleue.

68. Le lac du Bourget est le plus grand des lacs naturels français.

69. Le plus grand état des États-Unis est l'Alaska.

70. La plus grande ligne aérienne du monde est l'Aeroflot de l'U.R.S.S.

71. "Les familles qui déménagent le plus font appel au plus grand déménageur du monde."

"Families that move the most call the world's largest mover." -- Slogan publicitaire, Allied Van Lines, Inc.

72. "Le plus grand nom du golf (MacGregor)"

"The greatest name in golf (MacGregor)" -- Slogan publicitaire, Brunswick Sports Co.

73. Les habitants de Grande-Bretagne sont les plus gros mangeurs de bonbons du monde.

74. Les Suédois sont les plus gros buveurs de café du monde.

75. Les Irlandais sont les plus gros buveurs de thé du monde.

76. Les Tchécoslovaques sont les plus gros buveurs de bière du monde.

77. L'oiseau-mouche est le plus petit des oiseaux.

78. "Les plus à craindre sont souvent les plus petits." -- Jean de La Fontaine, "Le Lion et le moucheron"

79. Le mot français le plus long paraît être "anticonstitutionnellement."

80. "Les plus hautes fleurs de la civilisation humaine ont poussé sur les fumiers de la misère." -- Georges Bernanos, <u>Les Grands Cimetières sous la lune</u>

81. "Les cathédrales...sont la plus haute et la plus originale expression du génie de la France." -- Marcel Proust, <u>Pastiches et Mélanges</u>

82. "La plus haute forme de vanité est l'amour de la célébrité."

"The highest form of vanity is love of fame." -- George Santayana, <u>Reason in Society</u>

83. Le nom le plus long d'une commune française est Roche-sur-Linote-et-Sorans-les-Cordiers.

84. "Le plus long chemin jusqu'à chez soi est le plus court chemin pour une querelle de famille."

"The longest way home is the shortest way to a family row." -- Anonyme

85. La guerre américaine la plus longue fut celle du Viêt-Nam.

86. La ligne droite est le plus court chemin d'un point à l'autre.

87. "De toutes les vertus, la reconnaissance a la mémoire la plus courte."

"Of all the virtues, gratitude has the shortest memory." -- Horace Walpole

88. La rue la plus tortueuse du monde est la rue Lombard à San Francisco.

89. "La plus moderne des villes et aussi la plus sale" -- Jean-Paul Sartre à propos de New York

90. "Vêtements les plus affreux au monde"

"World's Ugliest Clothes" -- Pancarte dans une petite boutique de Greenwich Village

91. "Le plus beau poème, c'est la vie." -- Henri-Frédéric Amiel, Journal intime

92. "Le plus beau patrimoine est un nom révéré." -- Victor Hugo, Odes et Ballades

93. "Le plus beau triomphe de l'écrivain est de faire penser ceux qui peuvent penser." -- Eugène Delacroix, Écrits

94. "Un beau visage est le plus beau de tous les spectacles et l'harmonie la plus douce est la voix de celle que l'on aime." -- Jean de la Bruyère, Les Caractères

95. "Un enfant endormi est bien le plus beau, le plus tendre et le plus plaisant spectacle qui puisse s'offrir à des yeux humains." -- Styn Streuvels, Poucette

96. "Cette créature qu'est Ava Gardner. 'Le plus bel animal du monde,' assure la publicité avec le minimum de mensonge." -- Claude Mauriac

97. "La plus belle prison du monde"

"The finest prison in the world" -- Le président Harry S. Truman à propos de la Maison Blanche

98. "Oran, avant l'arrivée au pouvoir de Ben Bella, avait les jeunes filles européennes les plus ravissantes du monde."

"Oran, in the days before Ben Bella, had the loveliest European girls in the world." -- John Ardagh, The Other French Revolution

99. "Les plus désespérés sont les chants les plus beaux." -- Alfred de Musset, "La Nuit de mai"

100. Theodore Roosevelt était le plus jeune des présidents américains. Il entra à la Maison Blanche à quarante-deux ans.

101. "J'étais le plus jeune lauréat du palmarès Goncourt--record non encore battu." -- Jean-Louis

Bory, 1972. Lauréat de ce prix à vingt-six ans en 1945

102. Le Pont-Neuf est le plus vieux pont de Paris.

103. St. Augustine est la plus vieille ville des États-Unis.

104. Saint-Germain-des-Prés est la plus ancienne église de Paris.

105. "La cuisine est le plus ancien des arts." -- Anthelme Brillat-Savarin, Physiologie du goût

106. "La table est le plus sûr thermomètre de la fortune dans les ménages parisiens." -- Honoré de Balzac, La Cousine Bette

107. "L'homme le plus heureux est celui qui fait le bonheur d'un plus grand nombre d'autres." -- Denis Diderot, Discours sur la poésie dramatique

108. "Le plus heureux des hommes, roi ou paysan, est celui qui trouve son bonheur chez lui." -- Goethe

109. "Quatre sortes de personnes dans le monde: les amoureux, les ambitieux, les observateurs et les imbéciles. Les plus heureux sont les imbéciles." -- Hippolyte Taine, Vie et opinions de Thomas Graindorge

110. "L'homme le plus heureux est celui qui croit l'être." -- Louis-Auguste Commerson, Pensées d'un emballeur

111. "L'homme le plus inquiet d'une prison en est le directeur."

"The most anxious man in a prison is the governor." -- George Bernard Shaw, Maximes pour révolutionnaires

112. "L'homme le plus fort du monde entier, c'est celui qui est le plus seul." -- Henrik Ibsen, Un Ennemi du peuple

113. "Je pense que c'est l'homme le plus fort depuis Churchill."

"I think she's the strongest man since
Churchill." -- Kenneth Jones à propos du premier
ministre Margaret Thatcher

114. "La plus calamiteuse et frêle de toutes
les créatures, c'est l'homme." -- Michel de Montaigne,
Essais

115. Françoise -- A mon avis, le mouton est
l'animal le plus stupide de
la création.

François -- Oui, mon agneau.

116. Les plaisantins disaient du très gros
président Taft qu'il était l'homme le plus poli de
Washington parce que, chaque fois qu'il se levait
dans un tramway, il offrait sa place à deux dames.

117. "Toute mère sait que son enfant le plus
gâté est son mari."

"Every mother knows that her most spoiled
child is her husband." -- Walter Winchell

118. "Joséphine était la plus aimable et la
meilleure des femmes." -- Napoléon Ier. Cité par
Las Cases, Mémorial de Sainte-Hélène

119. "Le roi de France est le plus puissant
prince de l'Europe." -- Montesquieu, Lettres persanes

120. "Notre écrivain le plus célèbre et le plus
riche" -- Paul Guth à propos de Voltaire, Histoire de
la littérature française

121. Les ennemis d'Alexandre Dumas père l'appelaient "le plus immoral des moralistes."

122. "M. Delacroix est décidément le peintre le
plus original des temps anciens et modernes." --
Charles Baudelaire, Salon de 1846

123. "Delacroix est le plus suggestif de tous
les peintres, celui dont les oeuvres...font le plus
penser." -- Baudelaire, L'Oeuvre et la vie d'Eugène
Delacroix

124. Le sergent Alvin York de Pall Mall, Tennessee, fut le militaire le plus décoré de tous ceux
qui combattirent en 1914-1918.

125. "L'acteur le plus intelligent avec qui j'aie jamais travaillé."

"The most intelligent actor with whom I ever worked." -- Ingrid Bergman à propos de Charles Boyer

126. L'imitation est la plus sincère des flatteries. -- Proverbe

127. "Le fruit du travail est le plus doux des plaisirs." -- Vauvenargues, Réflexions et Maximes

128. "Orgueil! le plus fatal des conseillers humains." -- Perdican, On ne badine pas avec l'amour, Alfred de Musset

129. "La fausse modestie est le plus décent de tous les mensonges." -- Chamfort, Maximes et Pensées

130. "La célébrité la plus complète ne nous assouvit pas." -- Gustave Flaubert, Correspondance

131. "Le temps est le plus sage des conseillers." -- Périclès

132. "Les premiers sentiments sont toujours les plus naturels." -- Louis XIV

133. "Je peux reconnaître quelques-uns de mes traits de caractère dans quelques-uns de ses personnages les plus antipathiques."

"I can pick out some of my characteristics in some of his worst characters." -- Mme William Faulkner discutant les écrits de son mari

134. "Le plaisir le plus délicat est de faire celui d'autrui." -- Jean de La Bruyère, Les Caractères

135. "Le mépris est la forme la plus subtile de la vengeance." -- Balthasar Gracián, Oráculo manual

136. "La dictature est la forme la plus complète de la jalousie." -- Curzio Malaparte, Technique d'un coup d'état

137. Pour T.S. Eliot avril était "le mois le plus cruel."

138. "Le plus lourd bagage, c'est une bourse vide." -- Anonyme

139. La Baratte est le fromage le plus coûteux du monde.

140. Martin est le nom de famille le plus courant en France.

141. Chang est de beaucoup le nom de famille le plus courant du monde.

142. "Les chiens sibériens sont les plus rapides du monde parce que les arbres en Sibérie sont si éloignés les uns des autres."

"Dogs in Siberia are the fastest in the world because the trees in Siberia are so far apart." -- Jerry Jordan, Parade Magazine, 27 février 1966

143. "C'est la chose la plus inouïe dont j'aie jamais entendu parler."

"That's the most unheard of thing I ever heard of." -- Le sénateur Joseph McCarthy

144. "Le spectacle le plus magnifique de la terre."

"The Greatest Show on Earth" -- Slogan publicitaire, Ringling Brothers Barnum and Bailey Circus

145. "Les Pommes Chips de Laura Scudder sont les plus bruyantes du monde."

"Laura Scudder's Potato Chips are the noisiest in the world." -- Slogan publicitaire

146. "La compagnie aérienne la plus expérimentée du monde."

"The world's most experienced airline." -- Slogan publicitaire, Pan American World Airways

147. "Fabricant des stylos les plus mondialement demandés."

"Maker of the world's most wanted pens" -- Slogan publicitaire, Parker Pen Co.

148. "Le déménageur le plus recommandé de l'Amérique"

"America's most recommended mover" -- Slogan publicitaire, Aero Mayflower Transit Co.

149. "Le gin le plus sec de la ville. Demandez
à n'importe quel Martini."

"Dryest gin in town. Ask any Martini." --
Slogan publicitaire, Seagram's Gin

150. "Plumrose. Le jambon le plus savoureux
pour les consommateurs les plus difficiles."

"Plumrose. The tastiest ham for the fus-
siest eaters." -- Slogan publicitaire

Superlative: of adverbs

1. "Tout est bien, tout va bien, tout va le
mieux qu'il soit possible." -- Voltaire, <u>Candide</u>

2. "Tout est pour le mieux dans le meilleur des
mondes possibles." -- <u>Ibid</u>.

3. "On reproche aux gens de parler d'eux-mêmes.
C'est pourtant le sujet qu'ils traitent le mieux." --
Anatole France, <u>La Vie littéraire</u>

4. "Gouverne le mieux qui gouverne le moins." --
Lao-Tseu, <u>Tao tö King</u>

5. "Celui qui se bat le mieux." -- Réponse de
Napoléon Ier à qui on avait demandé de désigner le
meilleur régiment de la Grande Armée

6. "Le bon sens est la chose du monde la mieux
partagée." -- René Descartes, <u>Discours de la méthode</u>

7. "Celui qui nous aime et nous admire le mieux,
c'est encore celui qui nous connaît le moins." --
Jules Renard, <u>Journal</u>

8. "Sois modeste! C'est le genre d'orgueil qui
déplaît le moins." -- <u>Ibid</u>.

9. "Le mot que Barrès écrit le plus, c'est 'émotion' mais ce qu'il a le moins, c'est l'émotion." -- <u>Ibid</u>.

10. "De tous les peuples de l'Europe ce sont les Espagnols qui me dégoûtent le moins." -- Napoléon Ier

11. "<u>Le Mariage de Figaro</u> est l'oeuvre de Mozart que j'aime le moins et je voudrais savoir pourquoi." -- Julien Green, <u>Journal</u>

12. "Ce qui vieillit le moins vite, c'est le vieillard." -- Jean Rostand, <u>Pensées d'un biologiste</u>

13. "Les classes qui se lavent le plus sont celles qui travaillent le moins."

"The classes that wash most are those that work least." -- G.K. Chesterton

14. "Les livres qu'on vend le plus sont les livres qu'on lit le moins." -- Edmond et Jules de Goncourt, <u>Journal</u>

15. "Mirabeau est l'homme du monde qui ressemble le plus à sa réputation: il est affreux." -- Antoine Rivarol

16. "Ce que j'admire le plus dans l'homme, c'est l'espérance." -- François Mauriac, <u>Nouveau Bloc-Notes</u>

17. "Les familles qui déménagent le plus font appel au plus grand déménageur du monde."

"Families that move the most call the world's largest mover." -- Slogan publicitaire, Allied Van Lines, Inc.

<u>sur</u>: as "on" or "upon"

1. Le coq est maître sur son fumier. -- Proverbe

2. <u>Le Moulin sur la Floss</u> -- Titre de la version française du roman de George Eliot <u>Mill on the Floss</u>

3. <u>La Chatte sur un toit brûlant</u> -- Titre de la version française de la pièce de Tennessee Williams <u>Cat on a Hot Tin Roof</u>

4. "J'ai figuré sur un calendrier, mais je n'ai jamais été à l'heure."

"I've been on a calendar, but never on time." -- Marilyn Monroe, <u>Look</u>, 16 janvier 1962

<u>sur</u>: as "out of"

1. Neuf dindons sur dix préfèrent être rôtis à l'électricité. -- Pancarte chez un marchand d'appareils électroménagers

2. "Sur vingt personnes qui parlent de nous, dix-neuf en disent du mal et la vingtième, qui en dit du bien, le dit mal." -- Antoine Rivarol, <u>Rivaroliana</u>

3. "Comment allez-vous?... Ma femme parle bien français; moi, je ne comprends qu'un mot sur cinq mais toujours 'de Gaulle.'"

"Comment allez-vous?... My wife speaks good French, but I understand only one out of every five words, but always 'de Gaulle.'" -- Le président John F. Kennedy à Mme Hervé Alphand, femme de l'ambassadeur de France aux États-Unis

4. "<u>Les Misérables</u> que pas un Français sur mille, peut-être, n'a lu jusqu'au bout mais qui est aussi connu partout que la tour Eiffel..." -- Georges Bernanos, <u>La Liberté pour quoi faire?</u>

Tenses

Present

1. "J'apprends encore." -- Devise de Michel-Ange

2. "Je pense, donc je suis." -- René Descartes, <u>Discours de la méthode</u>

300

3. "Je pleure, donc j'aime." -- Simone de Beauvoir, <u>Mémoires d'une jeune fille rangée</u>

4. "Je veux être seule."

"I want to be alone." -- Attribué à Greta Garbo

5. "Je veux être Chateaubriand ou rien." -- Victor Hugo âgé de quatorze ans

6. "Je sais, je crois, je vois, je veux, je peux, je dois." -- Paul Claudel, <u>Journal</u>

7. "Tu causes, tu causes, c'est tout ce que tu sais faire." -- Raymond Queneau, <u>Zazie dans le métro</u>

8. Cela entre par une oreille et ressort par l'autre.

That goes in one ear and out the other.

9. "Le passé est toujours présent." -- Maurice Maeterlinck, <u>Le Temple enseveli</u>

10. "Lorsque le vin entre, le secret sort." -- <u>Talmud</u>

11. Quand le chat n'est pas là, les souris dansent. -- Proverbe

12. "W.C. Fields est toujours en vie et ivre à Philadelphie."

"W.C. Fields is alive and drunk in Philadelphia." -- Graffiti

13. <u>Sheila Levine est morte et vit à New York</u> -- Titre de la version française du roman de Gail Parent <u>Sheila Levine Is Dead and Living in New York</u>

14. "L'homme agit, la femme vit." -- Henry de Montherlant, <u>Sur les femmes</u>

15. "Aujourd'hui Icare est femme." -- Elsa Triolet, <u>Luna-Park</u>

16. "La France ne peut être la France sans la grandeur." -- Charles de Gaulle, <u>Mémoires de guerre</u>

17. "Les lâches meurent bien des fois avant leur mort. Les courageux ne connaissent la mort qu'une fois."

"Cowards die many times before their death. The valiant never taste of death but once." -- César, Jules César, Shakespeare

18. "La musique seule peut parler de la mort." -- André Malraux, La Condition humaine

19. "Nous sommes beaucoup plus malheureux dans le malheur qu'heureux dans le bonheur." -- Armand Salacrou, Histoire de rire

Imperfect

1. "Comme nous disions hier... "

"Como decíamos ayer..." -- Fray Luis de León, reprenant une conférence à l'université de Salamanque après cinq ans de prison

2. A la veille de la Révolution française, l'ambassadeur de Venise observa que quatre-vingt-dix pour cent de la population française mourait de faim et dix pour cent d'indigestion.

3. Quelqu'un -- Vous parliez beaucoup l'autre soir, et avec des gens bien ennuyeux.

Rivarol -- Je parlais de peur d'écouter! -- Antoine Rivarol, Rivaroliana

4. "On dira de moi quand je serai mort: il portait un noeud papillon et fumait des petits cigares." -- Maurice Chapelan

5. "'Que faisiez-vous au temps chaud?'
    Dit-elle à cette emprunteuse.
    'Nuit et jour, à tout venant,
    Je chantais, ne vous déplaise.'" -- Jean de La Fontaine, "La Cigale et la fourmi"

6. "Joséphine était la grâce personnifiée; tout ce qu'elle faisait, elle le faisait avec une gracieuse

délicatesse. Sa toilette était un arsenal complet, et elle se défendait avec beaucoup d'art contre les assauts du temps." -- Napoléon Ier

7. "Bonaparte buvait peu de vin; c'était toujours du bordeaux ou du vin de Bourgogne." -- Louis de Bourrienne, _Mémoires sur Napoléon..._

8. "En général, il dormait sept heures sur vingt-quatre, et s'assoupissait quelques instants dans l'après-midi." -- _Ibid_.

9. "Je me délectais à parler du malheur; j'étais là comme un poisson dans l'eau." -- François-René de Chateaubriand, _Mémoires d'outre-tombe_

10. "En composant la _Chartreuse_, pour prendre le ton, je lisais chaque matin deux ou trois pages du Code civil." -- Stendhal, Lettre à Honoré de Balzac

11. "La joie venait toujours après la peine." -- Guillaume Apollinaire, "Le Pont Mirabeau"

12. _L'Homme qui regardait passer les trains_ -- Roman de Georges Simenon

13. _Ainsi Parlait Zarathoustra_ -- Titre de la version française de l'ouvrage philosophique de Friedrich Nietzsche _Also sprach Zarathustra_

14. "La mère faisait des ménages, la fille les défaisait!" -- Georges Feydeau

15. "Il tuait les moustiques comme si c'étaient des lions et les lions comme si c'étaient des moustiques."

"He killed mosquitoes as if they were lions and lions as if they were mosquitoes." -- Gamaliel Bradford à propos de Théodore Roosevelt

16. Pendant sa présidence, Calvin Coolidge dormait dix heures par nuit et faisait régulièrement la sieste.

17. On estime qu'Edward W. Scripps, magnat du journalisme américain, fumait de trente à quarante cigares par jour.

18. "Il aimait aimer les gens, les gens l'aimaient donc."

"He liked to like people, therefore people liked him." -- Mark Twain, <u>Personal Recollections of Joan of Arc</u>

19. "Je lançais la balle aussi fort qu'avant, mais elle n'arrivait plus aussi vite au but."

"I was throwing as hard as ever, but the ball wasn't getting there as fast." -- Lefty Gomez, ancien lanceur des Yankees de New York

20. "Je ne veux pas sembler égotiste mais le fait est que chaque fois que je m'approchais du marbre je ne pouvais m'empêcher de plaindre le lanceur."

"I don't want to sound egotistical, but the fact is that every time I stepped up to the plate I couldn't help feeling sorry for the pitcher." -- Rogers Hornsby, ancien champion de base-ball

21. "Les Français boivent du vin tout comme nous avions l'habitude de boire de l'eau avant la Prohibition."

"Frenchmen drink wine just like we used to drink water before Prohibition." -- Ring Lardner

22. M. Débonnaire -- Tu te rends compte! Ce type-là pensait que Sodome et Gomorrhe étaient mari et femme.

M. Mouton -- Ce n'est rien! moi je pensais que les <u>Épîtres</u> étaient les épouses des Apôtres.

23. "Je savais très bien que mon cerveau était un riche bassin minier, où il y avait une étendue immense et fort diverse de gisement précieux." -- Marcel Proust, <u>Le Temps retrouvé</u>

24. "Un homme d'esprit avait soutenu que Poincaré savait tout et ne comprenait rien." -- André Maurois

25. <u>Ce que savait Maisie</u> -- Titre de la version française du roman de Henry James <u>What Maisie Knew</u>

26. "Bonaparte aimait la puissance et visait à la toute-puissance." -- Alfred de Vigny, <u>Journal d'un poète</u>

27. Le fils du marquis de La Fayette s'appelait Georges Washington de La Fayette.

28. "Elle détestait les riches mais elle n'aimait pas les pauvres."

"She hated the rich but she did not like the poor." -- John Raymond à propos de la mère de Georges Simenon, Simenon in Court

29. "Pourtant j'avais quelque chose là." -- Paroles d'André Chénier montant à la guillotine en se frappant le front, 26 juillet 1794

30. "N'est-ce pas, Hummel, que j'avais du talent?" -- Ludwig van Beethoven sur son lit de mort, à un ami

31. "Bonaparte avait deux passions bien réelles: la gloire et la guerre." -- Louis de Bourrienne, Mémoires sur Napoléon...

32. "Il avait peu de mémoire pour les noms propres, les mots et les dates; mais il en avait une prodigieuse pour les faits et les localités." -- Ibid.

33. "Il avait mauvais caractère. De temps en temps on avait des prises de bec." -- Albert Camus, L'Étranger

34. Dans les années trente, les Red Sox de Boston avaient un receveur fort érudit: "Moe" Berg. Il parlait douze langues.

35. "Son sommeil était de beaucoup ce qu'elle avait de plus profond." -- Sacha Guitry

36. "J'étais doué d'une sensibilité féminine." -- Alfred de Vigny, Journal

37. Quand j'étais Montmartrois -- Ouvrage autobiographique de Roland Dorgelès

38. Quand j'étais vieux -- Ouvrage autobiographique de Georges Simenon

39. Quand j'étais jeune

When I was Young -- Ouvrage autobiographique de Raymond Massey

40. Louis XIV mourant a dit: "Quand j'étais roi."

41. "J'étais quelqu'un.
        Qui? Cela ne vous
           regarde pas."

     "I was somebody.
        Who, is no business
           of yours." -- Inscription funéraire,
Stowe, Vermont

42. <u>Tu étais si gentil quand tu étais petit!</u> --
Pièce de Jean Anouilh

43. "C'était une maîtresse femme...elle était
digne d'avoir de la barbe au menton." -- Napoléon
Ier à propos de Catherine II la Grande. Cité par Las
Cases, <u>Mémorial de Sainte-Hélène</u>

44. Ludwig van Beethoven était presque sourd
quand il a composé ses plus grandes oeuvres musicales.

45. Néron était la cruauté même.

46. "Louis XVI n'était pas faux: il était
faible." -- François-René de Chateaubriand, <u>Mémoires
d'outre-tombe</u>

47. "Mirabeau était l'homme du monde qui res-
semblait le plus à sa réputation. Il était affreux."
-- Antoine Rivarol, <u>Rivaroliana</u>

48. "Mirabeau était capable de tout pour de
l'argent, même d'une bonne action." -- <u>Ibid</u>.

49. "Il était très sain et bien constitué." --
Louis de Bourrienne, <u>Mémoires sur Napoléon...</u>

50. "Il était infatigable...car il marchait
quelquefois pendant cinq ou six heures de suite sans
s'en apercevoir." -- <u>Ibid</u>.

51. "La conversation de Charles était plate
comme un trottoir de rue." -- Gustave Flaubert, <u>Madame
Bovary</u>

52. "Paul Revere était un alarmiste."

     "Paul Revere was an alarmist." -- Graffiti

53.   "George Orwell était optimiste."

"George Orwell was an optimist." -- Graffiti

54.   "Non seulement nous étions heureux, mais nous le savions."

"Not only were we happy, but we knew it." -- Rudyard Kipling, Souvenirs

55.   "Oh! c'était le bon temps, j'étais bien malheureuse." -- Claude-Carloman de Rulhière, Épîtres

56.   La Nostalgie n'est plus ce qu'elle était -- Autobiographie de Simone Signoret

57.   La Neige était sale -- Roman de Georges Simenon

58.   Les grands poètes épiques, Homère et Milton, étaient aveugles.

59.   Albert Schweitzer et Jean-Paul Sartre étaient cousins.

60.   "Roméo et Juliette étaient deux explorateurs français du Mississippi." -- Réponse d'un cancre à une question d'examen

61.   "Les universités enseignent les langues mortes comme si elles étaient enterrées et les langues vivantes comme si elles étaient mortes."

"Colleges teach the dead languages as if they were buried and the living ones as if they were dead." -- Frank Moore Colby

Passé composé

1.   "Je suis venu, j'ai vu, j'ai vaincu."

"Veni, vidi, vici." -- Jules César. Cité par Suétone, César

2.   "Je suis venu.
     J'ai vu.
     J'ai cru." -- Graffiti, mai 1968

307

3. "J'ai combattu le bon combat, j'ai achevé la course, j'ai gardé la foi." -- <u>Nouveau Testament</u>

4. "J'ai fait ma part de combat, j'ai vécu ma vie, j'ai bu ma part de vin."

"I have fought my fight, I have lived my life, I have drunk my share of wine." -- Charles Kingsley

5. "J'ai vu beaucoup d'individus, j'ai visité quelques nations, j'ai pris ma part d'entreprises diverses sans les aimer, j'ai mangé presque tous les jours." -- Paul Valéry, <u>La Soirée avec Monsieur Teste</u>

6. "J'ai été oisif toute ma vie."

"I have been an idle fellow all my life." -- Samuel Johnson

7. "J'ai labouré dans la mer."

"He arado en el mar." -- Simón Bolívar

8. "J'ai figuré sur un calendrier, mais je n'ai jamais été à l'heure."

"I've been on a calendar, but never on time." -- Marilyn Monroe, <u>Look</u>, 16 janvier 1962

9. "Mon père est un grand enfant que j'ai eu étant tout petit." -- Alexandre Dumas fils

10. "Je n'ai jamais rencontré un homme que je n'aie pas aimé."

"I never met a man I didn't like." -- Will Rogers

11. "J'ai vécu." -- Réponse de l'abbé de Sièyes à un ami qui lui avait demandé ce qu'il avait fait pendant la Terreur

12. "J'ai assez vécu pour voir que différence engendre haine." -- Stendhal, <u>Le Rouge et le Noir</u>

13. "Il a vécu. Il a aimé." -- L'épitaphe de Stendhal

14. Marie-Thérèse, impératrice d'Autriche et mère de Marie-Antoinette, a eu seize enfants.

15. Thomas Jefferson a vécu en France quatre ans, Benjamin Franklin dix.

16. Le Rip van Winkle de Washington Irving a dormi vingt ans.

17. "Duncan Hines a pleuré ici."

"Duncan Hines wept here." -- Affiche dans un restaurant de Louisville, Kentucky

18. "Kilroy a été ici."

"Kilroy was here." -- Le graffiti le plus employé par les militaires américains pendant la Seconde Guerre mondiale

19. "Killjoy a été ici."

"Killjoy was here." -- Graffiti

20. "J'ai été ici, attendez-moi.
                    Godot"

"I was here, wait for me.
                    Godot" -- Graffiti

21. "Je n'ai pas été ici."

"I was not here." -- Graffiti

22. "Nous avons saisi les mystères de l'atome et rejeté le Sermon sur la Montagne."

"We have grasped the mystery of the atom and rejected the Sermon on the Mount." -- Omar N. Bradley, Discours, 11 novembre 1948

23. Psychiatre au patient: "Dites-moi, quand avez-vous découvert pour la première fois que vous preniez plaisir à payer vos impôts?"

24. "Je suis né ainsi, quelle est votre excuse?"

"I was born this way, what's your excuse?" -- Graffiti

25. "L'homme est né libre, et partout il est dans les fers." -- Jean-Jacques Rousseau, Le Contrat social

26. "Jonas est resté trois jours et trois nuits dans le ventre du monstre marin." -- <u>Ancien Testament</u>

27. "On m'a supplié de venir: je suis venu." -- Le maréchal Pétain, pendant son procès, 1945

28. Georges Bizet est mort à trente-six ans.

29. "Longtemps, je me suis couché de bonne heure." -- Première phrase d'<u>A la recherche du temps perdu</u> de Marcel Proust

30. Le marquis de La Fayette s'est marié avec Mlle de Noailles à quatorze ans.

31. Comme James Joyce, Honoré de Balzac s'est plaint toute sa vie d'ennuis d'argent.

Pluperfect

1. "J'avais toujours ri de la fausse naïveté de Montaigne qui, faisant semblant d'avouer ses défauts, a grand soin de ne s'en donner que d'aimables." -- Jean-Jacques Rousseau, <u>Confessions</u>

2. "Mon épitaphe: 'La paresse nous l'avait ravi avant la mort.'" -- Antoine Rivarol, <u>Rivaroliana</u>

3. "Il avait d'abord travaillé pour vivre, y parvenant à peine. Puis il avait ensuite vécu pour travailler." -- Sacha Guitry à propos de Claude Monet, <u>Le Petit Carnet rouge</u>

4. "Danton fut l'action dont Mirabeau avait été la parole." -- Victor Hugo, <u>Quatrevingt-treize</u>

5. "Il avait conçu pour la médiocrité une aversion extrême." -- Louis de Bourrienne, <u>Mémoires sur Napoléon...</u>

6. "<u>Le Génie du christianisme</u>, qui faisait en ce moment beaucoup de bruit, avait agi sur Napoléon." -- François-René de Chateaubriand, <u>Mémoires d'outre-tombe</u>

7. "Il perdit l'Europe avec autant de promptitude qu'il l'avait prise." -- <u>Ibid</u>.

8. "Combien d'hommes n'ont jamais remonté l'escalier qu'ils avaient descendu!" -- _Ibid_.

9. "N'avais-je pas dit que je l'écrivais pour moi?" -- Wolfgang Amadeus Mozart mourant, à propos de son _Requiem_ qu'on avait joué pour lui à sa requête

10. "Un homme qui n'avait pas vu Keuner depuis longtemps le salua avec ces mots: 'Vous n'avez pas changé du tout.' 'Oh!' répondit Herr Keuner, profondément choqué." -- Bertolt Brecht

11. Charles Lindberg n'avait pu dormir la veille de sa traversée aérienne historique de Garden City, Long Island, à Paris.

12. "Dieu n'avait fait que l'eau, mais l'homme a fait le vin." -- Victor Hugo, "La Fête chez Thérèse"

13. "L'homme n'était pas remonté à la surface." -- Victor Hugo, _Les Misérables_

Passé simple

1. Louis IX devint roi de France à douze ans.

2. Louis XIV régna soixante-douze ans.

3. "Il se précipita sur la Russie malgré les représentations de ses généraux et de ses conseillers." -- François-René de Chateaubriand à propos de Napoléon Ier, _Mémoires d'outre-tombe_

4. "Graffiti fut le Ministre de la Guerre de Mussolini."

"Graffiti was Mussolini's Secretary of Defense." -- Graffiti

5. "Ci-gît Piron, qui ne fut rien,
        Pas même académicien." -- Épitaphe proposée par Alexis Piron pour lui-même

6. "Malherbe vint et la poésie s'en alla." -- Théodore de Banville, _Petit Traité de poésie française_

7. "Qui ne sait se borner ne sut jamais écrire." -- Nicolas Boileau, L'Art poétique

8. "Ma naissance fut le premier de mes malheurs." -- Jean-Jacques Rousseau, Confessions

9. Voltaire et Rousseau moururent en 1778 à un mois d'intervalle.

10. "Ils naquirent, ils souffrirent, ils moururent." -- Anatole France, Les Opinions de M. Jérôme Coignard

11. "On nous réconcilia; nous nous embrassâmes, et depuis ce temps-là nous sommes ennemis mortels." -- Alain René Lesage, Le Diable boiteux

12. Paul Valéry prétendait qu'il lui était impossible d'écrire une phrase comme: "La marquise demanda sa voiture et sortit à cinq heures."

13. "Le Français fit ce qu'en toute occasion font les Français, il se mit à rire." -- Honoré de Balzac, Massimila Doni

Future

1. "Je verrai." -- Expression favorite de Louis XIV

2. "Je serai le premier grand poète euro- péen." -- Paul Claudel, Journal

3. "Je reviendrai."

"I shall return." -- Promesse du général Douglas MacArthur après la défaite américaine aux Philippines, 13 mars 1942

4. "Dieu m'est témoin, je n'aurai plus jamais faim."

"As God is my witness, I'll never be hungry again." -- Scarlett O'Hara dans le film Gone With the Wind

312

5.   "Tu ne seras qu'un objet de risée." --
Alfred de Musset, La Confession d'un enfant du siècle

6.   Qui rit vendredi, dimanche pleurera. --
Proverbe

7.   Rira bien qui rira le dernier. -- Proverbe

8.   Qui a bu boira. -- Proverbe

9.   "Racine passera comme le café." -- Attibué à
la marquise de Sévigné

10. Demain il fera jour -- Pièce d'Henry de
Montherlant

11. "L'Allemagne sera une puissance mondiale ou
elle ne sera pas." -- Adolf Hitler, Mein Kampf

12. La Guerre de Troie n'aura pas lieu -- Pièce
de Jean Giraudoux

13. "Tolstoï pourrait dire à Déroulède: 'Il y
aura des guerres tant qu'il y aura des hommes comme
vous.'" -- Jules Renard, Journal

14. "Nous combattrons sur les plages, nous
combattrons sur les terrains de débarquement, nous
combattrons dans les champs et dans les rues, nous
combattrons sur les collines; nous ne nous rendrons
jamais!"

"We shall fight on the beaches, we shall
fight on the landing grounds, we shall fight in the
fields and in the streets, we shall fight in the
hills; we shall never surrender." -- Winston Churchill, Discours du 4 juin 1940

15. "Nous ne jugerons pas le roi, nous le
tuerons." -- Marat. Cité par François-René de
Chateaubriand, Mémoires d'outre-tombe

16. "Faites-moi nommer premier ministre et vous
verrez comme je ferai mon chemin." -- Valentin, Il ne
faut jurer de rien, Alfred de Musset

17. Vous ne l'emporterez pas avec vous -- Titre
de la version française de You Can't Take It With You,
pièce de Moss Hart et George S. Kaufman

18. "Les envieux mourront, mais non jamais l'envie." -- Madame Pernelle, _Tartuffe_, Molière

19. "Ils ne passeront pas." -- Cri de ralliement lancé par le général Pétain pendant la bataille de Verdun

20. "Ah! quand refleuriront les roses de septembre?" -- Paul Verlaine, _Sagesse_

21. "Quand reverrai-je, hélas! de mon petit village
     Fumer la cheminée?" -- Joachim du Bellay, _Les Regrets_, IX

22. "On dira de moi quand je serai mort: 'il portait un noeud papillon et fumait des petits cigares.'" -- Maurice Chapelan

23. "Quand je serai mort, on m'élevera des monuments et on payera des professeurs pour me commenter. Alors les critiques feront des livres sur moi alors que, de mon vivant, je n'ai pas reçu d'eux un verre d'eau." -- Paul Claudel

24. "Mes chers amis, quand je mourrai
     Plantez un saule au cimetière." -- Alfred de Musset, "Lucie"

25. "Quand je mourrai, j'irai directement au ciel parce que j'ai déjà été en enfer au Viêt-Nam."

    "When I die, I'll go straight to heaven because I have already been to hell in Vietnam." -- Graffiti de la guerre au Viêt-Nam.

26. "Et quand, après une paix glorieuse, vous rentrerez dans vos foyers, vos concitoyens diront en vous montrant: 'Ils étaient de l'armée d'Italie.'" -- Napoléon Ier au lendemain de la victoire de Rivoli, 1797

27. "Quand vous serez bien vieille, au soir, à la chandelle,
     Assise auprès du feu, dévidant et filant..." -- Pierre de Ronsard, Sonnet à Hélène

28. "Vous comprendrez quand vous serez plus grand." -- Le général, _La Valse des toréadors_, Jean Anouilh

29. "Quand j'étais jeune, on me disait: Vous verrez quand vous aurez cinquante ans. -- J'ai cinquante ans et je n'ai rien vu." -- Erik Satie

30. "Je boirai du lait quand les vaches brouteront des raisins." -- Henri de Toulouse-Lautrec

31. Quand les poules auront des dents.

When pigs have wings.

32. "Quand les autos penseront, les Rolls-Royce seront plus angoissées que les taxis." -- Henri Michaux, Passages

33. Un citadin -- Je suppose qu'il y a des types curieux dans un vieux village comme celui-ci.

Un vieux villageois -- Vous en verrez beaucoup quand l'auberge se remplira.

City man: "I suppose there are some odd characters around an old village like this."

Old villager: "You'll see a lot of them when the inn fills up."

34. "Lorsque nos Boeing 747 se rempliront Nos coeurs de joie déborderont." -- Slogan publicitaire, Boeing Co.

35. Quand la Chine s'éveillera -- Ouvrage historique d'Alain Peyrefitte

36. "Avant vingt ans, lorsque je serai mort et renfermé dans la tombe, vous verrez en France une autre révolution." -- Napoléon Ier, 1816

37. "Aussitôt que Herr et Frau Mueller arriveront au paradis, ils demanderont des cartes postales illustrées."

"As soon as Herr and Frau Mueller get to heaven, they'll ask for picture postcards." -- Christian Morgenstern

38. Dame vieillissante -- Le jour où je serai
trop âgée pour plaire,
je me tirerai une
balle dans la tempe.

Jean-Louis Forain -- Feu!

Future perfect

1. Quand j'aurai fait fortune.

When my ship comes in.

2. "Nous aurons le destin que nous aurons méri-
té." -- Albert Einstein, <u>Comment je vois le monde</u>

3. "Quand j'aurai appris qu'une nation peut
vivre sans pain, alors je croirai que les Français
peuvent vivre sans gloire." -- Napoléon Ier

4. "Moi, j'aurai porté une société toute entière
dans ma tête." -- Honoré de Balzac, <u>Correspondance</u>

5. "Peu d'hommes, je crois, auront autant souffert que moi par la littérature." -- Gustave Flaubert,
<u>Correspondance</u>

6. "Ce qui m'aura le moins déçu en ce monde,
avec la beauté du ciel, c'est la beauté du visage
humain." -- Julien Green, <u>Journal</u>

7. "Quand le moment viendra d'aller trouver les
morts,
J'aurai vécu sans soins et mourrai sans
remords." -- Jean de La Fontaine, "Le Songe d'un
habitant du Mogol"

8. "Ah! L'imprudent, il aura sucé sa plume." --
Sophie Arnould, apprenant la mort par empoisonnement
d'un critique connu pour sa méchanceté

Conditional

1. "J'aimerais mieux être le premier dans ce village que le second dans Rome." -- Jules César

2. "J'aimerais mieux avoir raison que d'être Président."

"I'd rather be right than President." -- Henry Clay

3. "J'aimerais mieux être oublié de tout le genre humain que d'être regardé comme un homme ordinaire." -- Jean-Jacques Rousseau, <u>Confessions</u>

4. "J'aimerais mieux une vieille femme qui serait jeune qu'une jeune femme qui serait vieille." -- Alphonse Karr, <u>Les Femmes</u>

5. "Je préférerais toujours l'utilité publique à tous les intérêts particuliers." -- Henri IV

6. "Je préférerais devenir plus sage sans devenir plus vieux."

"I should prefer to grow wiser without growing older." -- George Bernard Shaw, <u>Caesar and Cleopatra</u>

7. "Je préférerais avoir découvert madame Langtry que l'Amérique."

"I would rather have discovered Mrs. Langtry than have discovered America." -- Oscar Wilde, <u>In Conversation</u>

8. "A vrai dire, ne voudriez-vous pas plutôt avoir une Buick?"

"Wouldn't you really rather have a Buick?" -- Slogan publicitaire

9. Une admiratrice, téléphonant à Somerset Maugham convalescent, âgé de quatre-vingt-huit ans -- Pourrais-je vous envoyer des fruits ou préféreriez-vous des fleurs?

317

Maugham -- Il est trop tard pour les fruits,
trop tôt pour les fleurs.

10. "La loi-vérité dans le domaine de la publicité commence à avoir de l'effet: hier j'ai vu un mendiant qui portait une pancarte disant: 'Je pourrais
être aveugle.'"

"The truth in advertising laws are starting
to take effect. Yesterday I saw a beggar wearing a
sign that read: 'I could be blind.'" -- Sheldon Biber

11. Éloge pour un super-représentant de commerce: "Il pourrait vendre du sable aux Arabes et des
réfrigérateurs aux Esquimaux." -- Anonyme

12. "Seul Bianchon pourrait me sauver." --
Honoré de Balzac sur son lit de mort à propos du
médecin de sa Comédie humaine

13. "Tu pourrais bien être un autre homme." --
Arthur Schopenhauer, Éthique, droit et politique

14. "Sans moi, je me porterais à merveille." --
Chamfort

15. "Je voudrais être anglais. Un Anglais c'est
au moins quelqu'un." -- Charles Augustin Sainte-Beuve

16. "Je donnerais n'importe quoi pour savoir
jouer du tambour."

"I would give anything to play the drum." --
George Bernard Shaw, London Music

17. "Je donnerais mon bras droit pour être
ambidextre."

"I'd give my right arm to be ambidex-
trous." -- Graffiti

18. "Sur un signe de Sarah Bernhardt je la
suivrais au bout du monde, avec ma femme." -- Jules
Renard, Journal

19. "Un ami devrait tolérer les faiblesses de
son ami."

"A friend should bear his friend's infir-
mities." -- Cassius, Jules César, Shakespeare

20. On le renverserait d'un souffle.

You could knock him over with a feather.

21. "Ah! que j'écrirais de belles choses dans un journal qui n'aurait pas un lecteur!" -- Jules Renard, Journal

22. "La surface de la France ne suffirait pas tout à fait aux deux tiers des chemins de fer promis par les candidats." -- Alphonse Karr, Les Guêpes

23. "M. ...me disait, à propos de sottises ministérielles et ridicules: 'Sans le gouvernement, on ne rirait plus en France.'" -- Chamfort, Caractères et Anecdotes

24. "Sans la poésie, la vie ne serait pas tolérable." -- Sainte Thérèse d'Avila

25. "Sans la musique, la vie serait une erreur." -- Friedrich Nietzsche, Le Crépuscule des idoles

26. "Une école où les écoliers feraient la loi serait une triste école." -- Ernest Renan, L'Avenir de la science

Conditional perfect

1. "Il n'est jamais trop tard pour être ce que vous auriez pu être."

"It is never too late to be what you might have been." -- George Eliot

2. "J'ai voulu l'empire du monde, et qui ne l'aurait pas voulu à ma place?" -- Napoléon Ier. Cité par Las Cases, Mémorial de Sainte-Hélène

3. "Waterloo, c'est là que j'aurais dû mourir." -- Ibid.

4. "Huit jours avec de la fièvre! J'aurais encore eu le temps d'écrire un livre!" -- Honoré de Balzac sur son lit de mort

5. "L'histoire est un roman qui a été, le roman est de l'histoire qui aurait pu être." -- Edmond et Jules de Goncourt, Journal

6. "Il n'y aurait jamais eu un Hitler sans le traité de Versailles."

"There never would have been a Hitler if it had not been for the Versailles Treaty." -- Hjalmar Schacht. Cité par G.M. Gilbert, Nuremberg Diary

7. "Pendant la guerre un homme se résigne à manger son chien, regarde les os qu'il laisse et dit: -- Pauvre Médor! Comme il se serait régalé!" -- Jules Renard, Journal

8. "Sans moi, je me serais fort ennuyé." -- Alexandre Dumas père à propos d'un dîner chez un ministre auquel il avait été convié

9. "Un discours de plus de Landon et Roosevelt l'aurait emporté au Canada."

"One more speech by Landon, and F.D.R. would have carried Canada." -- Observation d'un journaliste qui avait suivi de près la campagne électorale d'Alfred Landon en 1936

tous: pronoun

1. Chacun pour soi et Dieu pour tous. -- Proverbe

2. "Tous pour un, un pour tous." -- Devise, Les Trois Mousquetaires, Alexandre Dumas père

3. "Chacun est responsable de tout devant tous." -- Fiodor Dostoïevski. Cité par Simone de Beauvoir, Le Sang des autres

4. "Chacun est responsable de tous." -- Antoine de Saint-Exupéry, Pilote de guerre

5. "Chacun est plus précieux que tous." -- André Gide, Journal

6. "Penser sincèrement, même si c'est contre tous, c'est encore pour tous." -- Romain Rolland, <u>Clerambault</u>

7. "Il n'est pas permis à tous les hommes d'être grands, mais ils peuvent tous être bons." -- Jean-François Marmontel, Lettre à Voltaire

8. "Les hommes sont tous mauvais." -- Niccolo Machiavel, <u>Le Prince</u>

9. "Les hommes tous des coquins, naturellement, les femmes toutes des anges." -- Paul Léautaud, <u>Passe-temps</u>

10. "Nous naissons tous fous. Quelques-uns le demeurent." -- Estragon, <u>En attendant Godot</u>, Samuel Beckett

11. "Tous les hommes ont peur. Tous. Celui qui n'a pas peur n'est pas normal; ça n'a rien à voir avec le courage." -- Jean-Paul Sartre

12. "Nous avons tous assez de force pour supporter les maux d'autrui." -- La Rochefoucauld, <u>Maximes</u>

13. "Nous serions tous parfaits, si nous n'étions ni hommes ni femmes." -- Chamfort

14. "Il y a de tous dans chacun et de chacun dans tous." -- Paul Valéry, <u>Tel quel</u>

15. "Tous souffrent...et chacun souffre parce qu'il pense." -- André Malraux, <u>La Condition humaine</u>

16. "Malraux, le plus grand de nous tous." -- Romain Gary, <u>La Promesse de l'aube</u>

17. "Vieillards, hommes, femmes, enfants, tous voulaient me voir." -- Montesquieu, <u>Lettres persanes</u>

18. <u>Les Morts ont tous la même peau</u> -- Roman de Boris Vian

19. <u>L'Équarrissage pour tous</u> -- Pièce de Boris Vian

20. "Les fruits sont à tous et...la terre n'est à personne." -- Jean-Jacques Rousseau, <u>Discours sur l'origine et les fondements de l'inégalité parmi les hommes</u>

21. "La démocratie...le gouvernement de tous, pour tous, par tous."

"Democracy...government of all the people, by all the people, for all the people." -- Theodore Parker, <u>The State of the Nation</u>

22. "Le monde entier est un théâtre,
et tous, hommes et femmes,
n'en sont que les acteurs."

"All the world's a stage
And all the men and women merely players."
-- Jaques, <u>Comme il vois plaira</u>, Shakespeare

tout: adverb

1. Soyez tout yeux, tout oreilles.
Be all eyes and ears.

2. Elle est tout sucre et tout miel.

3. "Le snobisme est une maladie grave de l'âme, mais localisée et qui ne la gâte pas tout entière." -- Marcel Proust, <u>La Prisonnière</u>

4. "J'étais avec Tharaud, des tout premiers de la petite équipe." -- Romain Rolland, <u>Péguy</u>

tout: as "any" or "every"

1. Toute comparaison est odieuse. -- Proverbe

2. Toute médaille a son revers. -- Proverbe

Every rose has its thorn.

3. "Je suis concitoyen de tout homme qui pense. La vérité, c'est mon pays." -- Alphonse de Lamartine, "Marseillaise de la paix"

4. "Tout grand homme n'agit et n'écrit que pour développer deux ou trois idées." -- Henry de Montherlant, Carnets

5. "Tout homme est un criminel qui s'ignore." -- Albert Camus, L'Homme révolté

6. "Tout homme de plus de quarante ans est un gredin."

"Every man over forty is a scoundrel." -- George Bernard Shaw, Maximes pour révolutionnaires

7. "Tout homme qui a été professeur garde en lui quelque chose de l'écolier." -- Alfred de Vigny, Mémoires inédits

8. "Tout homme a deux patries, la sienne et puis la France." -- Henri de Bornier, La Fille de Roland

9. "Tout Hollandais est négociant." -- Heinrich Heine, De l'Allemagne

10. "Tout marchand aspire à la bourgeoisie." -- Honoré de Balzac, Pierrette

11. "Tout artiste écrit sa propre autobiographie."

"Every artist writes his own autobiography." -- Havelock Ellis, The New Spirit

12. "Toute mère sait que son enfant le plus gâté est son mari."

"Every mother knows that her most spoiled child is her husband." -- Walter Winchell

13. "Toute nation a le gouvernement qu'elle mérite." -- Joseph de Maistre, Lettres et opuscules inédits

14. "Toute maison divisée contre elle-même ne pourra subsiter." -- Nouveau Testament

15. "Tout pouvoir excessif meurt par son excès même." -- Louis XI, <u>Louis XI</u>, Casimir Delavigne

16. "Toute haine est un grand mal." -- Stendhal, <u>Filosofia nova</u>

17. "Tout service ennoblit." -- Georges Bernanos, <u>Le Lendemain c'est vous!</u>

18. "L'ennemi de toute peinture est le gris." -- Eugène Delacroix

19. "Toute poésie est intraduisible." -- François Mauriac, <u>Le Nouveau Bloc-Notes</u>

20. "En toute chose, nous ne pouvons être jugés que par nos pairs." -- Honoré de Balzac, <u>La Maison du Chat-qui-pelote</u>

<u>tout</u>: neuter

1. Tout comprendre, c'est tout pardonner. -- Proverbe

2. Tout lasse, tout casse, tout passe. -- Proverbe

3. "Tout meurt; la mémoire seule des bonnes actions ne périt pas." -- Napoléon Ier

4. "Vanité des vanités et tout est vanité." -- <u>Ancien Testament</u>

5. "Tout est vanité...tout est Vanity Fair."

"All is Vanity...all is Vanity Fair." -- Slogan publicitaire, Vanity Fair Mills, Inc. (lingerie)

6. "Tout finit par des chansons." -- Derniers mots du <u>Mariage de Figaro</u>, Beaumarchais

7. <u>Tout va bien</u> -- Film réalisé par Jean-Luc Godard et Jean-Pierre Gorin

8. "Tout est bien. Tout pourrait être mieux, mais tout pourrait être plus mal. Donc, tout est bien." -- Henri Duvernois

9. "Tout va mieux avec Coca Cola." -- Slogan publicitaire

10. "Adressez-vous aux jeunes gens: ils savent tout." -- Joseph Joubert, Pensées

11. "Essayez de savoir tout de quelque chose et quelque chose de tout."

"Try to know everything of something, and something of everything." -- Henry Peter Brougham

12. "Le but n'est rien; le chemin, c'est tout." -- Jules Michelet

13. "Tout est bien sortant des mains de l'Auteur des choses, tout dégénère entre les mains de l'homme." -- Jean-Jacques Rousseau, Émile, ou de l'éducation

14. "Mirabeau est capable de tout pour de l'argent, même d'une bonne action." -- Rivarol, Rivaroliana

15. "Les diplomates trahissent tout, excepté leurs émotions." -- Victor Hugo

16. "Qui goûte de tout se dégoûte de tout." -- Hippolyte Taine, Vie et opinions de Thomas Graindorge

17. "Je peux résister à tout sauf à la tentation."

"I can resist everything except temptation." -- Oscar Wilde, L'Éventail de Lady Windermere

18. "Tout s'apprend, même la vertu." -- Joseph Joubert, Pensées

19. "Les vieux croient tout, les gens d'un certain âge doutent de tout, les jeunes savent tout."

"The old believe everything; the middle-aged suspect everything; the young know everything." -- Oscar Wilde, "Phrases and Philosophies for the Use of the Young"

20. "Tout vous est pardonné, puisque je vois vos pleurs." -- Gusman, Alzire, Voltaire

21. "Un seul être vous manque, et tout est dé-
peuplé." -- Alphonse de Lamartine, "L'Isolement"

22. "Tout ce que nous connaissons de grand vient
des nerveux." -- Marcel Proust, Le Côté de Guermantes

tout: to express periodicity

1. Un Américain meurt du cancer toutes les
quatre-vingt-dix secondes.

2. "New York...où il y a une naissance toutes
les cinq minutes et un mariage toutes les sept." --
Michel Mohrt

3. En Inde un enfant naît toutes les deux
secondes.

4. Aux États-Unis une arme à feu est vendue
toutes les treize secondes.

5. Aux États-Unis un crime violent est commis
toutes les trente-deux secondes et un assassinat a
lieu toutes les vingt-quatre minutes.

6. Il y a quelques années, Georges Simenon
recevait des droits d'auteur toutes les dix secondes.

7. "Vivre est une maladie dont le sommeil nous
soulage toutes les seize heures." -- Chamfort, Maximes
et Pensées

8. Tous les trente-six du mois

Once in a blue moon

tout: to express totality

1. "Tout le passé et tout l'avenir" -- Titre
d'un poème de Victor Hugo

2. "L'homme est visiblement fait pour penser; c'est toute sa dignité et tout son mérite." -- Pascal, Pensées

3. "Toute ma vie, je me suis fait une certaine idée de la France." -- Charles de Gaulle, Mémoires de guerre

4. Le cygne se tait toute sa vie pour bien chanter une seule fois. -- Proverbe

5. "Tous les hommes s'aiment." -- Plaute, Captivi

6. "Tous les hommes sont frères" -- La Neuvième Symphonie de Beethoven

7. Tous les hommes sont mortels -- Roman de Simone de Beauvoir

8. "Presque tous les morts sont bons." -- René de Obaldia, Les Richesses naturelles

9. "Je connais très bien tous les défauts des hommes, parce que je les étudie en moi." -- Henry de Montherlant, Carnets

10. "Tous les hommes sont des comédiens, sauf, peut-être, quelques acteurs." -- Sacha Guitry

11. "Tous les hommes sont des bêtes; les princes sont des bêtes qui ne sont pas attachées." -- Montesquieu, Mes Pensées

12. "Tous les animaux sont égaux mais quelques animaux sont plus égaux que d'autres."

"All animals are equal, but some animals are more equal than others." -- George Orwell, Animal Farm

13. "Tous les hommes sont des hommes ordinaires. Sont extraordinaires ceux qui ont conscience de l'être."
"All men are ordinary men: the extraordinary men are those who know it." -- G.K. Chesterton

14. "Tous les vrais grands hommes aiment à se laisser tyranniser par un être faible." -- Honoré de Balzac, L'Illustre Gaudissart

15. "Tous les bourreaux sont de la même famille." -- Albert Camus, _Actuelles_

16. "Toutes les familles heureuses se ressemblent; chaque famille malheureuse est malheureuse à sa manière." -- Léon Tolstoï, _Anna Karénine_

17. "De tous les peuples de l'Europe ce sont les Espagnols qui me dégoûtent le moins." -- Napoléon Ier

18. "L'humilité est l'antichambre de toutes les perfections." -- Clérambard, _Clérambard_, Marcel Aymé

19. "L'amour-propre est le plus grand de tous les flatteurs." -- La Rochefoucauld, _Maximes_

20. "Mais, Madame, tous les bébés me ressemblent." -- Réplique de Winston Churchill à une jeune mère qui lui avait signalé une ressemblance entre son bébé et lui-même

21. "Toutes les grandes personnes ont d'abord été des enfants." -- Antoine de Saint-Exupéry, Dédicace, _Le Petit Prince_

22. "A toutes les gloires de la France" -- Inscription sur la façade du château de Versailles

23. "Toutes les grandes actions et toutes les grandes pensées ont un commencement dérisoire." -- Albert Camus, _Le Mythe de Sisyphe_

24. "Toutes les grandeurs de ce monde ne valent un bon ami." -- Voltaire, _Jeannot et Colin_

25. Tous les chemins mènent à Rome. -- Proverbe

26. "Tous les fleuves vont à la mer, et la mer n'est point remplie." -- _Ancien Testament_

27. "Tous les fleuves vont à la mer et toutes les jolies filles vont à Baden-Baden."

"All the rivers flow to the sea, and all the pretty girls go to Baden-Baden." -- Slogan publicitaire

28. "Toutes les héritières sont belles."

"All heiresses are beautiful." -- Albanact, King Arthur, John Dryden

29. "Amour, tous les autres plaisirs ne valent pas tes peines!" -- Charleval

30. "Plaisir d'amour ne dure qu'un moment,
      Chagrin d'amour dure toute la vie." -- Jean-Pierre Florian, "Romance"

31. "Toutes les fois que j'ai cessé d'aimer une femme, je le lui ai dit." -- Alfred de Musset, La Confession d'un enfant du siècle

32. "La femme sera toujours le danger de tous les paradis." -- Paul Claudel, Conversations dans le Loir-et-Cher

33. "L'égoïste est celui qui n'emploie pas toutes les minutes de sa vie à assurer le bonheur de tous les autres égoïstes." -- Lucien Guitry

34. "Toutes les fois que je donne une place vacante, je fais cent mécontents et un ingrat." -- Louis XIV. Cité par Voltaire dans Le Siècle de Louis XIV

35. "L'amour de l'argent est la racine de tous les maux." -- Nouveau Testament

36. Ne mettez pas tous vos oeufs dans le même panier. -- Proverbe

37. "De tous les bruits, je crois que la musique est le moins désagréable."

"Of all noises, I think music is the least disagreeable." -- Samuel Johnson

38. "Tous les chevaux du Roi et tous les gens
      du Roi
    N'ont pu reconstituer Humpty."

"All the King's horses and all the King's
      men
    Couldn't put Humpty together again." -- Comptine

valoir mieux

1. Mieux vaut être cheval que charrette. -- Proverbe

2. Mieux vaut faire envie que pitié. -- Proverbe

3. Mieux vaut tenir que courir. -- Proverbe

4. Mieux vaut avoir un oeuf aujourd'hui qu'une poule demain. -- Proverbe

5. Mieux vaut perdre la laine que le mouton. -- Proverbe

6. Mieux vaut prévenir que guérir. -- Proverbe

7. Mieux vaut être oiselet en bocage que grand oiseau en cage. -- Proverbe

8. "Mieux vaut mourir d'indigestion que de faim." -- Cicéron

9. Il vaut mieux donner que recevoir. -- Proverbe

10. Il vaut mieux s'adresser à Dieu qu'à ses saints. -- Proverbe

11. "Il vaut mieux manger une pomme que d'admirer un ananas." -- Michel Chrestien, <u>Esprit, es-tu là?</u>

12. "Il vaut mieux gâcher sa jeunesse que de n'en rien faire du tout." -- Georges Courteline, <u>La Philosophie de Georges Courteline</u>

13. "Il vaut mieux hasarder de sauver un coupable que de condamner un innocent." -- Voltaire, <u>Zadig ou la Destinée</u>

14. "Il vaut mieux être la veuve d'un héros que la femme d'un lâche." -- André Malraux, <u>L'Espoir</u>

15. Un tiens vaut mieux que deux tu l'auras. -- Proverbe

16. Un oiseau dans la main vaut mieux que deux dans un buisson. -- Proverbe

17. "Même un chien vivant vaut mieux qu'un lion mort." -- <u>Ancien Testament</u>

18. "Un goujat vivant vaut mieux qu'un empereur mort." -- Napoléon Ier

19. "L'estime vaut mieux que la célébrité; la considération vaut mieux que la renommée; et l'honneur vaut mieux que la gloire." -- Chamfort, <u>Maximes et Pensées</u>

20. "La façon de donner vaut mieux que ce qu'on donne." -- Cliton, <u>Le Menteur</u>, Pierre Corneille

21. "Un bon mot vaut mieux qu'un mauvais livre." -- Jules Renard, <u>Journal</u>

22. "Un bon voisin vaut mieux qu'une bonne frontière." -- Georges Clemenceau

23. "Il me semble que le présent vaut mieux que le futur." -- Le prince de Ligne à propos des riches cadeaux donnés par un jeune homme à sa fiancée

24. Chaumière où l'on rit vaut mieux que palais où l'on pleure. -- Proverbe

25. Deux avis valent mieux qu'un. -- Proverbe

venir de + infinitive

1. "Nul homme n'a autant besoin de vacances que celui qui vient d'en prendre."

"No man needs a vacation so much as the person who just had one." -- Elbert Hubbard

2. La fille -- Maman, je viens de me marier.

Sa mère -- Félicitations, chérie, mais as-tu fait tes exercices de piano aujourd'hui?

3. Le célèbre violoniste Fritz Kreisler venait de terminer un concert et quittait la scène quand une admiratrice s'écria: "Monsieur Kreisler, je donnerais ma vie pour jouer comme vous!"

"Madame, j'ai donné la mienne," répliqua Kreisler.

4. "Je me demandais si les jeunes filles que je venais de voir habitaient Balbec." -- Marcel Proust, A l'ombre des jeunes filles en fleur

voici: use in designating

1. "Et Pilate leur dit: 'Voici l'homme.'" -- Nouveau Testament

2. "C'est moi le coupable, moi que voici!" -- Virgile, L'Énéide

3. "Hélas, me voici tout en larmes." -- Paul Verlaine, Sagesse

4. "La Fayette, nous voici." -- Le colonel Charles E. Stanton, déposant des fleurs sur la tombe du marquis de La Fayette à Paris, 4 juillet 1917

5. "Tu réclamais le soir; il descend; le voici." -- Charles Baudelaire, "Recueillement"

6. "Debout! Voici la nuit."

"Surgite, nox adest!" -- Devise d'une escadrille française de la R.A.F. pendant la Seconde Guerre mondiale

7. "Rarement il se confesse. Il ne dit point: 'Voici mon coeur.'" -- Jules Renard à propos de Guy de Maupassant, Journal

8. "Voici venir l'hiver, tueur de pauvres gens." -- Jean Richepin, La Chanson des gueux

9. "Voici papa qui arrive avec un rhume pour tous."

"Here comes Daddy with a cold for everybody." -- Slogan publicitaire, Contac

voilà: use in designating

1. "Il vous suffira de dire: 'J'étais à la bataille d'Austerlitz,' pour que l'on réponde: 'Voilà
un brave!'" -- Napoléon Ier à la Grande Armée, 3 décembre 1805

2. "Voilà le soleil d'Austerlitz." --
Napoléon Ier devant Moscou, 7 septembre 1812

3. "Enfin, voilà un homme!" -- Charles de Gaulle
rencontrant Malraux pour la première fois, 1944

4. "Tiens, vous voilà,...il y a des éternités
qu'on ne vous a vu." -- Marcel Proust, Du côté de chez
Swann

5. "--Qu'as-tu fait, ô toi que voilà
        Pleurant sans cesse,
     Dis, qu'as-tu fait, toi que voilà,
        De ta jeunesse?" -- Paul Verlaine,
"Complainte"

6. "Aimer, inventer, admirer, voilà ma vie." --
Alfred de Vigny, Journal d'un poète

7. "Deux coqs vivaient en paix; une poule
survint
        Et voilà la guerre allumée." -- Jean de
La Fontaine, "Les Deux Coqs"

voilà: with present indicative

1. "Voilà quatre générations que nous fabriquons
des médicaments comme si la vie des humains en dépen-
dait."

333

"For four generations we've been making medi-
cines as if people's lives depended on them." -- Slogan publicitaire, Eli Lilly and Co.

2. Un jeune homme au père de sa fiancée --
Monsieur, voilà dix ans que je sors avec votre fille.

Le père, l'interrompant -- Eh bien, jeune
homme, que voulez-vous: une retraite?

y: personal pronoun

1. "Pensez-vous à votre santé? Bufferin y
pense."

"Do you think about your health? Bufferin
does." -- Slogan publicitaire

2. "Le plus difficile au monde est de dire en y
pensant ce que tout le monde dit sans y penser." --
Alain, Histoire de mes pensées

3. "Pensons-y toujours, n'en parlons jamais." --
Mot de ralliement des patriotes français après la
défaite de 1870

4. "Il est plus facile de prévoir le mal que d'y
remédier." -- Louis XIV

5. "Qui aime le péril y succombera." -- Nouveau
Testament

6. "L'éloquence est un fruit des révolutions;
elle y croît spontanément et sans culture." -- François-René de Chateaubriand, Génie du christianisme

7. "Paris est un véritable océan. Jetez-y la
sonde, vous n'en connaîtrez jamais la profondeur." --
Honoré de Balzac, Le Père Goriot

8. "Rien n'est merveilleux quand on s'y habitue."

"Nothing is wonderful when you get used to
it." -- Edgar Watson Howe

9. "L'orgueil sort du coeur le jour où l'amour y entre." -- Théophile Gautier, <u>Mademoiselle de Maupin</u>

10. "L'amour est comme les maladies épidémiques: plus on les craint, plus on y est exposé." -- Chamfort, <u>Maximes et Pensées</u>

11. Violette -- Crois-tu aux rêves?

    Marguerite -- J'y croyais jusqu'à ce que j'en aie épousé un.

12. "Que de choses sur un chapeau de femme! Mais on ne peut y cultiver les pommes de terre." -- Paul Claudel, <u>Journal</u>

13. "Un bel enterrement n'est pas une improvisation: il faut y consacrer sa vie." -- Auguste Detoeuf, <u>Propos de O.-L. Barenton, confiseur</u>

14. "En aucun cas messieurs les invités ne pourront se servir des baignoires pour y laver leurs bicyclettes." -- Sacha Guitry, <u>Le Petit Carnet rouge</u>

15. Devinette: Qu'est-ce qui fait le tour du bois sans pouvoir y entrer? (L'écorce)

INDEX

A

à:
  with names of cities,
    1
  after noun to indicate
    a quality or an
    attribute, 1
  used adverbially, 4
  to indicate rate of
    speed, 7
Adjectives:
  usual position of most,
    8
  which usually precede,
    10
  when denoting implied
    quality of the noun
    modified, 14
  after quelque chose de
    and rien de, 14
  possessive, 17
Agreement of past
    participle:
  avoir as auxiliary, 20
  être as auxiliary, 21
  reflexive verbs, 23
au-delà (de), 24
au-dessous de - au-dessus
  de, 24
avoir beau, 25
avoir raison - avoir
  tort, 26

C

ce + être, 26
cela, ça, 28
ceci, 29
celui, celle, etc.
ce qui, 35
ce que, 37
ce que c'est (que), 43
chez, 44
comme: exclamatory, 46
commencer par - finir
  par, 47

Comparison:
  of adjectives, 49
  of adverbs, 52
  of equality, 53
Compound nouns: verb
  and noun-object, 54
connaître, 55

D

dans:
  to express geographic
    limits, 57
  to express duration
    when beginning time
    is indicated, 58
Dates, 58
de:
  of possession or
    dependence, 59
  preceding a noun
    complement of
    another noun, 63
Definite article:
  with days of the week
    and time periods to
    indicate the habit-
    ual, 66
  with nouns taken in
    the general sense,
    67
  with parts of the body
    when person con-
    cerned is clearly
    identified, 74
d'entre, 75
depuis: with present
    and imperfect
    tenses, 76
devoir, 78
Disjunctive pronouns:
  after a preposition,
    83
  after c'est and ce
    sont, 85
  without a verb, 86
  to reinforce noun or
    pronoun, 87

in compound subject, 87
dont, 88

E

en:
  pronoun, 91
  before names of
    countries, 95
  to express duration
    when beginning time
    is not indicated, 95
as "as", 97
en dehors de, 97
en + present participle:
  to express simul-
    taneity, 98
  to express means or
    manner, 100

F

faillir + infinitive:
  to express a near
    happening, 103
faire: in causative
  construction, 103
falloir + infinitive, 106
falloir + noun or pronoun
  complement, 109

H

hors de, 110

I

il est + adjective + de +
  verb, 110
il est + direct object,
  112
il y a + direct object,
  112
il y a: with present
  tense, 116
Imperative:
  affirmative, 116
  negative, 129
Infinitive: as subject,
  132

Infinitive perfect, 137
Inversion: after
  certain adverbs, 138

J

jusque: as "even" or
  "as many as", 139

L

le: neuter, 139
le + infinitive, 142
lequel:
  relative, 143
  interrogative, 144
l'un...l'autre, 145

N

ne...aucun, 146
ne...guère, 148
ne...jamais, 149
ne...nul, 153
ne...pas, 154
ne...personne, 156
ne...plus, 158
ne...point, 159
ne...que, 160
ne...rien, 165
Negative combinations,
  168
ne...ni...ni, 171
Negation: of present
  infinitive, 173
ne expletive: after
  comparative, 175
n'importe, 177
Numbers
  cardinal, 178
  ordinal, 186
  fractions, 188

O

on, 189
où: replacing
  preposition + relative
  pronoun, 192

P

par: in distributive
    sense, 194
Partitive:
  with definite article,
    194
  before adjective pre-
    ceding noun in
    plural, 195
  after adverbs of
    quantity, 196
  after equivalents of
    adverbs of quantity,
    204
  in a general negation,
    205
Passive voice, 210
penser à - penser de, 216
plus...plus, etc., 217
Pronouns: possessive,
    220

Q

que: interrogative, 222
  relative, 224
  exclamatory, 225
quel: interrogative, 228
  exclamatory, 229
qu'est-ce que: direct
    object, 231
  preceding definitions
    and explanations, 231
qu'est-ce qui, 233
qui:
  without expressed
    antecedent, 233
  interrogative, 235
  relative, 236
quiconque, 237
quoi: interrogative, 238
  relative, 239

R

Reflexive:
  in idiomatic
    expressions, 240
  to express reciprocal

action, 241
  to replace passive
    voice, 242
  when subject acts
    upon itself, 243
rendre + predicate
    adjective (to make),
    246

S

savoir, 248
si: in exclamatory and
  optative phrases, 250
si:
  tense sequence in
    hypothetical
    sentences
  present-future, 251
  imperfect-conditional,
    253
  pluperfect-conditional
    perfect, 260
Subjunctive:
  after impersonal
    expressions denoting
    subjectivity, 262
  after quelque...que,
    qui...que, etc., 263
  after verbs expressing
    emotions and senti-
    ments, 266
  after verbs expressing
    volition, 267
  in independent
    clauses, 269
  in relative clauses
    when antecedent is
    indefinite, 272
  in restrictive
    relative clauses,
    273
  with conditional
    perfect function,
    274
  with subordinating
    conjunctions, 275
  with superlative, with
    seul, etc., 279
  with verbs and
    expressions

with verbs and
   expressions
   denoting doubt, 284
Superlative:
  of adjectives, 284
  of adverbs, 298
sur: as "on" or "upon",
   299
  as "out of", 300

T

Tenses
  present, 300
  imperfect, 302
  passé composé, 307
  pluperfect, 310
  passé simple, 311
  future, 312
  future perfect, 316
  conditional, 317
  conditional perfect,
   319
tous: pronoun, 320
tout: adverb, 322
  as "any" or "every",
   322
  neuter, 324
  to express periodicity,
   326
  to express totality,
   326

V

valoir mieux, 330
venir de - infinitive,
   331
voici: use in desig-
   nating, 332
voilà: use in desig-
   nating, 333
with present indicative,
   333

Y

y: personal pronoun, 334

ABOUT THE AUTHOR

Chester W. Obuchowski is Professor of French at
the University of Connecticut, of whose faculty he has
been a member throughout his professional career. He
received his A.B. and M.A. degrees from Fordham University and his Ph.D. from Yale University. He has
served as secretary-treasurer, vice president and
president of the Connecticut Chapter, American Association of Teachers of French. He was for sixteen
years a member of the State of Connecticut Advisory
Committee on Foreign Language Instruction. During
World War II he served as an interpreter of French
with Supreme Headquarters, Allied Expeditionary
Forces.